教育心理学特論

教育心理学特論（'24）

©2024　進藤聡彦・丸山広人

装丁デザイン：牧野剛士
本文デザイン：畑中　猛

m-34

まえがき

　私たちは義務教育に限っても9年間，さらに高校までだと12年間という長い期間，生活の多くの時間を学校で過ごす。そう考えると，私たちのだれもが学校教育の専門家だといっていいのかもしれない。それゆえ，学校教育について関心をもち，学校教育について一家言をもつ人も多い。

　さらに，授業でさまざまな教科を学習し，集団で生活することで社会のなかでの個人の在り方の基礎を身に付ける。教科学習での知識，技能などの習得や動機づけのメカニズム，また社会性の獲得プロセスやその背後の心理的な要因の解明などは教育心理学の研究対象であるが，これについても私たちは学校での教科学習や集団生活を実際に経験してきているわけであるから，だれもが教育心理学の専門家といってもいいくらいである。

　加えて，不登校傾向の子どもと同じクラスになったり，自分自身が不登校だったりした経験をもつ人もいるかもしれないし，発達障がいのあるクラスメイトがいたかもしれない。不登校や発達障がいも教育心理学の対象であるから，この領域についても私たちは一定の知識をもっている。

　では改めて教育心理学を学ぶ意義はどこにあるのだろう。自分自身の学校での経験から得た知識は，個人の体験に基づくものであり，学校での事象についてより的確に把握するためには，自身の考えがどこまで客観的なのかについて相対化してみることも必要であろう。

　たとえば，多くの人の学校教育やそれに関わる教育心理学に関連した知識は児童生徒の立場からのものであろう。しかし，教師の立場からは違った見方ができるかもしれない。また，学習に興味・関心をもてずに勉強なんか好きな人はいないと思っている人にとっては，楽しんで勉強をしている人の存在を知ることも相対化といえる。そして，教育心理学ではどう考えるのかを知ることも相対化の際の1つの手がかりになるだ

ろう。

　次に，本書の特徴について述べてみたい。本書を手にとっていただいている人の多くは，心理学や教育学を学んでいる大学生や大学院生，学校の先生方，就学期の子どもをもつ保護者の方なのかもしれない。このうち，教育心理学を学んでいる大学生や大学院生，教職に就いている人たちは，程度の差こそあれ既に教育心理学の知識をもっている。ただし，ある程度教育心理学を学んだ人でも，教育心理学のすべての領域をカバーできているとは限らない。そのため，本書ではほとんど教育心理学に触れたことのない読者から，一通り心理学や教育心理学を学んだことがある幅広い読者を想定して，教育心理学の各領域をカバーし，そのそれぞれについて基礎的な内容からある程度専門的な内容までを取り上げた。ただし，専門的な内容についてもできるだけ理解しやすいように平易な記述に努めた。

　最後に，本書を手にとっていただいている方にお願いがある。それは先の相対化とも関わって，本書の内容をクリティカルに読んでいただきたいということである。この場合のクリティカルな読解というのは，自身の知識や経験に照らして，同意したり反論したりしながら記述内容の妥当性を見極める内的な活動のことである。クリティカルに読んでいただくことによって，その知識は自分のなかで消化され，深い理解を伴った借り物ではない自分自身の知識になるからである。

　なお，本書の完成までには編集を担当した鈴木由紀子氏に大変お世話になった。記して謝意を表したい。

2024 年 3 月
著者を代表して
進藤　聡彦

目 次

1 | 教育実践への教育心理学の アプローチ

進藤　聡彦

　教育心理学は教育実践に関わる幅広い問題を取り上げ，教育の改善に資する知見を得ようとする研究分野である。この章では，教育心理学にはどのような領域があり，そのそれぞれではどのような研究が行われているのかについて概観する。また，教育心理学は実証性を重視する研究分野でもあるが，どのように研究を進めているのかについて研究法の観点からみていく。

1. 教育心理学の研究内容

（1） 教育心理学の領域

　教育心理学は教育に関わって，人の心理や行動を理論的，実証的に明らかにして，教育の改善に資することを目指す研究分野ということができる。教育はその目的や対象者，指導・支援の主体などによって学校教育，家庭教育，社会教育に分類されることがあるが，本書では学校教育を中心に取り上げていく。

　学校教育を対象にした教育心理学では，教育実践に関わるさまざまな面が取り上げられ，研究が進められている。たとえば，我が国の代表的な教育心理学の学会である日本教育心理学会の総会の発表部門は，「発達」「教授・学習・認知」「社会」「人格」「臨床」「特別支援」「学校心理学」「測定・評価・研究法」の8つに分けられている。ここではまず各部門で学校教育に関するどういった研究が行われているのかみていくことにする。

　教育を効果的に行ううえでは，対象者の年齢段階を考慮する必要もある。「発達」部門では各学年段階の心理や行動などの特徴を解明したり，

学年の進行に伴う発達的変化を明らかにしたりする研究が行われている。「教授・学習・認知」部門では，主に教科の学習に関わる知識や技能，態度の実態を明らかにしたり，それらの面を効果的に指導・支援する教授法の開発などが行われている。このうち，態度の一側面である動機づけは学習行動などを支える重要な要因であり，動機づけの研究も数多く行われている。

「社会」部門では，学校での友人関係や教師と児童生徒との関係などが取り上げられている。たとえば，担任教師は学級のリーダーとしての側面ももつが，教師のリーダーシップが児童生徒間の対人関係に及ぼす影響といった研究は，「社会」部門のテーマになる。「人格」部門では，性格の個人差を測定する心理尺度を作成したり，性格の違いと行動などとの関連を明らかにしたりするといった研究が行われている。性格が外向的か内向的かという向性と授業中の挙手の頻度の関連をみようとすれば，それは「人格」部門の研究といえる。「臨床」部門は児童生徒の心理的問題や不適応行動などの原因の解明，回復を目指した援助，予防のための技法の開発などが行われている。不登校の児童生徒へのカウンセリングの実践と考察などはこの部門の研究対象となる。

「特別支援」部門では，発達障がい，視覚・聴覚・知的の各障がい，病弱・身体虚弱などの児童生徒の心理的な特徴の解明や，それぞれの障がいに応じた指導・支援の方法の開発などが行われており，病弱児のパーソナリティ特性の解明といった問題が研究対象になっている。

「学校心理学」部門の学校心理学とは，「学校教育において一人ひとりの児童生徒が学習面，心理・社会面，進路面，健康面などにおける課題の取り組みの過程で出会う問題状況の解決を援助し，子どもの成長を促進する心理教育的サービスの理論と実践を支える学問体系」（石隈，2016，p.2）のことである。学校で児童生徒は対人関係の面や学習の面など，さまざまな面で課題を抱えることがある。そうした児童生徒を対象に，課題の解決に向けて学校という状況文脈全体の中で原因をとらえ，学校全体で組織的に課題の解決を援助しようとする点に学校心理学の特徴がある。そこで，「学校心理学」部門では，たとえばいじめの解消に向

けた学校全体での取り組みの実践やその効果の検証などの研究が行われている（第 10 章参照）。

　「測定・評価・研究法」部門では性格，学力，態度などの測定に関する理論と方法について，たとえば学力テストなどのテストの開発やその妥当性の検証，教育心理学研究の量的な分析に関わって，統計学的な分析手法の理論構築などが行われている。したがって，この部門の研究は他の部門の研究で使われる測定や分析，評価の方法を理論面で下支えしているといえる。

（2）　データの収集

　先に教育心理学は教育に関わって，人の心理や行動を理論的，実証的に明らかにすると述べた。このうち，実証性を保証するものは観察可能な行動についてのデータである。このデータの中には行動観察の記録，質問に対する回答や学力テストの解答などが含まれる。どのようなデータを収集するのかによって，研究のタイプを分類することがある。まず，質的データによる研究か，量的なデータによる研究かで分類することがある。質的データとは，言葉によって記述されたデータであるのに対して，量的データは数量的に表されるデータである。前者に基づく研究は質的研究，後者は量的研究と呼ばれる。分析にあたって，質的データは研究者の解釈によることが多いのに対して，量的データは統計学的な手法が用いられることが多い。

　データ数に関して，多くの事例についてのデータを収集し，それを統計学的手法などで分析をしていくタイプの研究と，1 つまたは少数の事例について追究していくタイプの研究に分類することもある。後者を事例研究（ケース・スタディ）という。多くの事例に基づく研究は，統計学の手法によって結果の一般化が図られやすい。これに対して，事例研究では少数の事例についてのデータしか得られないために統計学的な手法は導入できない。それゆえ結果の一般化はしにくく，研究者の解釈が中心になるために客観性の担保が難しい。その一方で，事例研究では少数という特徴から，当該の事例について深く，また多面的にとらえるこ

とができる長所がある。

　人の心理や行動の継時的変化を調べようとする場合，同じ個人や集団のデータを分析対象にするか否かの観点から，縦断的研究と横断的研究に分類することもある。長期にわたって同一の研究対象者を追跡して得られたデータによって，変化の過程を明らかにしようとする研究が縦断的研究である。横断的研究では，ある時点での異なる年齢などの条件をもつ研究対象者に同一の調査や実験などを実施し，条件による結果の違いから変化の過程を検討していく。縦断的データは同一の個人が対象であるため横断的データに比べて個人差の要因を排除できるが，一定の研究期間（ときには 10 年単位）が求められるため，研究に要するコストは大きい。また，このコストの大きさゆえに，一般に大量のデータの収集は困難な場合がある。

　なお，横断的データの分析に際しては，コホート効果（cohort effect）を考慮する必要がある。コホートとは同グループ性といった意味であるが，コホート効果の例として，たとえば好きな音楽のジャンルを 20 代，40 代，60 代，80 代の人々に尋ねたとする。その結果，他の世代に比べて 80 代で演歌を好む割合がもっとも高かったとする。このとき，高齢になると演歌を好むようになるとは直ちにはいえない。その世代の人々は若い頃から TV などで演歌を聴く機会が多かったが，現在の 20 代ではそうした機会は少ないために，80 代になっても演歌は好まない可能性もあるからである。

2. 心理学の研究法

（1）実験法

　一般に心理学では人の心理や行動の実態の解明，仮説の生成や検証をするための研究法として，実験法，質問紙調査法，観察法，面接法，検査法などが用いられる。

　このうち，実験法は設定した条件の違いによって，結果がどう変化するのかを測定し，条件間の影響の違いを明らかにしようとする。このときの条件は結果に対する原因ととらえられるが，原因として考えられる

変数を独立変数，結果と考えられる変数を従属変数という。また，実験では直接取り上げない変数のなかで，従属変数に影響を及ぼす可能性のある独立変数以外の変数のことを剰余変数という。たとえば，小学校の算数で新たに考えられた教え方が効果的だろうと考え，2 つのクラスのうち片方に新たな教授法で教え，もう片方のクラスには従来の教授法で教える。そして，その後に理解度テストを実施し，2 つの教授法の効果を比較するといった実験計画を立てたとする。このときの教え方が独立変数であり，従属変数は理解度テストの成績ということになる。実験の結果，新しい教授法で教えられたクラスの成績がよかったとする。

　こうした場合，新しい教え方の効果が検証されたとはいえない可能性もある。たとえば，新教授法の実験実施日は涼しい日だったのに対して，従来の方法の実施日がとても蒸し暑い日だったとしたら，そのクラスの児童たちは集中力を欠いて実験に臨んだ可能性があるからである。つまり，新教授法のテストの成績が高かったのは，教え方の効果ではなく，授業での集中力の違いだった可能性もある。この場合の気候条件が剰余変数である。こうした事態を避けるために実験実施に際しては，剰余変数の統制が必要になる。

　実験法の長所は，因果関係を直接的に明らかにできることであるが，短所として設定できない条件があることが挙げられる。たとえば，子どもの非行の原因が家庭環境にあるという仮説を立てて，非行につながると考えられる家庭環境を設定することは倫理的に問題である。

　なお，先に述べたように実験法の基本的な構造は条件間での結果の違いの比較であるため，特定の条件の効果を探る場合，比較の対象となる当該の条件をもたない群を設けなくてはならない。特定の条件が与えられる群を実験群といい，比較のために設けられる群を統制群（または対照群）という。上記のケースでは新たに考えられた教授法で教えられるクラスが実験群，従来の方法で教えられるクラスが統制群となる。

（2）質問紙調査法

　質問紙調査法は質問紙に掲載された質問項目への回答に基づいて人の

心理や行動の実態や，質問項目間の関連などを明らかにしようとする方法である。たとえば，いじめの実態について調べようとするとき，いじめを見たり聞いたりしたことがあるかを尋ねる質問紙が使われることが多い。また，心理学でよく取り上げられる構成概念を問題にしたいようなときにも，質問紙による心理尺度を使うこともできる。構成概念とは「理論において，観測できる現象を説明するために必要とされ，作られた概念」（繁枡，2013，p.502）であり，学力や性格などはその代表的なものである。心理尺度とは，個人の心理的な要因の程度を定量的に把握するために，いくつかの質問から構成された測定の道具であり，これまで心理学ではさまざまな心理尺度が開発されている。後述の表1－2に示す「対象別評価懸念尺度」は心理尺度の例である。

　質問紙調査法による調査は，集団で実施でき，一度に大量のデータを取ることができるため量的分析が可能なこと，多様な項目を設けることで実験法に比べて幅広い心理や行動を知ることができることなどを長所とする。短所としては，恣意的回答や意図的回答の排除が難しいこと，実施に際して質問文の読解といった一定の言語運用能力が必要になるため年少の者には使えないことなどが挙げられる。

（3）　観察法

　観察法は研究対象者の行動を観察し，それを言語的に記述したり，数量化したりして，得られたデータに基づいて人の心理や行動を明らかにしていく研究法である。観察の対象となる状況について，自然な状況での行動を対象にする自然観察法と研究のために人為的につくられた場面での行動を対象にする実験観察法とがある。自然観察法は自然の状況の下での行動を知ることができる一方，調べようとする行動がいつ生起するのか予想できない。そうした事態をできるだけ避けるために実験観察法が用いられることがある。実験観察法は，観察対象となる状況を人為的に操作して，一定の条件を設定しているという観点からみれば実験法の側面ももつ。

　観察法の長所は，言語を媒介としないため，言語運用能力が不十分な

年少の者に対しても実施できる点にある。また，自然観察法では，自然な状況下での人の行動が対象となるため，観察結果の生態学的妥当性が高い点も長所である。短所としては，観察結果の解釈の客観性の担保が難しいことが挙げられる。観察結果の解釈の客観性とは，ある学級内でいじめについて観察法によって調べようとしたときに，ある行動に対してそれが「いじめ」「からかい」「いじり」のいずれなのかを明確に区別することは難しく，観察者によって判断が分かれることも予想される。特にいじめ防止対策推進法のいじめの定義にあるように「対象となった児童等が心身の苦痛を感じているもの」をいじめの基準にするのであれば，観察によって明らかにすることはできない。そうした場合には，質問紙調査法や次に述べる面接法によらざるを得ない。

（4）　面接法

　心理学でいう「面接」には調査的面接と臨床的面接がある。前者は研究を目的に行われる面接であり，後者は面接対象者が何らかの心理的問題を抱えている場合の問題の解決のために行われる面接である。つまり，調査的面接では面接の動機が主に面接者にあるのに対して，臨床的面接は面接の対象者に動機がある。ここでは，研究のための調査的面接の方法を面接法として取り上げる。

　面接法は，研究を進めようとする面接者が研究の対象となる面接対象者に直接聞き取りを行い，その発話内容をデータにして明らかにしたい問題について分析を進めていく研究法である。そして，面接者があらかじめどの程度，質問項目や質問の順序を決めておくかによって，構造化面接法，半構造化面接法，非構造化面接法に分類される。構造化面接法は事前に質問項目やその順序などを決めておき，それにしたがって面接が進められる。半構造化面接法は，ある程度質問項目や順序は決めておくが，回答に応じて回答内容をより深く掘り下げた質問を追加したり，質問の順番を変更したりするものである。非構造化面接法は，面接者が事前に質問項目や順序を明確に決めておくのではなく，明らかにしたい問題を対象者に提示し，自由に語ってもらいながら，面接者はその発話

内容のなかから関心をもった内容や疑問について自由に質問をするといった形で進められる。

　構造化面接法は，同じ内容の質問を同じ順序で行うため，複数の面接者が面接にあたったときでも，面接者間でのバラツキが少ない。このため多くのデータを収集しやすいメリットがある。しかし，事前に用意された質問内容以上のことを聞くことはできず，より広範囲の内容やより深い内容について知ることには制約がある。これに対して，非構造化面接法は深い内容などについて知ることはできるが，対象者の自由な発言が許容されるため，話が長くなってしまったり，関係のない話に展開してしまったりすることがある。半構造化面接法は，両者のメリット，デメリットについて折衷的な方法と位置づけることができる。

　面接法を質問紙調査法と比較すると，より深く必要な情報が得られることや，対面で行われるため表情やジェスチャーのような非言語的情報が得られることから対象者の感情などもとらえられることが長所となる。

　短所としては，時間がかかるため，一度に多くの人のデータをとることが難しいことや，対面で行われるため，取り上げる問題によっては匿名性が失われ，面接対象者にストレスをかけてしまうことなどが挙げられる。また，回答が質的データであるため，分析は解釈が中心になり，客観性の担保がしにくい。

　なお，この他に知能検査のような神経心理学的検査法や臨床心理学で用いられる投影法など，主に個人の心理特性の査定を目的とする検査法を研究法の1つに数えることもある。

3. 教育心理学の研究法

(1) 記述的アプローチ

　心理学における一般的な研究法については第2節に述べた通りであるが，教育心理学では教育実践との関連で追究したい問題の違いに対応して，研究方法を記述的アプローチ，相関的アプローチ，実験的アプローチ，実践的アプローチの4つに分類することがある（鹿毛，2006）。これらは教育に関わる教育心理学の研究法の特徴や互いの違いを把握しやす

い分類になっている。

　記述的アプローチは，現実の教育の場を対象に，教育事象のありのままを記述し，その事象の実態を把握しようとする研究法である。したがって，仮説の検証ではなく仮説の生成に適したアプローチだといえる。

　また，記述的アプローチで得ようとするデータは，主に現実の教育実践の場を対象とした自然観察によるものであり，その生態学的妥当性は高い。その一方で，先に観察法で述べたように時間がかかることや研究対象の場の確保が難しいことから，一事例もしくは少数事例を対象にすることが多く，得られた結果の一般化や，記述データの解釈による質的分析が主となるため，データの意味づけの客観性の担保は難しい。

　このタイプの研究例として，岸野・無藤（2009）を挙げることができる。小学校などでは学級の目標の標語が教室に掲げられることが多いが，岸野らは学級の目標となる規範の導入と定着に向けて，標語が児童に理解されるための教師の働きかけの過程を明らかにしようとした。「命を大切に，こころを大切に，人の勉強の邪魔をしない」という標語（以下，三原則とする）を設けたある小学校の3年生の1学級を対象に，ほぼ1年間にわたり，計31日，約150時間の学級のようすを観察した。記述された観察記録の分析により，担任教師は学習・生活指導や対人関係で問題が生じた際に標語を使用すること，児童は当初，三原則を一方的に従うべき約束という認識をもっていたが，学期が進むにつれて自分たちのものとして自発的に使用するようになっていったこと，三原則は教師も守るべきものであり，三原則を媒介にした教師と児童の対等な関係がうかがえるようになっていったことなどが明らかになった。こうした結論を得るために行われた分析の進め方の一部を以下に示す。

　ある日の休み時間に，三上が偶然ぶつかってきた児童を押し返した拍子に動いた机で矢部が手を挟んで怪我をした。そのため矢部が中休みのドッジボールに参加できないことに対して，他の児童から「矢部がいないからチームが負ける」という発言があった。この言葉を聞いた三上は泣いて一人で教室に残ったが，教師が慰めると外に行き，笑顔で教室に戻ってきた。表1－1は，このエピソードを教師が帰りの会で取り上げ

表1−1　記述的アプローチ研究で用いられた事例（岸野・無藤，2009）

1	それでね，先生ずっと三上君心配だった。
2	矢部君のことも心配だったんだよ，もちろん。ね。指が大丈夫かなと思って心配だったんですが。
3	<u>矢部君の心配は，主に，命です。体の方の心配をしてました。ちゃんと指が治ってほしい。</u>
4	<u>で三上君の心配は，心ですよね。</u>
5	せっかく，ね。
6	涙を流してしまったって思ったんですよ。みんながなんて言ってくれるかなとかね，どうなったかなと思って心配だったんですが，ちょっと先生用事があって，業間休み外に行かなかったんですが，帰ってきたら三上君がにっこりと明るい顔して帰ってきたので，あーよかったなー，なんともなかったんだなーって思ったんですね。
7	でね，三上君やみんなにいいたいのは，そういうことを繰り返しながら，段々，大人になっていくんだろうなと思ったんだよね。
8	だから，ほかの人が同じようなことが起きたときにどうするか，矢部君，あるいは佐藤君，あるいは須川君，よく考えて下さいね。
9	たまたま今日は，矢部君，それから，三上君が関わっちゃったんだけど，いつ自分が関わるか分かんないよね。
10	ですからそういうときにはどうすればいいか，よく考えてほしいと思いました。

注：表中の数字は発言番号，人名はすべて仮名。

　た際の発言である。

　岸野ら（2009）は表1−1の下線を付した3と4の発言を矢部の怪我を「命」と，三上が涙を流したことを「こころ」と結びつけ，三原則のなかの「命とこころ」でとらえて，主に三上の傷つきを取り上げる根拠として三原則が機能していると解釈する。

　このように記述的アプローチは教育の場の実際を研究対象にできる点がメリットになるが，どの発言を取り上げ，それをどう解釈するのかについての客観性が分析の際の鍵となる。

（2）相関的アプローチ

　相関的アプローチでは，一般的に質問紙を用いて複数の変数間の関連を明らかにしようとする。その研究例として，評価懸念と適応との関連を取り上げた臼倉・濱口（2015）を紹介する。評価懸念とは他者からのネガティブな評価への不安のことであるが，この研究では小学5年生か

表1-2　対象別評価懸念尺度の項目例（臼倉・濱口，2015）

項　目
《**友人に対する評価懸念**》 　友だちが集まって話しているのを見ると，自分のことを悪く言っているのではないかと心配になる。 　友だちが話しかけてこないと，仲間はずれにされているのではないかと不安になる。
《**親に対する評価懸念**》 　遊んでいるとき，おうちの人から自分がどう思われているのか不安になる。 　自分の性格について，おうちの人からなにかよくないことを言われるのではないかと不安になる。
《**教師に対する評価懸念**》 　学校の先生が私のほうを見ていると，自分のことをどう思っているのか気になる。 　授業で発表するとき，学校の先生から下手だと思われるのではないかと不安になる。

ら中学3年生を対象に友人・親・教師に対する評価懸念と，抑うつ傾向や不登校傾向などとの関連を調べた。それぞれの測定に用いたのは，表1-2に示す臼倉らの自作による「対象別評価懸念尺度」，「独りぼっちの気がする」「とても悲しい気がする」などの項目から構成される「子ども用 Birleson 自己記入式抑うつ評定尺度」（村田・清水他，1996），および「学校に来ても何も楽しいことがない」「学校をやめたくなることがある」などの項目から構成される「学校ぎらい感情測定尺度」（古市，1991）であった。

　結果は，男女ともに友人に対する評価懸念と抑うつ傾向に正の関連が，また男女でそれぞれ親に対する評価懸念，友人に対する評価懸念と不登校傾向に正の関連が認められるなど，特定の対象に対する評価懸念と適応の問題が関連することが示された。

　この研究で得られた結果は，評価懸念を低減させれば，抑うつ傾向や不登校傾向を低下させられるということを直ちに意味するものではない。たとえば，抑うつ傾向があるために友人に対する評価懸念が高いという関係も想定できるからである。このように相関的アプローチでは，両者の相関関係は明らかになるが，因果関係までを直接的に明らかにす

ることはできない。

（3）　実験的アプローチ

　第2節(1)において，小学校で効果があると新たに考えられた教授法
の効果を検証するために，この新教授法で教える実験群と従来の教授法
で教える統制群の教授後の成績を比較し，新教授法の効果を検証すると
いう例を取り上げ，実験法について説明した。実験的アプローチは実験
法を用いるものであり，独立変数と従属変数の因果関係が特定できる点
が大きな特長である。ただし，そのためには既に述べたように実験群と
統制群の剰余変数の統制が必要になる。上記の例で，新教授法を実験群
として1つのクラスに，従来の教授法を統制群としてもう1つのクラス
に割り振った場合，学級担任制の小学校では，教える教師の違いが剰余
変数として考えられる。

　実験的アプローチの例として小林（2013）が挙げられる。この研究で
は大学生を対象に，多くの人が不十分な理解に留まっている大気圧につ
いて取り上げた。実験の手続きは，事前テスト・大気圧の説明・直後事
後テスト・一週間後の事後テストの順であった。その際，説明内容を自
分の言葉で説明し直すことが理解を深めるだろうという仮説を設け，ラ
ンダムに振り分けられた説明内容を自分の言葉で説明し直す群（実験
群）と，説明の要点をまとめた文章を書き写す群（統制群）の2群を設
定し，仮説の検証を行った。一連の手続きのうち，事前テストは両群の
事前の理解の状態の確認，直後テストは説明内容の理解状況の把握，一
週間後の事後テストは事前テストからの成績の変化や学習内容の理解の
定着を調べる目的で実施された。結果は，直後テストで実験群の成績が
高い傾向や，その傾向が事後テストでも維持されることが確認され，仮
説に沿う結果が得られた。

（4）　実践的アプローチ

　ここまで述べてきた3つのアプローチは主に理論の構築や教育事象の
理解を目指すものであったのに対し，実践的アプローチはよりよい授業

の創造に向けて，教育実践により直接的に寄与することを目指す。すなわち，実際の教育実践の場で，子ども達に教育目標の到達に向けて指導・支援することによって，その効果を検証しようとするものである。したがって，実際の教育実践の場を対象にしている点で，記述的アプローチと同様に得られる結果の生態学的妥当性は高い。また，当該の指導・支援とは子ども達を教育目標に到達せしめるために有効だと考えられる条件（方法）を仮説的に設定することであることから，実験的アプローチと同様の側面ももつ。それら2つの側面をともにもつのが，実践的アプローチの大きな特徴であり，そこで行われる指導・支援は教育実践そのものといってもよい。そして，実験的アプローチとの違いは実践的アプローチでは一般的に統制群を設けて，その効果の比較をすることはなく，事前の状態から指導・支援後の変化の程度で効果の検証を行う点である。また，日常の教育実践との違いは，効果的な指導・支援の方法を解明しようとする明確な研究的視点をもっていることである。

　実践的アプローチで重視するのは，目標への到達の程度である。新しい教授法Aで教えたときと，従来の教授法Bで教えたときの事後テストで前者の平均点が60点で，後者が50点だったとしよう。そして，統計学的にも教授法Aでの成績が有意に高かったとする。実験的アプローチでは，教授法Aの有効性が確かめられたため，それで実験としては成功だったと考えることが多い。しかし，実践的アプローチでは教授法Aでも60点しか取れなかったことを問題視する。このように実践的アプローチでは，教育目標への到達を志向する点も特徴となる。

　実践的アプローチの例として平行四辺形の面積を対象にした研究を取り上げる。平行四辺形の求積公式は小学校5年生の履修内容であるが，この単元の学習を終えた児童でも図1-1の問題1の等積変形問題や問題2の等周長問題に対して誤る者が多い。すなわち，問題1では解答が「①が大きい」「②が大きい」「同じ」に分かれる。また，問題2では「同じ」と答えて誤る者が多い（正解はそれぞれ「同じ」，「正方形」）。

　進藤（2002）はそうした誤りを防ぐためにカバリエリの原理を利用する方法を導入したプランによる授業実践を報告している。カバリエリの

問題1　①と②ではどちらの面積が大きいですか。

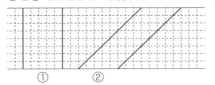

① ②

問題2　同じ長さのマッチ棒で正方形と平行四辺形をつくりました。
どちらの面積が大きいですか。

図1－1　等積変形問題（問題1）と等周長問題（問題2）（進藤，2002 の一部）

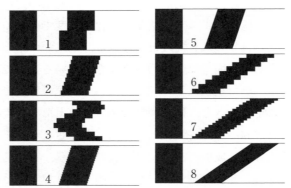

図1－2　カバリエリの方法による等積変形（進藤，2002）
注：図中の番号は画面番号

原理を利用する方法とは，何枚も重ねた同形のカードを真横にずらして
いき，その側面の変形から長方形と平行四辺形間の等積性に着目させる
といったものである。平行四辺形の求積公式を学習済みの児童を対象に
した授業では，まず図1－1の問題を用いた事前テストで上記の誤りが
多いことを確認した。続いてコンピュータ上の画面で左右が同形の2つ
の長方形から右側の長方形を2分割し，そのうちの上の断片を水平右方
向にずらしたときの面積の異同の有無を問い（図1－2の画面1），次に
9分割し，それぞれの断片を水平右方向にずらした場合の面積の異同の

有無を問うた（画面2）。このように画面1から画面5までは分割数を徐々に増やしたり，断片を左右に移動したりした。また，画面6では分割した各断片の移動幅を大きくし，そのうえで画面7では分割数を増やした。そして，画面8では平行四辺形に見えるように細かく分割した。この過程で面積の異同の有無を問いながら児童たちは，形は変わるが面積は変わらないことを確認した。

　事後テストでは，等積変形問題（問題1）の正答者は大幅に増えたものの，等周長問題（問題2）の正答者は事前テストよりも減じてしまった。つまり，等周長問題では高さが減ったことに着目することなく，「形は変わっても面積は不変だ」とする過度に一般化した誤りを強化してしまったのである。そこで，改めて等周長問題について変形前後の形，周の長さ，底辺，高さの異同を記入できる表を用意し，授業者と児童とでやりとりをしながら表を埋めていく形で，着目すべき属性（底辺や高さ）と着目すべきではない属性（形や周の長さ）を明確にした。その結果，等周長問題の正答率も上昇した。

　この研究は実際の授業を対象としていること，カバリエリの原理の導入の効果の検証という研究の視点からの指導・支援を行っていること，教育目標への到達のために改めて追加の指導・支援を行っていることといった点で実践的アプローチの特徴が表れている。

　なお，先に実践的アプローチで行われる指導・支援は教育実践そのものであること，実践的アプローチは実験的アプローチの側面があることを述べた。通常の授業も事前に作成される授業案を目標の達成に向けた実験の仮説，その授業案に沿って行われる授業を実験，子ども達の授業での反応や事後テストの成績を実験結果ととらえれば，授業は実験がもつ性質のうちいくつかを備えていることになる。そして，教師が望む反応や成績が得られれば，授業は成功したことになるし，実験としても仮説が支持されたことになる。

　ここでは，主に教科の授業に即して実践的アプローチについて述べてきたが，教科の授業だけでなく生活指導面の効果的な指導・支援の方法の解明にも実践的アプローチは適用可能である。

　ところで，前述のように実践的アプローチによる実験は，一般的な実験に比べて，効果を比較対照する統制群を設けないため，事前の状態と事後の状態の変化から効果の検証を行うことが多い。このようなタイプを一群事前事後テストデザインの実験という。

　また，取り上げる内容によっては未習なために事前テストを実施できないこともある（たとえば，正方形の求積方法を習っていない段階でそれを問う事前テストの実施には無理がある）。事前テストを行わないこのタイプを一群事後テストデザインの実験という。こうした純粋な実験の条件を十分には備えていない実験を準実験と呼ぶことがある。また，実験群と統制群の研究対象者が偏らない群構成（無作為配置）が保証されていない実験も準実験である（井関，2018）。

　ただし，一群事後テストデザインによる実践的アプローチでは結果の原因を必要条件的には検証できないが，そこで行われた指導・支援の効果を十分条件的には検証できる。また，今回の指導・支援の方法と過去に行われた指導・支援の方法の結果の違いを模擬的に比較したり，そうした指導・支援を行わなかったりした場合の結果を論理的に予想することで，その指導・支援の有効性についての知見および新たな着眼点や仮説を提供してくれる。

参考文献

村井潤一郎・藤川　麗（編）(2018). 公認心理師の基礎と実践4　心理学研究法　遠見書房
下山晴彦・能智正博（編）(2008). 臨床心理学研究法1　心理学の実践的研究法を学ぶ　新曜社

引用文献

古市裕一 (1991). 小・中学生の学校ぎらい感情とその規定要因　カウンセリング研究, *24* (2), 123-127.

井関龍太（2018）．実験法の基礎　村井潤一郎・藤川　麗（編）公認心理師の基礎と
　　実践 4　心理学研究法（pp.24 - 37）．遠見書房

石隈利紀（2016）．学校心理学の意義　日本学校心理学会（編）学校心理学ハンドブ
　　ック　第 2 版（pp.2 - 3）．教育出版

鹿毛雅治（2006）．教育心理学と教育実践　鹿毛雅治（編）朝倉心理学講座 8　教育
　　心理学（pp.1 - 20）．朝倉書店

岸野麻衣子・無藤　隆（2009）．学級規範の導入と定着に向けた教師の働きかけ―小
　　学校 3 年生の教室における学級目標の標語の使用過程の分析　教育心理学研究，
　　57（4），407 - 418.

小林寛子（2013）．教授された科学的知識を自分の言葉で説明し直す活動が概念変化
　　に及ぼす影響―真空の概念変化を通して　教授学習心理学研究，*9*（2），49 - 62.

村田豊久・清水亜紀・森　陽一郎・大島祥子（1996）．学校における子どものうつ病
　　―Birleson の小児期うつ病スケールからの検討　最新精神医学 *1*（2），131 - 138.

繁枡算男（2013）．妥当性　藤永　保（監修）最新　心理学事典（pp.502 - 503）．平凡社

進藤聡彦（2002）．素朴理論の修正ストラテジー　風間書房

臼倉　瞳・濱口佳和（2015）．小学校高学年および中学生における対象別評価懸念と
　　適応との関連　教育心理学研究，*63*（2），85 - 101.

🎸 研究課題

1. 日本教育心理学会が発行している『教育心理学研究』誌に掲載の論
   文はインターネットで閲覧できる。この雑誌に掲載された論文 2 編を
   読んで，それらが本章で紹介した教育心理学の 4 つのアプローチのう
   ち，どれに分類できるか調べてみよう。

2. あなたが小学生の読書量と学力の関連を調べることになったとす
   る。このとき，相関的アプローチと実験的アプローチによる研究計画
   をできるだけ具体的に立案してみよう。

2 | 授業のタイプと学習効果

進藤　聡彦

　心理学には学習について3つの主要な理論がある。この章では，まず学校の教科の学習は，それら3つの学習理論とどう関連をもつのかについて考える。また，近年の学校教育では学習者の主体的な学習が求められている。主体的な学習を保証する授業にはどのようなタイプがあり，そのそれぞれにはどのような学習効果が期待できるのかについてみていく。併せて学習効果と個人差の関係についても検討する。

1．学習についての考え方

（1）行動主義の学習理論と授業

　義務教育に限っても，私たちは9年間も学校で数多くの授業を受け，さまざまなことを学んでいる。そうした授業の形態や方法を振り返ってみると，教師が教科書の内容を一方的に説明するような授業もあれば，子ども達に考えさせることを中心に展開するような授業もあっただろう。また，等しく子ども達に考えさせるような授業でも，個別に考えさせる授業もあれば，グループで話し合いをしながら考えさせる授業もあっただろう。

　このようにさまざまなタイプの授業があるが，どのようなタイプの授業であれ，教師の目指すところは目標とすべき内容が子ども達に学習されることである。この学習ということについて，心理学では行動主義，認知主義，状況主義という3つの主要な理論がある。以下では，それらの理論と実際の授業がどう関連するのかについてみておくことにする。

　最初に取り上げるのは，行動主義の学習理論である。行動主義の学習

理論では，学習を刺激と反応が結びつくことだと考える。この考え方の代表的なものの１つがスキナーのオペラント条件づけである（Skinner, 1938）。スキナーはレバーを押すと食餌が出てくる装置がついたスキナー箱と呼ばれる箱の中にネズミを入れ，行動を観察した。ネズミは最初，箱の中をうろつくだけであったが，偶然にレバーを押して食餌を手に入れることができた。こうしたことが繰り返されるうちに徐々にレバーを押して食餌を手に入れるまでの時間が短くなっていき，最終的には空腹のときにはいつでもレバーを押して食餌を入手できるまでになった。つまり，ネズミはレバー（刺激）に対して，押すという新たな行動（反応）を学習したのである。

スキナー箱のネズミにレバー押しの学習をさせるためには，他の方法もある。スキナー箱の床から嫌悪刺激の電気が流れるようにしておき，レバーを押せば電気が止まるようにすれば，嫌悪刺激を避けようとするうちにレバー押しを学習する。いずれの方法もレバーを押すという反応の頻度を増加させる点で共通している。こうした反応を増加させる手続きや働きを「強化」といい，２つの方法のうち報酬（正の強化子といい，上記の例では食餌）を伴わせる場合を特に「正の強化」，嫌悪刺激（負の強化子といい，上記の例では電気刺激）を伴わせる場合を「負の強化」という。

オペラント条件づけでポイントになるのは，刺激に対する反応があったときに強化子を随伴させることと，学習の主体の自発的行動の繰り返しを必要とすることである。

では，オペラント条件づけはどのように授業と関連するのだろうか。たとえば，かけ算九九の学習をオペラント条件づけの枠組みでとらえると，７×８のような問題（刺激）に対して，56という答えを出す（反応）という結びつきが形成されることが学習だと考える。この過程では，子どもが何度も復唱するという自発的反応が必要であり，正しくいえたら親や教師に褒められることや正しく答えられたという満足感がもたらされることが報酬になる正の強化とみることができる（図２−１参照）。また，普段勉強のことで親から叱られてばかりいる子どもが，かけ

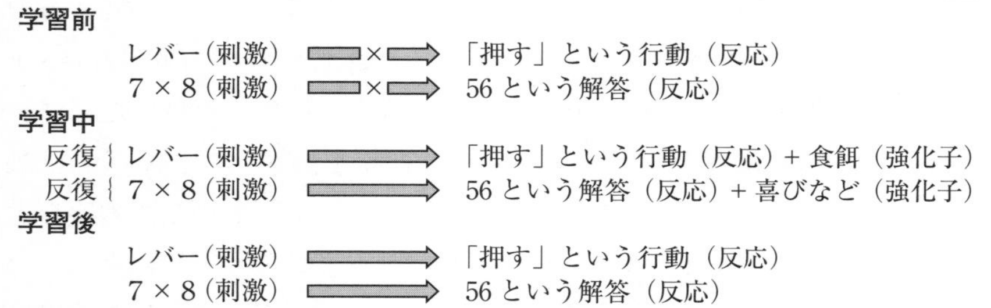

学習前
　　　レバー（刺激）　■■■×⇨　「押す」という行動（反応）
　　　7 × 8（刺激）　■■■×⇨　56 という解答（反応）
学習中
　反復┊レバー（刺激）　■■■⇨　「押す」という行動（反応）＋食餌（強化子）
　反復┊7 × 8（刺激）　■■■⇨　56 という解答（反応）＋喜びなど（強化子）
学習後
　　　レバー（刺激）　■■■⇨　「押す」という行動（反応）
　　　7 × 8（刺激）　■■■⇨　56 という解答（反応）

図2-1　オペラント条件づけの成立過程（正の強化の場合）
注：各段階の上段はスキナーの実験，下段はかけ算九九の場合

算九九が正しくできた時に叱られずにすんだというようなことがあれ
ば，叱られるという不快感から逃れるためにかけ算九九を正しくいえる
ようになるといった事態が負の強化にあたる。

　かけ算九九や漢字の習得には反復が必要な面があり，教師が宿題にド
リル学習を課すことは多い。それはオペラント条件づけのメカニズムに
沿って，学習させようとする教授法ということもできる。また，学習内
容の習得には何度も繰り返すことが必要だと考えている教師がいるが，
それはオペラント条件づけの考え方と一致しているということになる。

　「畳の上の水練」とは役に立たないことの喩えであるが，たしかに畳の
上で水泳の練習をしたり，教習本を読んだりしただけでは泳げるように
はなりそうもない。実際にプールに入って何度も試行してみることが必
要である。逆上がり，楽器の演奏，筆算などの習得でも同様である。

　知識は宣言的知識と手続き的知識に分類されることがある。宣言的知
識は事象や概念に関する言語化可能な知識であり，手続き的知識は言語
化が困難で，熟練が必要なやり方に関する知識である。社会科の歴史事
象や理科の法則などは宣言的知識であるのに対して，水泳の仕方は運動
技能に関する手続き的知識であり，筆算の仕方は認知技能に関する手続
き的知識である。宣言的知識と手続き的知識の2つのうち，特に試行の
繰り返しが必要な手続き的知識の獲得は，オペラント条件づけが考える
学習のメカニズムで説明できる。

（2）　認知主義の学習理論と授業

　人の理解や記憶といった認知のメカニズムを明らかにしようとするのが認知心理学であるが，認知心理学の基盤になるのが認知主義の学習の考え方である。認知主義では，新しい知識の獲得，既有知識の修正，知識間の構造化などといった認知構造が変化することを学習と考える。

　たとえば三角形，四角形の定義を学習していない年長幼児や小学校1年生にいろいろな三角形や四角形を呈示し，三角か四角かを答えさせると，それぞれ正三角形や正三角形に近似した図形，正方形や長方形およびそれに近似した図形については正しく答えられるが，図2－2のような不等辺，不等角をもつ三角形や四角形については三角や四角ではないと答える者が多い（伏見・麻柄，1993）。そのような子ども達が小学校2年生で辺の長さや角の大きさに関係なく，3つの直線で囲まれていれば三角形で，4つの直線で囲まれていれば四角形であることを教えられることで，それまでの知識が修正されるといったことが認知主義の考える学習である。

　認知主義に基づく教授法の例として学習内容の意味理解を重視するような教え方が挙げられる。第3章でも詳しく述べるように意味が理解されるということは，学習者の既存の認知構造に新しい学習内容が整合的に位置づくことであるからであり，前述のように認知主義ではそうした認知構造の変化を学習ととらえるからである。

　学習内容の意味理解について対照的な授業の例がある。人口密度の公式は小学校5年生の学習内容であるが，人口密度の公式（人口÷面積）とともに，人口と面積の除数と被除数を入れ替えても人の混み具合を表せることを記載している教科書がある（たとえば橋本・塩澤　他，

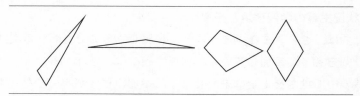

図2－2　三角・四角概念の調査に用いられた図（伏見・麻柄，1993）

2019)。このことの学習は人口密度が単位量あたりの大きさであるという意味理解に役立つ。しかし，そうした教科書を使った授業を参観すると，人口と面積を入れ替えても人の混み具合を表せることにはほとんど触れずに人口密度の計算練習を課すことに終始する教師と，入れ替えた式（面積÷人口）も取り上げて，人口密度の公式（人口÷面積）が単位量あたりの大きさの表現法の1つであることの理解に時間を割く教師とに分かれる。この背後にあることの1つには，公式を使いこなせることが学習だとする考え方と意味理解こそが学習だとする考え方の違いがあると考えられ，後者が認知主義での学習観に沿ったものとなる。

　ちなみに，中学生や大学生でも「A市とB市の人の混み具合を人口と面積を入れ替えた式（面積÷人口）で比較することができるか」という問いに「人口密度の公式と違うから」という理由で比較できないとする者も多い（進藤・麻柄，2014）。人口密度が単位量あたりの大きさであることの意味についての理解を欠いた学習の結果である。

　ところで，認知主義の学習では，直接的には目に見えない頭の中の情報処理の過程を問題にする。これは行動主義の学習理論のように外から観察可能な刺激と反応で学習を説明しようとするのとは対比的である。また，認知主義の考える学習では試行の繰り返しは必ずしも必要ではないとする点も異なっている。

　なお，等しく認知構造の変化を学習とする見方でも，学習の過程を機械的にとらえてモデル化したり，教えられた知識を受動的に獲得したりする過程としてとらえる狭義の認知主義と区別して，学習者が知識を作り上げたり，意味を構成したりする認知の能動性を重視した学習の考え方を構成主義と呼ぶことがある。

（3）状況主義の学習理論と授業

　私たちは，さまざまなコミュニティに属し，そこで行われる実践に一定の役割をもって参加している。状況主義では，参加するコミュニティの実践の中で役割を十全に果たせたり，参加の程度が増加したりするようになることが学習だと考える。

その例として，レイヴらは西アフリカの部族の仕立屋の徒弟制を挙げる（Lave & Wenger, 1991）。弟子は製品の仕上げ，縫製，裁断といった完成品ができるのに必要な過程を順次習得し，最終的に独り立ちした仕立屋になっていく。このように弟子は，仕立という実践をするコミュニティで初期段階の周辺的な参加から，徐々に十全に参加できるようになる。また，製品の仕上げが最初で，次に縫製から裁断に進むといったように習得のための独自の過程がある。この順序には一人前の仕立屋になるために，そのコミュニティで経験的に蓄積された知見に基づく合理性があるのであろう。

この例に見るように状況主義では学習は実践するコミュニティの独自の活動という状況に埋め込まれていると考える。このように考えた場合，個人の頭の中の変化だけを問題にしたり，状況と切り離された知識を対象にしたりするのでは学習という事象をとらえきれないことになる。すなわち，学習は状況文脈に依存すると同時に，徒弟制度にみられるように，コミュニティの中の他の者との相互作用の過程で生じると考えるのが状況主義の学習の考え方である。この 2 つの特徴からみれば，学校の教科の学習は現実の生活という文脈から切り離され，必ずしも学習者間の相互作用が保証されていない点で，状況主義の考える学習とは趣の異なったものになっていると考えることもできる。

なお，上記の 2 つの特徴のうち，学習は他の者との相互作用の過程で生じるとする考え方を社会的構成主義という。

学校の教科学習は現実の生活から切り離されていると述べたが，学校で状況主義の考え方に沿った授業がないわけではない。たとえば，小中学校の総合的な学習の時間は状況主義の考え方に沿ったものになっている。表 2 － 1 に示すように，2017（平成 29）年告示の学習指導要領の総合的な学習の時間の目標には，現実の状況に関連して「実社会や実生活の中から問いを見いだす」ことや，学習者同士の相互作用を通じた学習に関連して，「協働的に取り組むとともに互いのよさを生かしながら」とある。また，コミュニティへの参加に関連して，「積極的に社会に参画しようとする態度を養う」ことが掲げられている。これらはいずれも状況

表２−１　小中学校の総合的な学習の時間の目標（文部科学省，2018）

探究的な見方・考え方を働かせ，横断的・総合的な学習を行うことを通して，よりよく課題を解決し，自己の生き方を考えていくための資質・能力を次のとおり育成することを目指す。
(1)探究的な学習の過程において，課題の解決に必要な知識及び技能を身に付け，課題に関わる概念を形成し，探究的な学習のよさを理解するようにする。
(2)実社会や実生活の中から問いを見いだし，自分で課題を立て，情報を集め，整理・分析して，まとめ・表現することができるようにする。
(3)探究的な学習に主体的・協働的に取り組むとともに，互いのよさを生かしながら，積極的に社会に参画しようとする態度を養う。

主義の考え方に合致するものといえる。

2. 主体的な学習を保証する授業の方法

（1）協同学習とそのタイプ

「知識の教え込み」，「知識の注入」といった言葉に代表されるような教師が教科の内容を子ども達に一方的に伝え，それを子ども達が記憶するといった受動的に学ぶタイプのかつての授業から，現在では「アクティブ・ラーニング」といわれるような学習者自身が主体的に学ぶ授業に転換している。ここでは，そうした学習者が主体的に学ぶタイプの授業をみていくことにする。

まず，取り上げるのは協同学習である。協同学習は，学習者の小グループを構成し，自分自身の学習および仲間の学習を最大化するように，ともに学んでいく学習形態であり（Johnson & Johnson, 2018），グループのメンバーが協力して問題解決や課題の完成，作品の作製に取り組む学習法である（Laal & Laal, 2001）。

自分自身の学習や仲間の学習を最大化するという目的に照らして，たんに小グループで集まって学習するだけでは，協同学習とはいえない。ジョンソンらは，協同学習が成立するための要件として，グループのメンバーが互恵的な協力関係にあることを自覚していること，グループの目標の達成に向けた個人の責任を自覚していること，メンバー間の活発な交流があること，対人スキルや集団運営のスキルを発揮すること，そ

して活動結果の評価と改善が行われることの5つを挙げている（Johnson et al., 2002）。協同学習のなかにはいくつかの形態があるが，ここではそのなかから代表的な4つを取り上げる。

① 相互教授法

相互教授法は学習者が交代で教師役と生徒役を務めて学んでいくという協同学習の形態である。この方法を提唱したパリンサーとブラウンは読解力が低い中学1年生を対象に文章の読解に及ぼす相互教授法の効果を確かめた（Palinscar & Brown, 1984）。まず，教師が生徒たちに文章の「要約」，文章の内容についての「質問」，難しい語句などの「明確化」，文章の以後の展開に関する「予測」といった望ましい読解方略を使いながら読解をするようすをモデルとして示した。その後，生徒のうちの一人が教師役を務め，他の生徒が生徒役になって，対話を通してモデルと同様の過程を実際に行わせた。そして，教師役と生徒役の役割を交代しながら，同様のことを行わせた。その結果，読解力の向上などが確認された。

この授業形態のポイントは生徒自身が教師役を務める点にある。つまり，教えることを通して主体的に学習に取り組んだり，自身の読解方略の不十分さが明確になったりする過程を経ながら読解に効果的な方略を学んだことが読解力の向上につながったと考えられる。

② ジグソー学習

アロンソンらによって提唱されたジグソー学習は，数人のグループの学習者のそれぞれが，その日の学習課題の解決に必要な内容のうちの異なる一部を学び，それを持ち寄って他のメンバーに自分が学んだ内容を教え合うことで，課題の解決を目指すというものである（Aronson & Bridgeman, 1979）。その命名は，何枚かのピースを組み合わせることで1枚の絵を完成させるジグソーパズルに由来する。ジグソー学習にはいろいろなタイプが考えられているが，たとえば図2-3のようにジグソー・グループのメンバーは，それぞれがエキスパート・グループで課題の解決に必要な情報の一部が書かれた異なる資料を学ぶ。そこで学んだ内容をジグソー・グループに持ち寄って互いに教え合い，その内容を統

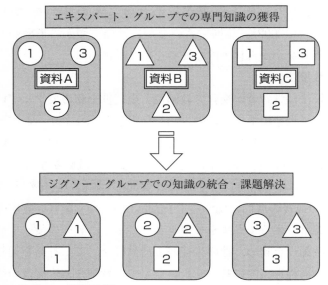

図2-3　ジグソー学習の例
注：① △ ① はエキスパート・グループでそれぞれ資料A，B，Cを学び，その内容をジグソー・グループで互いに教え合うというように各自が学んだ内容を持ち寄り，統合して課題解決を図る。

合することで課題の解決に至るというタイプが一般的である。エキスパート・グループで自分が学んだ内容は，ジグソー・グループでは自分以外に詳しく知っている者がいないため，他のメンバーに教えるために学ぶ必然性が生じる。このため，責任をもって能動的に学ぼうとする点が長所となる。また，他の者に教える効果は相互教授法と同様である。

③　**反転学習**

　通常の授業では教師が児童生徒に学習内容を対面で教える。しかし，反転学習では通常の授業で行われているような教師が学習内容を説明するビデオ教材を事前に家庭などで学習する。そして，その後の対面の授業ではビデオ教材での学習を前提に，応用的な問題の解決やビデオでの学習で理解できなかった部分の質問，教師の課した発展的な課題の解決に向けた協同学習などを行う（Bergmann & Sams, 2014）。このように反転学習自体は必ずしも協同学習に主眼を置いたものではないが，協同

学習を行う場合でも事前の学習によって学習者同士が教え合うことができ，学習者間に一定水準の共通の知識基盤が成立しているために，質の高い探究的な学習の展開が期待できる。反転学習は我が国でも大学教育を中心に取り入れられており，ビデオ教材はインターネットで配信されることが多い。

④　**問題解決型授業**

1980年に全米数学教師協議会が算数・数学の中心に据えるべきと提案した問題解決型の授業の影響を受けて，我が国独自の方法として開発され，定着してきたのが主に小学校や中学校の算数・数学の授業で多用されている問題解決型授業である（高橋，2000；関口，2009）。この方法では学習者に未習の問題を提示し，学習者は既習の事項を基に独力で解いてみる（自力解決）。次に，小グループ内でそれぞれの自力解決での解き方を紹介し，互いの考え方を知り，比較検討しながらよりよい解決法を考えていく（練り上げ）。また，それぞれのグループの検討結果をクラス全体で練り上げることもある。

この方法の長所は，自分の解決法を他の学習者のそれと比較対照し，評価する過程を通して，自らの知識が修正されたり，洗練されたりすることにある。また，自分自身の解決法を他者に説明しなくてはならないことから協同学習への関与の程度が高まることも長所である。

（2）　2つのPBL

問題解決学習（problem based learning），またはプロジェクト学習（project based learning）も学習者主体の学習形態であり，いずれもPBLと略称される。この2つのPBLの定義は多様で，また両者の違いも必ずしも明確ではないが，湯浅ら（2010）の先行諸研究の分析によれば，問題解決学習では，学習サイクルのプロセスに大きな比重があるため，新しい知識の獲得が重視されるのに対して，プロジェクト学習では，プロジェクトの結果として得られる成果物の完成が学習目標の大きな割合を占めるため，知識の適用により主眼が置かれているという。

一方，学習者が自律的に自らの学びを進め，真正な課題に他者と協調

的に取り組み，教師はそのプロセスをサポートするファシリテーター役を担うという点で両者は共通しているという。この場合の真正な課題とは，実社会とつながっており，学習者にとって活動の意味が感じられ，知識の深い意味理解が求められるものである。また，最近ではいずれのPBLも構成主義や社会的構成主義の学習観に基づく学習形態として位置づけられることが多く，学習者の能動的な思考過程を重視する点や学習が協同で行われる点も共通している。そこで，以下では2つのPBLを区別せず，上記の共通の特徴をもった学習形態としてPBLに言及していくことにする。

　PBLの長所として，学習者にとって真正な課題が取り上げられるため，学習の意味が認識されやすく，高い動機づけを伴った学習活動になることが挙げられる。また，教師から伝えられる知識を理解したり記憶したりすることが求められる従来の科目進行型学習（subject based learning: SBL）とは異なり，知識の習得だけでなく，より能動的な思考が必要な活用や探究の方法の学習になっている点も長所である。

　PBLの実践例として，ここではある義務教育学校の後期課程の生徒（中学生に相当）の授業のようすを取り上げる（木下，2018）。その授業では，「生きるためにわたしたちのカラダはどのようなしくみをもっているのか」を共通テーマに，3〜4人で構成された班が「細胞」「動物の分類」「進化」などの個別のテーマに取り組んだ。最終の目標は，班ごとに自分たちが「リトル・ティーチャー」として他の班の生徒たちに授業をすることであった。

　「動物の分類」を選んだ第9班では，「セキツイ動物と無セキツイ動物の分類」を取り上げることにした。まず，自分たちで専門業者からカエルを調達し，カエルの解剖のシミュレーションアプリを見ながら解剖の練習をした。この過程で，試行錯誤しながら解剖の道具の工夫や解剖の際に気をつけることなどを学んでいった。そして，リトル・ティーチャーとして臨んだ授業では，他の生徒たちに「ハサミを入れる位置の印の付け方」「ハサミの切り入れ方」「切開の手順」などを丁寧に説明しながら実際に解剖を進めさせた。カエルの口にストローを差し込み，息を吹

き込むと肺が大きく膨らむこと，心臓を取り出しても動いていることなどに感動したようすが観察された。また，事後には「9班のお陰でカエルがセキツイ動物であることを身をもって感じることができた」という感想も寄せられた。

　こうした学習によって，またカエルの解剖に取り組みたいという生徒や病院の心臓病教室に申し込んでさらに追究を続ける者も現れた。PBLが学習への動機づけを高めること，通常の授業で習った知識を活用したり，探究的な学習になっていることが分かる好事例であろう。

3.　一斉授業と個別指導

（1）　一斉授業と主体的な学習

　第2節(1)で述べたように，現在では授業の中に協同学習が広く導入されてきているが，通常は1人の教師が学級の子ども達の前で，同一教材を使って教えていく講義型の一斉授業が授業の大半の時間を費やして行われる。そして，協同学習は講義型の授業の中の一部の学習活動として行われることが多い。

　協同学習は学習者間の対話といった形で主体的な学習を保証しようとするものであるし，PBLは真正の課題の解決に向けて学習者に問題意識をもたせる形で主体的な学習を保証しようとする。では，講義型の一斉授業で主体的な学習を実現するにはどうしたらよいのであろうか。その1つとして教師に教えられた内容について学習者がさまざまに思考を巡らせ，意味理解をしていくような展開の授業が考えられる。いわば認知的アクティブ・ラーニングを促進するような授業である。

　そうした性質をもつ具体的な授業の例を挙げてみる。小学校5年生の理科では，食塩を水に溶かす実験を通して物が水に溶けても，溶かす前の水と物とを合わせた重さと変わらないことを学習する。この実験自体も食塩が見えなくなるため，食塩がなくなって軽くなると考えていた児童にとっては興味深いものであろう。そうした授業を終えて物が溶けても重さは変わらないことを学習した後に，発泡性の入浴剤を水に溶かした前後の重さを比較する実験を導入するような授業は，主体的に考えさ

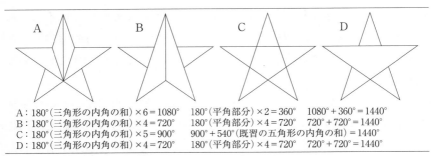

A：180°（三角形の内角の和）×6＝1080°　　180°（平角部分）×2＝360°　　1080°＋360°＝1440°
B：180°（三角形の内角の和）×4＝720°　　180°（平角部分）×4＝720°　　720°＋720°＝1440°
C：180°（三角形の内角の和）×5＝900°　　900°＋540°（既習の五角形の内角の和）＝1440°
D：180°（三角形の内角の和）×4＝720°　　180°（平角部分）×4＝720°　　720°＋720°＝1440°

図2－4　児童の多様な問題解決の例（進藤・中込，2007）

せるものとなる。この場合，溶かした後には二酸化炭素が泡となって出ていくため軽くなるが，なぜ軽くなったのか児童にとってはそれまでの学習内容と一致しないため，泡にも重さがあることに考え至るまで軽くなった理由を一生懸命に考える。

　同じく小学校5年生の算数では，多角形の内角の和の学習をする。このとき，図2－4のような星形の十角形の内角の和を求める課題を出すと，解法に多様性があるために児童は独自のいろいろな解法を考えたり，180°よりも大きな角を内角といってよいかについて活発に考えたりする（進藤・中込，2007）。

　オーズベルは学習には発見学習か受容学習かの次元と，機械的学習か有意味学習かの2つの次元があるとした。発見学習は新たな概念や法則などを学習者自身が見出していくものであり，受容学習は教師に教えられた内容を習得するというものである。また，機械的学習は学習内容の意味理解を欠いたまま暗記するといったものであり，有意味学習は意味理解を伴った学習である。オーズベルは2つの次元の組み合わせから学習は図2－5に示す「有意味発見学習」「機械的発見学習」「有意味受容学習」「機械的受容学習」の4つに分類できるとしている（Ausubel, 1963）。いうまでもなく，それぞれの学習は教師の授業の展開の仕方に規定される。そして，一斉授業は受容学習の色彩の強いものであるが，学習者が意味理解を目指して深く考えるような工夫のある発問や課題を取り入れれば，それはただ教えられた内容を暗記するだけの「機械的受容

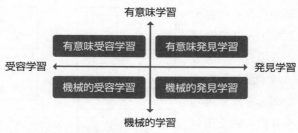

図2-5　学習の4分類（Ausubel, 1963）

学習」とは異なり，能動的に意味を構成し，意味理解をしていく「有意味受容学習」になって，先の認知的アクティブ・ラーニングといい得るものになる。

(2) 学習者の個別性と授業方法

　前述のように一般的な講義型の一斉授業では，クラスの子ども達は教師から同一の授業方法によって，同一の教材を使って学習内容を教えられることになる。こうした方法の問題点を示唆する適性処遇交互作用（Aptitude Treatment Interaction: ATI）という考え方がクロンバックにより示されている（Cronbach, 1957）。適性処遇交互作用とは，学習者の適性（特性）によって効果的な教授法は異なるというものである。たとえば，大学の物理学の授業で，対人積極性が高い者は低い者に比べて教師による授業で事後の成績が高かったのに対して，映像による授業では対人積極性が低い者の方が事後の成績が高くなった（Snow, et al., 1965）。これは対人積極性が高い者は他の人とのやりとりのある状況に動機づけられるのに対し，対人積極性が低い者はそうした状況に回避的になるからであろう。

　性格だけでなく，学習者が事前にどのような知識をもっているのかによっても，効果的な教授法は異なる。第1節(2)で不等辺，不等角をもつ三角形や四角形については，それぞれ三角や四角ではないとする年長幼児や小学1年生の認識を取り上げた。そのような幼児を対象に適切な三角形，四角形概念の形成を試みた研究では，図2-6の左側に示す正三

角形や正方形から徐々に変形幅を大きくした１～３の系列を用いて教える場合と，図２－６の右側に示す最初から大きく変形した図形を繰り返し提示する１～３の系列を用いて教える場合の効果が比較された。その結果，事前の段階で等辺性や等角性に強いこだ

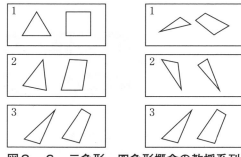

図２－６　三角形・四角形概念の教授系列
（伏見・麻柄，1993）

わりをもつ者には，左側の系列を用いた方が図２－２のようなさまざまな図形に対しても図形名を正しく答えられるようになったのに対して，強いこだわりをもたない者には右側の系列の方が効果的であった（伏見・麻柄，1993）。これは学習者の既有の誤った知識に対する確証度の違いという知識の質と教授法に関する適性処遇交互作用の例である。

（3）　学習者の個別性への対応

　適性処遇交互作用は個々の学習者の特性に応じた教授法が効果的であることを示すものであるが，一斉授業の中でそれに近づけるための方法の１つとして個々の学習者に目が届きやすい少人数の学級編制にすることが考えられる。

　学級規模が学力に与える影響について４道県の公立の小学校58校の５年生と中学校29校の２年生を対象にした調査では，学級規模別の国語と算数・数学のテストの偏差値の平均値は表２－２の通りとなった（須田・水野　他，2007）。全体的な傾向として小規模学級ほど学力が高いことが見て取れる。また，教師の指導法と学級規模との関連では，「書いた作文を先生がほめたり直したりしてくれる」「先生は宿題をよくみてくれる」といった項目での肯定的な回答の割合は学級規模が小さいほど高く，「先生が１時間中説明し，生徒が聞いている」という項目は規模が大きくなるほど高かった。この結果は，学級規模が小さいと個々の児童生徒に応じた丁寧な指導が行われ，それが学力に反映する可能性を示唆

表2−2　学級規模と学力（須田・水野他，2007を一部改変）

学級規模	小学校		中学校	
	国語	算数	国語	数学
12 人以下	53.5	53.4		
13 から 20 人	52.2	53.4	52.3	51.4
21 〜 25 人	51.7	50.6	53.0	53.3
26 〜 30 人	48.8	49.4	53.0	50.8
31 〜 35 人	49.7	47.9	49.5	50.2
36 〜 40 人	48.1	49.5	49.3	48.7

している。また，学級規模を教師1人あたりの児童生徒数という観点からみれば，教科によって学級を分割して各学習集団に教師を充てたり，複数の教員が1つの学級を担当したりするチーム・ティーチング（TT）も小規模学級と同様の効果があることになる。それらの効果について調べた国内外の諸研究を概観すると教師1人あたりの児童生徒数が少ないほど学力も高いとする報告が多いという（山森，2013）。

（4）個別性への対応と ICT の利用

　現在は多くの家庭でインターネット環境が整えられ，家庭でも教科の内容を教える動画に簡単にアクセスできるようになった。このことは学習者の個別性に関わって，学校で理解できなかった内容を改めて家庭で異なる教え方で学ぶ機会が増えたことを意味している。

　ところで，最初期に教育に機器を導入したのはスキナーである。彼は，先のオペラント条件づけの考え方に基づいて，ティーチング・マシンを使ったプログラム学習を開発した（Skinner, 1958）。これは目標となる学習内容を習得するまでに必要な課題群を全体構造に沿って細分化する。そして系統的に配列して，学習者にそれらの課題群に順次解答させることで目標に到達させようというものである。スキナーは有効なプログラム学習が成立するための4つの原理を挙げている。第1は積極的な反応の原理である。これはスキナー箱の実験に見られるように，学習には学習者自身が問題を解いてみるといった自発的な行動が必要だとい

う考え方による。第2は即時フィードバックの原理である。学習者の解答の直後に正誤のフィードバックがあることで，誤りが定着してしまうのを防ぐことができる。第3のスモール・ステップの原理は目標までの課題群を細分化し，漸進的に学習が進行することで着実に目標に到達できるようにすることを意図している。第4は自己ペースの原理である。これは学習者の学習の速さの個人差を考慮したものである。

　プログラム学習は当時の講義型の一斉授業に対する批判として考えられたものであり，自己ペースの原理に見られるように学習者の個別性（特性）への配慮や，積極的な反応の原理に見られるように学習者の自発的な学習参加（アクティブ・ラーニング）を重視している。こうした考え方は，現在の教育の主潮にも適ったものとなっている。ただし，スキナーのプログラム学習は1種類の課題群とその配列から構成された単線型のものであった。学習者によって同じ課題でも異なる誤答を示す者がいたり，段階を飛び越えて次の課題に進むことができたりする者もいる。この点で個別性への対応は不十分であった。その後，クラウダーによって誤答の違いといった学習者の個別性に対応するために，解答によって異なる課題に進行する系列を用意する枝分かれ型プログラム学習が考えられた（Crowder, 1959）。

　当時のティーチング・マシンは単純なものであったが，現在ではICTの進展により，技術的には誤りの種類に応じて複雑な経路を辿る課題系列が提示できるようになっている。しかし，現在のところ計算問題や用語の記憶を問うようなドリル学習が中心であり，そのフィードバックも正誤と簡単な解説の提示に留まっているものが多い。たとえば，算数・数学の文章題では児童生徒の多様な問題の把握状況に応じた複雑な課題系列を用意する必要があるが，そこまでの開発には至っていない。実現のためには前提として，ある学習内容について学習者のつまずきのパターンの解明をするとともに，そのそれぞれの解消にはどのような説明を加えればいいのかといったことを詳細に明らかにしておく必要がある。教授・学習過程を研究する教育心理学はその役割を果たすべき研究分野だといえる。

参考文献

日本認知心理学会（監修）（2010）．現代の認知心理学5　発達と学習　北大路書房
三宅なほみ・東京大学CoREF・河合塾（編著）（2016）．協調学習とは―対話を通して理解を深めるアクティブラーニング型授業　北大路書房

引用文献

Aronson, E., & Bridgeman, D. (1979). Jigsaw groups and the desegregated classroom: In pursuit of common goals. *Personality and Social Psychology Bulletin, 5* (4), 438‒446.

Ausubel, D. P. (1963). *The psychology of meaningful verbal Learning.* Grune & Stratton.

Bergmann, J. & Sams, A. (2014). *Flipped learning: Gateway to student engagement.* International Society for Technology in Education.（バーグマン，J. & サムズ，A.　上原裕美子（訳）（2015）．反転学習　オデッセイコミュニケーションズ）

Cronbach, L. J. (1957). The two disciplines of scientific psychology. *American Psychologist, 12* (11), 671‒684.

Crowder, N. A. (1959). Automatic tutoring by means of intrinsic programming. In E. Galanter (Ed.), *Automatic teaching: The state of the art* (pp.109‒116). John Wiley and Sons.

伏見陽児・麻柄啓一（1993）．授業づくりの心理学　国土社

橋本吉彦・塩澤友樹　他（2019）．たのしい算数5年　大日本図書

Johnson, D. W., & Johnson, R. T. (2018). Cooperative learning: The foundation for active learning. In S. M. Brito (Ed.) *Active learning: Beyond the future* (pp.59‒70). Intech Open.

Johnson, D. W., Johnson, R. T., & Holubec, E. J. (2002). *Circles of learning: Cooperation in classroom* (5th ed.). Interaction Book Company.（ジョンソン，D. W., ジョンソン，R. T., & ホルベック，E. J.　石田裕久・梅原巳代子（訳）（2002）．改訂版　学習の輪―学び合いの協同学習入門　二瓶社）

木下慶之（2018）．教科学習におけるプロジェクト型学習のカリキュラム　秋田喜代美・福井大学教育学部附属義務教育学校研究会（著）プロジェクト型学習―未来を創る子どもたち（pp.175‒190）．東洋館出版社

Laal, M. & Laal, M. (2001). Collaborative learning: what is it? *Procedia-Social and Behavioral Sciences, 31,* 491‒495.

Lave, J., & Wenger, E. (1991) Situated learning: Legitimate peripheral participation. Cambridge University Press.（レイヴ，J. & ウェンガー，E. 佐伯 胖（訳）(1993)．状況に埋め込まれた学習―正統的周辺参加　産業図書）

文部科学省（2018）．小学校学習指導要領　東洋館出版社

Palinscar, A. S. & Brown, A. L. (1984). Reciprocal teaching of comprehension-fostering and comprehension-monitoring activities. *Cognition and Instruction, 1* (2), 117 – 175.

関口靖広（2009）．国際的視点からわが国の授業研究の特徴について調べよう　算数科教育学研究会（編）新編　算数科教育研究（pp.173 – 178）．学芸図書

進藤聡彦・麻柄啓一（2014）．内包量の公式における「変数の入れ替え原理」の理解　教授学習心理学研究, *10*（1），12 – 24.

進藤聡彦・中込裕理（2007）．小学生の誤った内角概念を利用した発展的な学習―納得の過程への着目と発展的学習の教材開発の視点から　教授学習心理学研究, *3*（1），13 – 19.

Skinner, B. F. (1938). *The behavior of organisms: An experimental analysis.* Appleton-Century.

Skinner, B. F. (1958). Teaching machines. Science, 128, 969 – 977.

Snow, R. E., Tiffin, J., & Seibert, W. F. (1965). Individual differences and instructional film effects. *Journal of Educational Psychology, 56*（6），315 – 326.

須田康之・水野　考・藤井宣彰・西本裕輝・高簱浩志（2007）．学級規模が授業と学力に与える影響―全国4県児童生徒調査から　北海道教育大学紀要（教育科学編），*58*（1），249 – 264.

高橋昭彦（2000）．日米授業研究の現状と課題　日本数学教育学会誌, *82*（12），15 – 21.

山森光陽（2013）．学級規模，学習集団規模，児童生徒―教師比に関する教育心理学的研究の展望　教育心理学研究, *61*（2），206 – 219.

湯浅且敏・大島　純・大島律子（2010）．PBLデザインの特徴とその効果の検討　静岡大学情報学研究, *16*，15 – 22.

🎙 研究課題

1．あなた自身が受けた小学校や中学校の授業での協同学習はどのようなものだったか思い出し，あなたの学習にとっての有効性について考察してみよう。

2．実際の授業の中で生じると考えられる適性処遇交互作用（ATI）の
　例を1つ考えてみよう。

3 | 分かる授業を目指して

| 進藤　聡彦

　本章では教科の学習内容を理解できるとはどういうことなのか，また理解できるためには何が必要なのかについて，心理学の視点から考えていく。そのうえで，教える側の立場から具体的な教科の学習内容に即して学習者の理解を促進する方法を検討する。また，学習者はある学習内容を教えられる以前から，その内容に関する誤った知識をもってしまっていることがある。誤概念と呼ばれるそうした知識の修正法についても探っていく。

1. 理解の認知プロセス

(1) 能動的な理解の過程

　理解ということに関わって，1つの例から始めることにする。まず，下の文章を読んでいただきたい。

> 彼は窓口に5ドル紙幣をポンと置いた。彼女は2ドル50セントを渡そうとしたが，彼は受け取らなかった。そこで二人が中に入ったとき，彼女は彼に大きな袋に入ったポップコーンを買ってあげた。

　この文章は，コリンズらによって心理学の研究用に作成されたものであるが（Collins, Brown et al., 1980），これを読んで理解できたかと問われたら，どう答えるだろうか。おそらく多くの人は「理解できた」と答えるであろうし，デートで映画館に行ったときに，彼の方が彼女の分まで映画料金を支払ってあげたので，彼女はそのお返しに彼にポップコーンを買ってあげたという話だろうと考えるであろう。そして，こんな簡単な文章なのにわざわざ理解の可否を質問されること自体に違和感をもつ人も少なくないであろう。

　しかし，この文章には映画館での話であること，彼と彼女が恋人であることは書かれていない。ポップコーンが映画館での定番のスナックであることから，映画館での話であることを読み取り，彼女が映画料金のお返しにポップコーンを買ってあげたのだから，彼と彼女の関係は夫婦や父娘などではなく，恋人なのだろうと読み取っているのである。このことから，理解の過程では外部からの情報について既有知識を使いながら，情報を補填し能動的に意味を構成していることが分かる。

　次に理解できない場合について考えてみる。図3-1はブランスフォードとジョンソンによって心理学の実験用に作成された文章である（Bransford & Johnson, 1972）。この文章を読んで最初から理解できたという人は少ない。

　この文章の題目は「凧の作り方と揚げ方」である。この題目を聞いて再度，当該の文章を読むと，今度は理解できたという人が大幅に増える。題目が分かると，「通りよりも海岸の方がいい」というのは電線や建物のない海岸の方が凧揚げの場所として適しているということだろうといったように，「凧揚げ」についての既有知識を使って意味を構成できるために理解できるようになるのである。先の映画館の例と同様に，理解が既有知識を使った能動的な認知過程であることが分かる。

　一方，最初に読んだときに理解できないのは，「凧揚げ」に関する知識はもっているものの，当該の文章に関連するものとして，記憶に保持されている「凧揚げ」の知識にアクセスできず，それが使えなかったためだと考えられる。また，理解が既有知識を使って意味を構成する過程であることを考えれば，「凧揚げ」に関する既有知識を欠く場合には，題目が提示されてもこの文章は理解できないことになる。

雑誌よりも新聞の方が適しているし，通りよりも海岸の方がいいでしょう。最初は歩くよりも走った方がいいでしょう。何度か試してみることが必要かもしれません。多少の技術は必要ですが，習得するのは容易で，小さな子ども達も楽しめます。一旦うまくいけば，厄介なことはほとんどありません。鳥が近づくことは滅多にありませんが，雨はすぐに浸み込みます。多くの人が同じことをしても問題が生じるでしょう。

図3-1　題目のない文章（Bransford & Johnson, 1972 の一部）

（2）理解の認知過程

　上記のように文章の理解とは既有知識を使った能動的な過程であるが，同様なことは文章に限らず外部からの情報の理解一般について該当する。既有知識のうち，「凧揚げ」に関する知識のように特定の領域に関する体系化され，一般化された知識のことをスキーマ（schema）という。また，スキーマに関連して，特定の状況での時間的順序で生じる出来事の系列に関する一般的知識をスクリプト（script）という（Schank & Abelson, 1977）。たとえばレストランの食事では，ウェイターに席に案内される・メニューを渡され，注文する・料理が運ばれ，それを食べる・食べ終わると料金を支払うといった一連の時系列的な出来事が進行する。このような時系列で生じる出来事の系列に関する知識がスクリプトである。

　同様の一般的知識として，物語の展開についての典型的な構造に関する知識は物語文法（story grammar）と呼ばれる（Thorndyke, 1977）。その構造とは「起承転結」に近似した「設定」「テーマ」「プロット」「解決」からなる。まず「設定」では登場人物・時間や場所といった状況が述べられる。次の「テーマ」では物語の発端となる事件や主人公の達成しようとする目標が，そして「プロット」ではテーマについての個々のエピソードが述べられ，「解決」では結末が述べられるというものである。

　私たちはこうした既有の知識を使って，外部からの情報を理解していると考えられるが，その一連の過程は図3－2のようにモデル化できる。まず，情報が入ってきたときにスキーマなどの関連の既有知識にアクセスする。次にその既有知識と照合しながら，情報を解釈する。そして，既有知識と整合する場合には，納得して理解するといった過程である。また，解釈した結果が既有知識と不整合の場合には，再解釈が試みられ，既有知識との整合性が追求される。

　このように情報の理解には既有知識が深く関わっており，当該の情報に関する既有知識の質や量が理解の可否を規定していると考えられる。

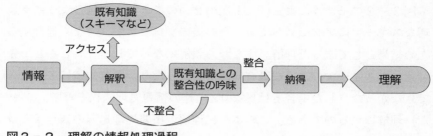

図3-2 理解の情報処理過程

（3）誤解の認知過程

　文化庁の国語に関する世論調査によれば，「情けは人のためならず」ということわざについて，「人に情けを掛けておくと，巡り巡って結局は自分のためになる」という意味と，「人に情けを掛けて助けてやることは，結局はその人のためにならない」という意味のうち，どちらが正しいかを問う設問の解答率はいずれも 46% ほどでちょうど半数ずつに分かれた（文化庁文化部国語課，2011）。

　正解は前者であるが，両者の違いが生まれる原因として，このことわざを聞いたときに，私たちがもつ「因善因果（よい行いをしていれば，よい報いを受けられる）」といったスキーマと，「情けが仇（同情や思いやりからしたことが，却って相手のためにならないこと）」といったスキーマのうち，どちらにアクセスしたかの違いにあると考えられる。

　同様に「僅かな元手や労力で大きな利益を得ること」が正しい意味である「海老で鯛を釣る」ということわざも，「大きな利益や成果を得るためには，それに応じた元手や労力が必要なこと」という意味だと誤って考えている人も多い。この場合，鯛は高級魚であり，高価なものを指していることは明らかであるが，海老については伊勢エビのような高価なものもあれば，桜エビのように一匹あたりの値段が安価なものもある。

　このうち，伊勢エビを想定してこのことわざを聞くと，「ローマは一日にして成らず」のようなスキーマももっているため，そのスキーマにアクセスし，「大きな成果には，それなりのコストが必要だ」という誤った意味に理解してしまう。

　図3-2のモデルによれば，上記の2つのことわざの例のように不適切なスキーマにアクセスしても，その後のプロセスが支障なく進行するため結果として誤った理解，すなわち誤解になってしまう。しかし，先に述べたスキーマのような既有知識がなかったり，既有知識にアクセスできなかったりした場合とは異なり，一連の情報処理過程を経て，（誤った）理解に至るのである。このように理解の情報処理過程の観点からは誤解も理解の1つの形といえる。

2. 理解を促進する方法

（1）　先行オーガナイザーの利用

　第1節(2)で情報を理解するためには，スキーマのような既有知識を使えることが必要なことを述べた。このことに関連して，理解を促進するための方法としてオーズベルによって先行オーガナイザー（advance organizer）が提唱されている（Ausubel, 1960）。彼の実験では，大学生に合金の性質に関する詳細な事項を説明する文章の読解前に，その文章の概要を示す文章を読ませておいた群では，そうした文章を読ませておかなかった群よりも事後テストの成績が優れていた。先行オーガナイザーとは，オーズベルが用いた概要のような新規の内容を学習するに先立って与えられる，当該の学習内容を包摂するような概括的情報のことである。先行オーガナイザーが与えられることで，それが係留点の役割をもつ既有知識となって後続の学習内容の細部が構造的に学ばれたために理解が促進されたと考えられる。

　授業の冒頭で教師からその日の学習内容についての概要の説明があると，その後に教えられる内容を理解しやすくなることがある。また，予習をしておくと，その時には内容を十分に理解できなかったとしても，学習内容の概要に相当する知識が得られるため，授業に臨んだときに理解しやすくなることがある。これらはいずれも先行オーガナイザーの機能によってもたらされる効果だといえる。

　先行オーガナイザーとして提示される概要は，新規の学習内容を学習する際に，学習者に参照すべき新たなスキーマとして機能するととらえ

ることも可能である。この新規の学習内容を包摂するような概要にあたる内容をもつ先行オーガナイザーを特に説明オーガナイザーという。これに対して，学習者が新規の学習内容と類似した内容の既有知識をもつ場合には，新規の内容の教授に先立ち，両者の類似点や相違点を対比的に示す比較オーガナイザーと呼ばれる概要が有効である。オーズベルとフィッツジェラルドの実験では，仏教に馴染みのないアメリカの大学生にキリスト教と仏教の類似点，相違点の概要を説明しておいたところ，後続の仏教の詳細についての理解が深まった（Ausubel & Fitzgerald, 1961）。この効果は既知の内容の構造を生かしながら，細部が新しい学習内容に差し替えられることによってもたらされたと考えられる。

　なお，先行オーガナイザーは新規の学習内容の意味理解を目指すものであり，第2章で述べたオーズベル自身の学習の4分類のうちの「有意味受容学習」の際の効果的で具体的な教授法の提案になっている。

（2）　アナロジーの利用

　アナロジー（analogy：類推）とは，異なる事物，事象間に共通の性質や関係があることを想定して行う推論のことである。そして，アナロジーを利用する方法とは，新たな学習内容と構造的に類似している別の事柄に関する既有知識を使って教えようとするものである。たとえば，図3－3の問題は大学生でも解答が①と②に分かれる。この問題の解決に際して佐伯（1978）は，自分の分身である「小びと」を頭の中でつくってみて，その「小びと」が壁の裏からバネの右端を掴むというアナロジーを提案している。すなわち，図3－3のAの下の図の事態はバネが左側にFの力で引っ張られるとき，バネが移動しないように「小びと」が壁の裏からFの力で右側に引っ張り返していると考えることができる。こう考えれば，図Aの下の事態と図Bの事態とは結局は同じであり，正解が②であることが容易に理解できる。そして，これは図Cに示す綱引きのアナロジーを利用した教授法ととらえることができる。

　中学校理科の教科書でも紹介されている電気回路を水流のアナロジーで説明する水流モデルは広く知られているが，この他にも電気回路につ

Aの図のように壁面 a にバネの一端を固定して左端をある力Fで
引っ張ったところ，バネの長さは ℓ から ℓ′ に伸びた。壁面を取り
払い，Bの図のように，このバネを両側からそれぞれFの力で引っ
張った長さ ℓ″ と ℓ′ を比較するとどうなるか。
 ① ℓ′ < ℓ″ ② ℓ′ = ℓ″ ③ ℓ′ > ℓ″

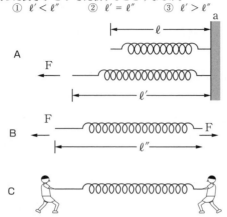

図3 - 3　アナロジーを利用する方法（佐伯，1978 を一部改変）

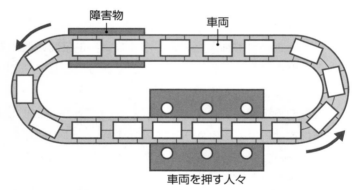

図3 - 4　電気回路の列車モデル（Johsua & Dupin, 1987）

いては図3 - 4に示す列車のアナロジーが報告されている（Johsua &
Dupin, 1987）。このモデルでは，電流を列車の走行，抵抗が障害物，電
池が車両を押す人，電圧が車両を押す人の出す力の大きさ，電池の消耗
を押す人の疲労としている。このように位置づければ，電気回路の仕組
みが理解しやすくなる。
　ここで取り上げた例はいずれも理科の力学と電磁気学の内容について

であった。理科の中でも力や電気は目に見えないため具体的なイメージをもちにくく，この領域を苦手に感じる学習者は多い。しかし，アナロジーの利用によって，具体的なイメージがもてるため理解の促進が期待できる。

（3）　知識の必然性

第1節(1)の文章で映画館とは書かれていなくても，また登場する2人が恋人とは書かれていなくても，既有知識からの情報を補填することで文章が理解できることを述べた。ここでは理解に関わって情報の補填ということについて考えていく。まず，次の3つの文が理解できるだろうか。

A
- ⅰ）眠い人が水差しを持っていた。
- ⅱ）太った人が錠を買った。
- ⅲ）機嫌のいい人が新聞を読んだ。

多くの人の感想は，理解できたといえば理解できたし，理解できなかったといえばできなかったというものではないだろうか。では，次の文はどうであろう。

B
- ⅳ）眠い人が（コーヒーメーカーに水を入れるために）水差しを持っていた。
- ⅴ）太った人が（冷蔵庫の扉にかける）錠を買った。
- ⅵ）機嫌のいい人が（彼が宝くじに当たったこと知らせる）新聞を読んだ。

今度は，理解できたと明確に感じる人が増えたのではないかと思う。これらは記憶や理解などの認知を解説するブランスフォードとスタインの著書の中で紹介されている文である（Bransford & Stein, 1993）。括弧内の情報が付加されることで，行為の主体と行為の間に必然的関係がうまれ，Aの文に比べてBの文の方が理解できたと感じられるようになる。

Aの文のような必然性に関する情報を欠く文や文章は，教科書にもみ

られる。たとえば小学校や中学校の社会科の教科書では，山梨県や山形県が「夜と昼の寒暖差が大きく，果樹栽培が盛んである」という趣旨の記述がある。この内容は事実に関する知識としては理解できるにしても，どうして日較差（昼夜の気温差）が大きいと果樹栽培が盛んなのかについての記述がない。日較差が大きいことと果樹栽培が盛んであることとの隙間を埋めるためには，「昼の気温が高くなるということは，日中に陽がよく当たるということだ。陽がよく当たると光合成が盛んに行われ，甘さの元となるデンプンがつくられやすい」，「光合成ができない夜は気温が低い方が，呼吸のために使われるデンプンの消費が抑制される」，「したがって，日較差が大きいと多くの糖が貯まって甘い果実ができる」といった内容を教授することで先のBの文のような必然性をもたせることができる。そして，その必然性によって理解はより深まる。

　なお，2017（平成29）年告示の中学校学習指導要領では，我が国の地域の産業が社会の学習内容であるのに対して，光合成による植物のデンプンの生成や呼吸は理科の学習内容である。したがって，知識に必然性をもたせるためには，教科間で連携をとりながら教えていくことが必要な場合がある。

　ところで，先のブランスフォードらはAのような文とBのような文をいくつか読んでもらい，しばらくした後に「水差しを持っていたのは誰か」といった質問をするとBの方がよく憶えていられるとしている。学習内容の理解が深まると記憶の保持もしやすいのである。

（4）　事例による理解

　教科の学習では算数・数学や理科を中心に，公式・法則などの「pならば（は），qである（だ）」（以下，p→q）という形式で記述される一般化されたルールといい得る知識が教えられる。その際，いくつかの事例を通してルールの理解が図られる。たとえば，中学校理科の「金属は電気をよく通す」というルールでは鉄くぎやアルミ缶が事例に用いられるし，中学校数学での「a＋bならばb＋aである（a＋b＝b＋a）」という加法の交換法則では，3＋5＝5＋3や（＋3）＋（－7）＝（－7）

＋（＋3）といった事例が用いられる。事例があると具体的に考えられるため，理解しやすい。

　ルール「p→q」の事例は，pに具体的な事物や事象を入れる場合とqに入れる場合が考えられる。そして，pに入れてできる事例を代入例，qに入れてできる事例を象徴事例という（麻柄・進藤，2004）。前者は「金属は電気をよく通す」というルールに対して，「鉄くぎは電気をよく通す」「アルミニウム缶は電気をよく通す」などが該当する。

　中学校の社会科地理分野のある教科書では，我が国の気候を6つに分類している（加賀美・米田　他，2021）。そのうちの1つが「北海道の気候」であり，その特徴として冷涼であることが挙げられている。これを「北海道は冷涼である」とルール化すると，代入例は「札幌は冷涼である」「釧路は冷涼である」などとなる。一方，象徴事例は「北海道は4月いっぱいコートが必要だ」「北海道は5月に桜が咲く」などとなる。この場合の代入例と象徴事例を対比してみると，特に日本の南の地方に住む学習者にとっては，後者の象徴事例の方が自身の地域との比較ができ，実感を伴って学ぶことができる。

　先にルールを教授する際に事例を提示することは，理解を促進する機能があると述べた。ただし，理解のためには取り上げる事例が学習者にとって既知のものであり，ルールの根拠として位置づくものでなければならない。

3. 理解を妨げる誤概念

（1）さまざまな誤概念

　第1節(3)で誤解の認知過程について述べた。誤解の過程を経て獲得される知識のうち，学校教育において問題になるのは誤概念（misconception）である。誤概念とは，日常の直接，または間接の経験から学習者自身によって形成される誤った知識のことである。そして，一般的に誤概念という場合，一群の事例をもつような一般化された知識のことを指す。その種の知識は，誤概念の他にも素朴概念（naive conception），代替概念（alternative conception），前概念（preconception），さらには

誤ったルールという意味でル・バー（ru）など，研究者ごとにさまざまに概念化されてきた。それらは細部において強調点は異なるものの，人が直接，間接の経験から形成した誤った知識である点は共通している。

年少の者が「夏に暑くて冬に寒いのは，夏は地球と太陽が近づき，冬には離れるからだ」といった誤った認識をもつことがあるが，これはストーブに近づくと熱く感じ，離れると熱くなくなるといった経験による既有知識と整合するからである。しかし，それは結果として誤解であり，誤った知識，すなわち誤概念となる。

誤概念は教育心理学や認知心理学，教科教育学の研究対象として取り上げられ，主に理数教科に関するものが数多く見出されてきた。その代表的なものの1つが慣性の法則に関するものである。大学生を対象に真上に投げ上げられて上昇途中にあるコインに働いている力を矢印で記入させた調査では，正解は重力による下向きの力だけを記入すればよいのに対して，慣性の法則について学習済みであるにもかかわらず，8割の者が上向きの力も記入した（Clement, 1982）。

また，図3－5の問題では，金属球を落とした地点よりも前方に落下するという正答は対象となった大学生の5割弱に留まり，切り離した地点の真下に落ちるとした者が同じく5割弱であった。また，後方に落ち

金属球を持っている人が一定の速度で平らな床を真っ直ぐに歩いている。一番左側の地点で金属球を手放した。一番右側の地点まで移動した時に金属球は床に落ちた。空気抵抗がないとすると，金属球はA～Cのどの地点に落ちるか。

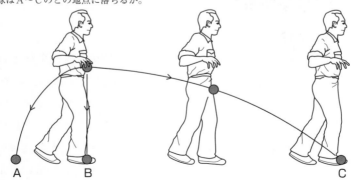

図3－5　慣性の法則の誤概念を調べる問題（McCloskey, 1983 を一部改変）

表3-1　誤概念の例（進藤・麻柄，2006を改変）

領域	対象者	誤　概　念	出典
物理	小6，中2	電気回路で電池の両極から豆電球に向かって電流が流れる	Johsua & Dupin, 1987
	小5	物質はそれ自体の温度をもつ（例：毛布は温かいから氷をくるむと溶けやすい）	Tiberghien, 1985
化学	小5	物体は水に溶けるとなくなる	所澤，1991
	中1～高3	金属は燃焼すると重さが減る	Furio Mas, et al., 1987
生物	小1～中2	生後に獲得した形態も遺伝する	Kargbo, et al. 1980
	大学生	球根で植える植物はタネをつくらない	麻柄，1990
地学	小1, 3, 5	地球内部は空洞で，その中にある平面に人が住んでいる	Vosniadou & Brewer, 1992
数学	大学生	図形がn倍に拡大されれば，面積もn倍になる	麻柄・進藤，2011
地理	小6	どの世界地図でも各国の面積は実際と対応している	進藤，1987
経済	幼児～小5	物理的特性や効用が価格を規定する（例：本は腕時計より大きいから高い・自動車は行きたい所へ連れて行ってくれるから高い）	Buris, 1983
法律	大学生	違法な内容でも契約をしてしまうと，その破棄は違法だ	高橋，1987
国語	小6	動詞は動作を表す単語である（例：「マラソン」「懸垂」は動詞で，「休む」「怠ける」は動詞ではない）	駒林，1980

るとした者も1割弱あった（McCloskey, 1983）。

　2つの研究結果に共通するのは，大学生であっても「静止している物体は静止し続け，運動している物体はそのままの等速直線運動を続ける」という既習の慣性の法則を問題解決に適用できずに，「物体が運動するためには力が加え続けられなければならない」といい得る誤概念による判断が多数の者に見られたことである。これまで見出されているさまざまな領域の誤概念の例を表3-1に示す。

（2）誤概念の特徴と理解

　誤概念にはいくつかの特徴がある。まず，第1に誤概念が誤りだというのは，現在の学校教育などで取り上げられている科学の体系とは整合しないという意味である。中学校理科の教科書には，アリストテレスが

物体が運動するときには，必ずその原因となる力があり，石を投げたときに手を離れても動き続けるのは，空気が回り込んで石を押すためだと考えていたという例が紹介されている（岡村・藤嶋，2017）。現在では誤概念にあたるこの考えは2400年ほど前には科学的だと考えられていたのであろう。このように，現在は科学的な考え（以下，科学的概念）といわれているものも，将来は誤概念になる可能性もある。

　第2に誤概念は断片的に存在するのではなく，構造化された知識になっていることも特徴である。先に誤概念は一般化された知識であることを述べた。表3-1の「球根で植える植物はタネをつくらない」という誤概念はチューリップやヒヤシンスといった事例をもつし，「物体は水に溶けるとなくなる」という誤概念は塩や砂糖の溶解に適用される。

　また，小学校4年生にビルの屋上から石を落としたらどうなるかを問うと，「段々速くなる」と大半の児童が正しく答えたが，その児童たちに重さはどうなるかを尋ねたところ，また大半の児童が「段々重くなる」と答えたという。そこで，下に落ちたら前よりも重くなるのか問うと，「止まればまた元の重さに戻るのさ」と答えたという（細谷，2001）。このように誤概念は他の知識と構造的に結びつき，本人のなかでは矛盾のない知識体系になっている。

　第3の特徴は誤概念に対する確証度が高いことである。これは誤概念の形成が，直接，間接の経験に基づいていることや，第2の特徴として挙げたように，本人のなかでは他の知識と整合していることによる。

　第4に誤概念は学校で言語的に明確に教授される科学的概念とは異なり，自分自身でも自らの誤概念を明確に言語化できないばかりか，その保持自体にも無自覚的なことがあるという特徴もある。

　第5の特徴は，誤りではあるが一定の妥当性をもつことである。慣性の法則に関する誤概念では，自転車で走り続けるためにはペダルをこぎ続けなくてはならないというように，摩擦が存在する日常生活では合理的でもある。このことも第3の特徴に関連して，誤概念への確証度を高める要因となる。

　これらの特徴のうち，教科の学習内容の理解にとって重要なのは，誤

概念への確証度が高いことと，自らの誤概念を明確に認識していないことである。前者について，誤概念への確証度が高いために学校で科学的概念を教えられても，納得できずに科学的概念を受け入れられないことがある。したがって，誤概念は科学的概念の理解を妨害するものととらえることもできる。また，後者について，科学的概念が教授されても，誤概念との矛盾を認識しにくいため，2つの矛盾する知識が同一個人内に並存してしまうことがある。これらのことから，学校での科学的概念の学習直後のテストなどでは科学的概念による問題解決が行われるが，学校の文脈を離れた日常生活では誤概念が適用されたり，時間が経過したりすると科学的概念が忘れ去られてしまうことも多い。

（3）　事例系列からの誤概念の修正

　上記のように誤概念は確証度の高い知識になっていることから，誤概念の科学的概念への修正は困難なことがある。すなわち，学習者は確証度の高い誤概念を保持しようとするために，科学的概念の受け入れを拒否したり，誤概念を維持しながら科学的概念を部分的に受け入れ，新たな誤概念を生成したりすることがある。たとえば，表3－1の「物体は水に溶けるとなくなる」という誤概念を修正するために，水に溶けた食塩をなめさせてみると「塩はなくなったが，味だけが残った」といった反応が新たな誤概念の生成の例である（所澤，1991）。

　そこで，以下では誤概念の修正のための教授方略について考えていく。第2章において，三角形や四角形の判断課題で等辺性や等角性に強いこだわりをもつ幼児に適切な三角，四角概念を形成するのに，正三角形や正方形から徐々に変形の程度を大きくしていく事例系列で教授すると，最初から正三角形や正方形との変形の程度が大きい事例系列によって教授するよりも効果的であることを紹介した。つまり，正三角形や正方形・長方形，およびそれらに近似した図形のみがそれぞれ三角，四角だとする誤概念に固執する者に対しては，誤概念に抵触しにくい事例から，徐々に抵触する事例に移行する事例を使った系列が有効であるということである。

　同様の効果は大学生を対象に物質の三態変化を取り上げた研究でも確認されている。その研究では大学生のほとんどが三態変化することを認める水から始めて，三態変化しないと考えている食塩の三態変化へと移行しながら三態変化を説明する群と，最初から三態変化しないと考えている食塩やアルコールで三態変化を説明する群を設定した。そして，事前テストで「金属は気体にならない」「常温で気体や液体の物質は固体にならない」といった誤概念をもち，なおかつその確証の程度が高いと考えられる者を対象に分析を行ったところ，前者の群で鉄や酸素など，物質一般について三態変化を認めるようになる効果が大きかった（伏見・立木，2006）。

　こうした効果は，誤概念に抵触しない非抵触事例（上記の例では水）を先行させることで，学習者は科学的概念を最初から否定することがなく，また非抵触事例が抵触事例（上記の例では食塩など）を考えるうえでの足場として機能したことによってもたらされたと考えられる。

（4）　科学的概念への位置づけによる誤概念の修正

　誤概念の修正のための別の教授法として，学習者の誤概念に一定の妥当性を認め，科学的概念に位置づけるというものがある。麻柄（1990）は表3－1の「球根で植える植物はタネをつくらない」という誤概念を取り上げた。大学生に「チューリップはタネで増やす有性生殖（受精による生殖）だと色や形が異なってしまうため，観賞用の植物としては都合が悪い。そこでタネはできるが同じ色や形のチューリップを作るために球根による無性生殖（体細胞分裂による生殖）で増やす」という趣旨の説明をするとチューリップにタネができることを認める者が71%であった。たんにチューリップにタネができることだけを説明した場合には47%であったことから，誤概念を修正するのに一定の効果があったことになる。

　これは「球根で植えるから」という誤概念の根拠を科学的概念に位置づけることによってもたらされたと考えられる。誤概念をもつ学習者にとっては，誤概念との矛盾がなくなるため，科学的概念に納得できるよ

うになる。

　同様に学習者の誤概念に一定の理を認めて，科学的概念に位置づけ，誤概念の修正を図る方法に「範囲画定」がある（Hashweh, 1986）。これは新たに教授される科学的概念の適用可能な範囲を限定することによって，学習者の誤概念の妥当性をも認める方法である。たとえば，先に慣性の法則に関する誤概念を紹介したが，慣性の法則は摩擦抵抗がない状況下で成立する。しかし，現実の日常の生活では摩擦抵抗のために物体が運動するためには力を加え続けなければならない。このような場合に，摩擦抵抗がある状況とない状況を明確に区別して，それぞれの状況での力と運動の関係を対比的に教授するのが範囲画定による教授法である。この方法においても科学的概念と誤概念が矛盾することがないために学習者の納得が得られやすい。

参考文献

西林克彦（2021）．知ってるつもり―「問題発見力」を高める「知識システム」の作り方　光文社

麻柄啓一（編集代表）（2006）．学習者の誤った知識をどう修正するか　東北大学出版会

引用文献

Ausubel, D. P.（1960）. The use of advance organizers in the learning and retention of meaningful verbal material. *Journal of Educational Psychology, 51*（5）, 267–272

Ausubel, D. P., & Fitzgerald, D.（1961）. The role of discriminability in meaningful verbal learning and retention. *Journal of Educational Psychology, 52*（5）, 266–274.

Bransford, J. D., & Johnson, M. K.（1972）. Contextual prerequisites for understanding: Some investigations of comprehension and recall. *Journal of Verbal Learning & Verbal Behavior, 11*（6）, 717–726.

Bransford, J. D. & Stein, B. S.（1993）. *The ideal problem solver: A guide for improving thinking, learning, and creativity*（2nd ed.）W. H. Freeman and

Company.

文化庁文化部国語課（2011）．平成 22 年度国語に関する世論調査（https://www.bun ka.go.jp/tokei_hakusho_shuppan/tokeichosa/kokugo_yoronchosa/pdf/92701201 _09.pdf），（2022 年 2 月 25 日閲覧）

Burris, V. (1983). Stages in the development of economic concepts. *Human Relations, 36*（9），791－812.

Clement, J. (1982). Students' preconceptions in introductory mechanics. *American Journal of Physics, 50*（1），66－71.

Collins, A., Brown, J. S., & Larkin, K. M. (1980). Inference in text understanding. In R. J. Spiro, B. C. Bruce, & W. F. Brewer（Eds.），*Theoretical issues in reading comprehension: Perspectives from cognitive psychology, linguistics, artificial intelligence, and education*（pp. 385－407）. Lawrence Erlbaum Associates.

Furio Mas, C. J., Perez, J. H., & Harros H. H. (1987). Parallels between adolescents' conception of gases and the history of chemistry. *Journal of Chemical Education, 64*（7），616－618.

伏見陽児・立木　徹（2006）．ル・バー懐柔型ストラテジーの効果（その 3）—「三態変化ルールに即した長期的効果」　麻柄啓一（責任編集）学習者の誤った知識をどう修正するか（pp.217－228）．東北大学出版会

Hashweh, M. Z. (1986). Toward an explanation of conceptual change. *European Journal of Science Education, 8*, 229－249.

細谷　純（2001）．教科学習の心理学　東北大学出版会

Johsua, S. & Dupin, J. J. (1987). Taking into account student conceptions in instructional strategy: An example in physics. *Cognition and Instruction, 4*（2），117－135.

加賀美雅弘・米田　豊・志村　喬　他（2021）．社会科　中学生の地理—世界の姿と日本の国土　帝国書院

Kargbo, D. B., Hobbs, E. D., & Erickson, G. L. (1980). Children's beliefs about inherited characteristics. *Journal of Biological Education, 14*（2），137－146.

駒林邦男（1980）．子どもの「つまずき」とわかる授業　現代教育科学，*284*，5－10.

麻柄啓一（1990）．誤った知識の組み替えに関する一研究　教育心理学研究，*38*（4），455－461.

麻柄啓一・進藤聡彦（2004）．「象徴事例」概念の提案と歴史学習に及ぼす象徴事例の効果の検討　教育心理学研究，*52*（3），231－240.

麻柄啓一・進藤聡彦（2011）．面積比の理解に及ぼす操作結果の実体化の効果　教育心理学研究，*59*（3），320－329.

McCloskey, M.（1983）. Intuitive physics. *Scientific American, 248*（4）, 122 – 130.

岡村定矩・藤嶋　昭　他（2017）．新編　新しい科学3　東京書籍

佐伯　胖（1978）．イメージ化による知識と学習　東洋館出版社

Schank, R.C. & Abelson, R. P.（1977）. *Scripts, plans, goals and understanding: An inquiry into human knowledge structures*. Lawrence Erlbaum Associates.

進藤聡彦（1987）．地球儀と地図を実践して　算数・数学の授業, *39*, 92 – 95.

進藤聡彦・麻柄啓一（2006）．ル・バーとは何か　麻柄啓一（責任編集）学習者の誤った知識をどう修正するか（pp.1 – 17）．東北大学出版会

所澤　潤（1991）．「わかること」と「学ぶこと」　滝沢武久・東　洋（編）応用心理学講座9　教授・学習の行動科学（pp.58 – 83）．福村出版

高橋惠子（1987）．子どもの社会認識の発達　東　洋・稲垣忠彦・岡本夏木他（編）教育の方法5　社会と歴史の教育（pp.23 – 69）．岩波書店

Thorndyke, P. W.（1977）. Cognitive structures in comprehension and memory of narrative discourse. *Cognitive Psychology, 9*（1）, 77 – 110.

Tieberghien, A.（1985）. Heat and temperatue: The development of ideas with teaching. In R. Driver, E. Guesne & A. Tieberghien（Eds.）, *Children's ideas in science*（pp.67 – 84）. Open University Press.

Vosniadou, S., & Brewer, W. F.（1992）. Mental models of the earth: A study of conceptual change in childhood. *Cognitive Psychology, 24*（4）, 535 – 585.

🎸 研究課題

1．図3 – 1の「凧の作り方と揚げ方」の文章で，個々の文をどのような既有知識を使いながら理解しているのか，あなた自身について考察してみよう。

2．あなたが過去にもっていた誤概念の例を2つ挙げ，「p → q」のルール命題形式で記述してみよう。

4 授業の目標と構成

進藤　聡彦

　教科の授業は学習指導要領に掲げられた目標に沿って進められる。しかし，実際に授業を構想する段階では，その詳細は教師が決めなくてはならない。本章ではこのことについて，目標を設定するときの留意点や学習者を目標に到達させるための授業の要件について具体的な例を挙げながら考えていく。併せて，学校教育の教育目標として重視されている学習内容の活用の問題にも触れていく。

1. 授業の目標を把握する視点

(1) ブルームの教育目標の分類

　学校での教育活動は多方面に及び，そのそれぞれに教育目標が設定される。そうした多岐にわたる教育目標の分類，構造化を試みたのがブルームである（Bloom, 1956）。彼は教育心理学の視点から教育目標を認知的領域，情意的領域，精神運動的領域に大別した。そして，認知的領域について階層性をもつ下位のカテゴリーを具体的に提示した。その後，ブルームらによって，情意的領域の下位カテゴリーが考えられ，また後続の研究者らによって精神運動的領域の下位カテゴリーが提案されている。

　このうち，ここでは3つの領域の目標構造の例として認知的領域について，表4−1を参照しながらみていく。まず，表4−1の「知識」とは学習した知識の想起のことである。そして，「理解」は学習内容の意味理解であり，「応用」は学習した内容の具体的な状況での活用である。また，「分析」は学習内容の要素の分解と要素間の関係の把握である。たとえば，基礎的な用語と用語間の相互関係の把握，主観的記述と客観的記述の区別などが「分析」にあたる。「総合」は学習した内容を既有知識と

表4-1　教育目標のタキソノミーの全体的構成（梶田，2010）

6.0	評価		
5.0	総合	個性化	自然化
4.0	分析	組織化	分節化
3.0	応用	価値づけ	精密化
2.0	理解	反応	巧妙化
1.0	知識	受け入れ	模倣
	認知的領域	情意的領域	精神運動的領域*

*ブルームの弟子であるダーベ（Dave）が，1971年夏スウェーデンで開かれた「カリキュラム改革に関する国際セミナー」において発表したもの。左側の数字は段階を示す。

　結びつけて自分なりに知識を構成することである。文章の作成などがこれに該当する。「評価」は学習内容の価値判断である（Bloom, Hastings et al., 1971）。

　このようなブルームの教育目標の分類は，ブルームのタキソノミー（分類学：taxonomy）と呼ばれる。現在までにブルームの認知的領域の目標について，認知と知識の組み合わせからとらえようとする試みなど（Anderson, Krathwohl et al., 2001），ブルームの提案を基本的な枠組みとするタキソノミーの改訂版が提案されている。

（2）　ガニエの教育成果の分類

　ブルームの教育目標の分類に関連して，ガニエは学習の成果として得られる能力を「知的技能」，「言語情報」，「認知方略」，「運動技能」，「態度」の5つに分類している（Gagné, 1977）。これら5つを教育によって育まれる能力とみれば，教育目標の領域の分類とみなすこともできる。「知的技能」とは言語や数字といったシンボルを運用する能力であり，これによって読み書き・計算から概念の理解，問題解決のようなことが可能になる。

　また，「言語情報」は相手に情報を伝える能力である。「認知方略」は，学習の仕方や問題解決の仕方のような学習者自身の学習過程を制御する

能力であり，メタ認知のなかのメタ認知的コントロールの能力に相当するものである（第6章参照）。次の「運動技能」はピアノが弾ける，跳び箱が跳べるといった一定の目的に沿って身体を動かすことができる能力である。「態度」は個人の行為の選択に影響を与える一貫性のある内的な傾向性のことであり，たとえば暇な時間にスポーツではなく，スマホでゲームをするといった選択は「態度」によって決まると考える。

　数学の学習を例にとれば，公式などの意味を理解する能力は「知的技能」であり，どうすれば理解できるようになるのかを考えるのは「認知方略」の能力となる。また，テストのときに採点者に分かり易いように解答を記述できる能力は「言語情報」に関するものである。そして，幾何学分野で図形を意図通りに描けることは「運動技能」の能力であり，勉強に疲れたときに音楽を聴くといった選択は「態度」によって決まると考える。

　ブルームのタキソノミーやガニエの学習の成果として得られる能力の分類は，教育目標の設定の際に着眼すべき点について1つの視点を与えてくれるものとなっている。

（3）　学校教育における目標

　各教科の全体の目標や，その教科の学年ごとの目標と内容は学習指導要領に定められている。たとえば2017（平成29）年告示の小学校学習指導要領の算数では，学年を通した全体の目標の下に，各学年の目標と習得すべき具体的な目標となる内容が示されている（以下，小・中学校の学習指導要領とは2017年告示版を指す。また学習内容の履修学年も同指導要領による）。すなわち，算数を例にとれば，全体の目標は「数学的な見方・考え方を働かせ，数学的活動を通して，数学的に考える資質・能力を次のとおり育成することを目指す」としたうえで，「数量や図形などについての基礎的・基本的な概念や性質などを理解するとともに，日常の事象を数理的に処理する技能を身に付けるようにする」ことなどが挙げられている。

　そして，第1学年では数の概念とその表し方及び計算の意味の理解，

加法と減法の計算などの知識や技能に関することが目標の1つとなっている。また、内容として加法と減法の意味の理解、加法と減法が用いられる場面を式に表したり、式を読み取ったりすること、1位数どうしの加法・減法の計算ができることなどが掲げられている。

　さらに学習指導要領における目標は知識や技能の習得だけではなく、たとえば、算数の学年を通じた目標として「数学的活動の楽しさや数学のよさに気付き、学習を振り返ってよりよく問題解決しようとする態度、算数で学んだことを生活や学習に活用しようとする態度を養う」といったように、態度に関する目標も設定されている。

　実際の教科の授業では一般に学習指導要領に基づいて作成された教科書（教科用図書）が教材として用いられ、学習指導要領に掲げられている各教科の目標への達成が図られる。

　なお、学習指導要領は社会状況を反映し、およそ10年ごとに改訂されている。平成以降に改訂された小学校学習指導要領の特徴の一部を表4

表4-2　平成以降の小学校学習指導要領の変遷

改訂年	社会状況	主な改訂内容
1989年 （平成元年）	・知識偏重への批判 ・情報化 ・国際化	・みずから学ぶ意欲の重視などからなる「新しい学力観」 ・生活科の新設 ・個性を生かす教育
1998年 （平成10年）	・完全学校週5日制 ・教え込み教育への批判	・「生きる力」の育成 ・授業時数の削減・教科内容の厳選による「ゆとり教育」 ・総合的な学習の時間の新設
2008年 （平成20年）	・教育基本法の改訂 ・学力低下への批判	・「生きる力」の継承 ・授業時数の増加 ・「外国語活動」の新設
2017年 （平成29年）	・グローバル化の加速度的進展 ・AI、ビッグデータ、IoT、ロボティクス等の技術の急速な進展	・「生きる力」の継承 ・主体的・対話的で深い学び ・外国語科の新設 ・プログラミング教育

－2に示す。

（4） 目標と授業の構成

　学習者が学習指導要領に定められた内容を習得するためには，前提となる知識や技能が必要になる。その階層性が明確な算数を例にとると，小学校5年生では三角形・平行四辺形・ひし形・台形など，多角形の面積の求め方が取り上げられる。これらの学習内容を理解するためには，4年生の学習内容の正方形，長方形の面積の求め方などが習得されていなくてはならない。さらに，正方形や長方形の面積の求め方の学習のためには，それ以前の学年の学習内容である辺，直線，長さといった概念や長さの単位，乗法などの理解が必要である。

　このように教科の学習では，ある学年の学習内容の習得のためには，それ以前の学年の学習内容の理解が必要になるといったように，学習内容間の階層性がある。したがって，前提となる知識や技能の習得が不十分なときには，教師はそれ以前の学年の学習内容であっても前提となる知識の習得を下位目標とするような授業を構想する必要が生じる。

　一般に，教科の学習における知識や技能については階層性が比較的明確な場合が多いが，先の態度の面の階層性は必ずしも明確ではない。また，たとえば小学校1年生の算数において，学習指導要領には「数量や図形に親しみ，算数で学んだことのよさや楽しさを感じながら学ぶ態度を養う」という態度の面に関する目標が設定されているが，どのようになればその目標が達成されたのかを見極めることは難しい。

　教科教育の目標の表現の仕方は，学習者に期待される心身の活動の変化の方向を示す形で表現される「方向目標」と，学習者がどのような知識や技能を獲得し，どのような学力を示すことが求められるのかを表現する「到達目標」の2つに分類されることがある（鋒山，2007）。前者は「多角形の面積の求め方を主体的に学ぼうとする」というように，何ができれば主体的に学んだことになるのかは示されない。後者は「多角形の面積を正しく求めることができる」のように具体的な行動の水準で示される。具体的な行動の水準で表現された目標は行動目標と呼ばれること

もあるが，教師は具体的な行動の水準で目標を設定することによって，何をどう指導・支援すればよいのかを具体的に考えやすくなる。

2. 教師の目標設定の多様性

(1) 目標についての教師の裁量

第 1 節(3)で教科学習における各学年の目標や内容は学習指導要領に定められていると述べた。しかし，教師が実際に授業を構想する段階では設定する目標の範囲には一定の裁量がある。中学校社会科の公民分野では，学習指導要領に「企業の経済活動における役割と責任」が内容として取り上げられ，学習指導要領解説社会編では「(私) 企業は利潤 (利益) を追求する」と述べられている。それを受けて，教科書には「資本主義経済で，利潤を目的とする企業を私企業という」旨の記述がある (矢ヶ崎・坂上　他，2021)。これを「私企業は利潤を目的とする」(以下，「私企業の目的ルール」とする) とルール化し，ルールの獲得に関する目標を具体的な問題の形式にしてみると，教育目標にはいくつかの水準があることに気づく。

たとえば学習者が，①私企業の目的を，利潤の追求，国民の生活の向上，国民の福祉の向上，国民の教養の育成などいくつかの選択肢のなかから正解を選べるようになることを目標に設定することが考えられる。また，②私企業の目的は何かについて選択肢を設けなくても，答えることができるようになることも目標となる。そして，③「○○自動車」「△△銀行」などの具体的な私企業について，それぞれの目的を正しく答えられるようになることも目標になり得る。さらには，④「映画館の学割はなぜあるのか」といった日常の文脈に沿った問題に答えられることを目標にすることも考えられる (進藤，2016)。

再生の 2 段階説によれば (Anderson & Bower, 1972 など)，①と②では②が記憶として保持されている膨大な情報のなかから，関連の情報を検索する必要がある再生課題であるのに対して，①は選択肢が提示されるために，関連情報の検索の必要はなく，求められている情報がどの選択肢と一致するか照合するだけでよい再認課題である。したがって，一

般に②の方が検索のための負荷がある難しい問題となる。ただし，いずれも「私企業の目的は利潤の追求である」という知識の意味理解を欠く機械的学習（丸暗記）によっても正答できる点は共通している。

　一方，③は個々の私企業で提供する商品やサービスが異なるため，家電メーカーであれば生活の便利さの向上といった目的を誘発しやすいことから，そうした個別性を捨象して，「私企業の目的ルール」を具体的事例（私企業）に適用する認知過程が必要になる。よって，当該のルールを機械的に学習し，それを再生するだけでは対処できないより認知的には水準の高い目標だといえる。

　さらに，④で取り上げた映画館の学割は料金を値引くことによって需要が増える客層にターゲットを絞って利潤を増やそうとする経済学でいう需要の価格弾力性を利用した制度である。しかし，大学生でも「経済的に余裕のない学生への配慮から」「若いうちに教養を積んでほしいから」といった誤りが多いことが報告されている問題であり（麻柄・進藤，2008），「私企業の目的ルール」の意味を理解し，このルールが強く意識されていないと正答には至らない。よって，④は４つのなかで最も水準の高い目標だと考えられる。

　このように同じ学習内容であっても目標の水準は多様であり，どの水準を目指すのかの決定は教師の裁量の範囲にある。

（2）　極地方式の教育目標と授業

　我が国には，教師をはじめとする教育関係者によって授業の改善のために自発的に組織された民間の研究会がいくつもある。そのそれぞれには重視する独自の教育目標があり，その実現に向けた研究が行われている。ここでは長年にわたって主に理科の授業開発とその実践，検証を行ってきた２つの授業研究会の教育目標とそれに対応した授業を概観する。

　まず取り上げるのは極地方式研究会の授業である。極地方式研究会の目指すところは，「すべての子どもに高いレベルの科学をやさしく教える」ことであり（高橋・細谷，1990），その特徴の１つは，知識を積極的にルール化し，それを学習者に活用させようとする点にある。これは

「法則は使うことによって学ばれる」という考え方に基づくものである。たとえば，教科書の「酸は水に溶けないものを溶かす」というルールを，酸の酸味に着目して「酸っぱいものは水に溶けないものを溶かす」のように子ども達にとって使い勝手のよいルールにする。こうすることで子ども達はレモンやイチゴなどが酸性なのか，またレモンが石灰石やアルミなど，いろいろなものを溶かすのかを予想したり疑問がもてたりするようになる。極地方式研究会ではこのような活動を通して，ルールが自分のものになり，日常でも活用できる知識になると考えるのである。

　一方，降水量と緯度の関係について「緯度が低いほど，降水量は多い」とルール化してみる。このルールには中緯度にある砂漠のような例外もある。しかし，ルールの例外は元のルールに別の要因が加わることでより洗練されたルールとなって認識の発展につながる。極地方式研究会の主要メンバーの細谷（2001）は，ルール化することで疑問がもてたり，予想ができたりすることを「ルールなければ思考なし」と表現している。そして，予想した結果が当たれば用いたルールへの確証度は高まり，当該ルールの活用への動機づけが促進される。また予想が外れた場合にも，使用したルールの洗練化へと動機づけられるとし，このことを「ルールなければ学習意欲なし」と言い表す。

　このように極地方式研究会の授業では，知識の習得と活用を一体のものとしてとらえ，そうした性質をもつ知識が学習者に獲得されることを目標としている。そして，授業を進めるための「テキスト」を作成している。

（3）仮説実験授業の目標と授業

　次に取り上げるのは仮説実験授業研究会の授業である。この研究会の仮説実験授業は「科学上のもっとも基本的な概念や原理・原則を教えることを意図した授業」であり（板倉，1997），極地方式研究会の「テキスト」と同様の「授業書」に沿って授業が進められる。その特徴の1つとして定式化された授業方法が挙げられる。それは図4−1のような問題について，子ども達が個々に予想した後に，互いの予想についてクラス

全員で討論を通じて検討する。そして実験によって正解を確かめるという「問題→予想・仮説→討論→実験」の過程を踏む。取り上げられる問題の要件は，正しい解決ができなくてはならないのに，多くの者が間違えること，問題の正解を明確に示し得る実験が存在することである（板倉，1988）。

図4－1の問題を実践した庄司（1965）では，小学5年生37名のうちア〜ウの選択者はそれぞれ8（22%），4（11%），25名（68%）であった。児童の予想（仮説）は，アでは「振り幅が大きい方が，道のりが長いから」，イでは「振り幅の小さい方が，振りの力が小さいから」，またウでは「AとBは振動の距離が違うが，Aの方が速く動くから」などであった（正解はウ）。

板倉（1997）は，仮説実験授業の基本的な考え方の1つとして「科学的な認識は，対象に対して目的意識的に問いかけるという意味における実験を通してのみ成立する」（p.24）と述べている。仮説実験授業で子ども達は「討論」の段階で自らが選んだ選択肢の正当性を主張しようとするし，「討論」に備えて「予想・仮説」の段階で熱心に思考する。そして自説の正誤が決まる「実験」に目的意識をもって臨む。このことからすれば，仮説実験授業は学習内容に自分の問題として自我関与することと，実験を重視することが目標として内包された授業だといえよう。

問題
　2本の同じ長さの糸に，同じ重さのおもりをつりさげてふりこを作りました。
　この2つのふりこを横にひっぱって，静かにはなすとき，ふりはばが大きい方と小さい方とでは，1回往復（振動）するのにかかる時間は，どちらが長いでしょう。
（1回往復する時間は短くて見分けづらいから，実験をするときは，10回往復する時間でくらべることにしましょう）
　まず，あなたの予想をたててください。
〈予想〉10回ふれる時間は，
　　ア．Aの方が時間がかかる
　　イ．Bの方が時間がかかる
　　ウ．AとBとは同じ時間がかかる
　正しいと思うところに○をつけましょう。
〈討論〉どうしてそうなると思いますか。
　実験をするまえに，みんなで討論しておきましょう。

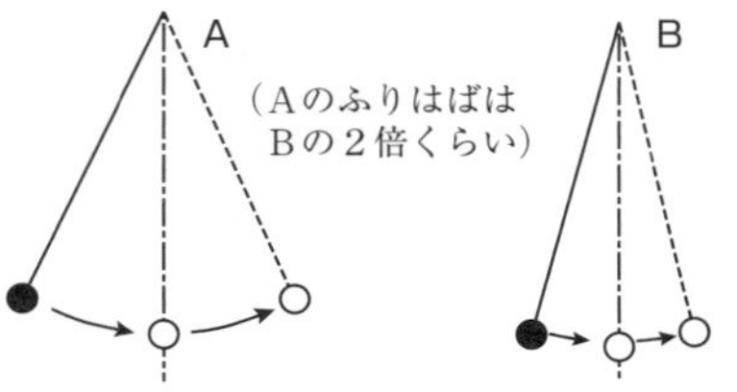

（AのふりはばはBの2倍くらい）

図4－1 仮説実験授業『振り子と振動』の問題（庄司，1965）

　ここでは，2 つの授業研究会の授業が重視する目標について見てきたが，共通するのは個々の単元の内容を超えて，学習者に身に付けてほしいと考える独自の一貫した目標があり，それに沿って授業が構想されることである。

3.　教育目標としての知識の活用

（1）　学校での知識の活用と学習者の実態

　学校教育法では小学校について第三十条第二項で「基礎的・基本的な知識及び技能を確実に習得させ，これらを活用して課題を解決するために必要な思考力，判断力，表現力等を育む」ことが目標として掲げられている。また，この条項は中学校，高校にも準用されている。

　これを受けて，学習指導要領解説では「各教科等で扱う主要な概念を深く理解し，他の学習や生活の場面でも活用できるような確かな知識として習得されるようにしていくことが重要」としている。このように，教科の学習では，学習した知識をさまざまな問題解決事態に活用できることが目標の 1 つになっている。

　ところが，学校での知識が活用できない次のようなエピソードが報告されている。

　①入試の難しさでは定評のある工学部の学生が冬の寒い朝，自動車の排ガスで暖を取っていて軽い一酸化炭素中毒にかかってしまった。当然，彼は一酸化炭素が身体に有毒であること，排ガスには一酸化炭素が含まれていることは知っていた（伏見・麻柄，1993）。

　②大学のゼミの休憩時間に教員が研究室の冷蔵庫から開封済みの煎餅を取り出した。それを見ていた学生は，怪訝そうな表情で腐るものでもないのになぜ，冷蔵庫に入れておくのかと尋ねた。質問をしてみると「飽和水蒸気量は気温が低いほど少ない」という知識はもっていた（進藤，1999）。

　これらのエピソードは，いずれも学校で習った知識が日常の生活で活用されていない事例ととらえることができ，学校で学習した内容が無条件に広範な問題解決に活用できるとは限らないことを示すものとなって

いる。

（2） 学習の転移としての知識の活用

　知識の活用の問題は，心理学では学習の転移の問題として取り上げられている。学習の転移とは，「ある状況における学習が別の状況での学習に影響を与えること」である。その場合，高校までに英語を学習していたことが，大学で新たに学習するドイツ語の習得に役立ったというように，先行する学習が後続の学習を促進することを正の転移という。逆に，日本語を母語として習得していたことが，英語の学習を抑制するようなことがあれば，それは先行の学習が後続の学習を妨げるということであり，これを負の転移という。

　学習の転移の定義にある「状況」は曖昧であることがしばしば指摘されてきた（たとえば，Hajian, 2019）。それゆえ，幅広い範囲の先行の学習の影響を含む概念であり，転移にもさまざまなレベルがあるとする指摘もある（Haskell, 2001）。その中のレベルの１つとして，学校での既習の知識を日常生活で活用したり，既習の知識を適用していろいろな問題を解けたりすることも学習の転移ということができる。また，これまでの研究の多くが転移は生じにくいことを指摘してきた。先の排ガスに一酸化炭素が含まれるという知識をもちながらも，それを現実の生活場面で適用できずに軽い一酸化炭素中毒になってしまった大学生の例なども，転移の困難さを示すものとしてとらえることができる。

　転移の困難さの原因として，人の認知の特性としての認知の領域固有性が考えられている。認知の領域固有性とは，ある領域の知識や思考様式が他の領域にまで適用されるわけではないという性質である。学校で法則や公式のような一般化された知識を学習しても，それが広範な問題解決に適用されない現象も認知の領域固有性に関連した現象といえる。

　認知の領域固有性によって，教育目標になっている学校での学習内容の活用（転移）が抑制されるのであれば，活用の促進も目標とするような教授方略が採られなくてはならない。これまでの研究から転移を促進する要因として，①もとの学習内容自体をよく理解していること，②既

習の学習内容が使えるかもしれないと思い出そうとすること，③法則や公式などは憶えるだけでなく，それがなぜ導かれるのかを理解すること，④もとの学習内容が具体的な事例を伴って教えられること，⑤多様な文脈の中で学習内容が提示されること，などが挙げられている（Bransford & Schwartz, 1999）。このうち，④や⑤は活用を促進する教授方略である。

4.　教育目標と授業を構想するうえでの留意点

（1）　認知に基づく学習内容の分類

　3変数が関わるX＝Y×Zという形式をもつ法則は，数学的には変数を移項しただけの関係にあるY＝X÷ZやZ＝X÷Yと等価である。しかし，学習者は具体的な内容に応じて因果関係を把握しやすい表現形式を好むこと，そしてその表現形式では変数間の関係がとらえやすいことが大学生を対象にした調査で報告されている（Mochon & Sloman, 2004）。

　たとえば，抵抗器や電熱線を流れる電流は，加えた電圧の大きさに比例するというオームの法則がある。この関係は一般に，V（電圧）＝R（抵抗）×I（電流）と表されるが，R＝V÷IまたはI＝V÷Rも物理学的にはすべて等価である。しかし，大学生は3つのうちのI＝V÷Rを好むという。これは電圧を上げれば電流が流れやすいことや，抵抗を大きくすれば電流が流れにくいことを把握しやすいからである。このことから3つの表現は物理学的には等価であっても，認知的には等価ではないことを示唆している。

　同様の例は小学5年生の算数の学習内容である割合の単元にもみることができる。割合の公式は「割合＝比較量（比べる量）÷基準量（基にする量）」であるから，これもX＝Y÷Zという形式と等価のY＝X×Z，Z＝Y÷Xでも表すことが可能である。割合は小学生にとって理解が難しい単元の1つだといわれているが，割合の文章題は第1用法から第3用法の3つに分類されることがある（割合の三用法という）。

　第1用法は，比較量÷基準量によって割合を求める問題であり，「クラス全体で40人います。そのうち男の子は24人です。男の子はクラス全

体の何％ですか」といった問題が該当する。第2用法は基準量×割合によって比較量を求める問題であり，その例として「クラス全体で40人います。男の子はクラス全体の60％です。男の子は何人ですか」のような問題である。そして，第3用法は比較量÷割合によって基準量を求める問題で，「クラスに24人の男の子がいます。男の子はクラス全体の60％です。クラス全体の人数は何人でしょう」といった問題が例にあたる。

　これら3つの用法の問題のうち，第3用法が特に難しいことが知られている。第3用法の難しさの原因について吉田（2003）は，他の用法に比して基準量と比較量を混同する者の割合が多いことを指摘している。すなわち第3用法の問題は基準量を求める問題であるが，これを比較量を求める問題だと考えてしまい，乗法で問題解決をして間違える者が多いのだという。

　以上の2つの例が示すように，X＝Y×ZあるいはX＝Y÷Zと表される3変数の関わる法則や公式を移項しただけの場合であっても，認知の違いに対応した3つのタイプに分類できるのである。

（2）　減法の問題解決に必要な認知過程の違い

　変数間の移項を必要としない「c＝a－b」というまったく同じ形式の文章題でも，子ども達にとって難しさに違いがある。

①子どもが7人で遊んでいました。途中で3人帰りました。残っている子どもは何人ですか。

②子どもが7人で遊んでいました。途中で何人か帰ったので，残りは3人になりました。帰った子どもは何人ですか。

③男の子が7人と女の子3人が遊んでいます。男の子と女の子ではどちらが何人多いですか。

　形式的に同じ構造をもった問題は同型問題といわれるが（市川，1997），上記の①〜③の3問はいずれも「7－3」で答えを求めることができる同型問題である。しかし，この単元を学習する小学1年生の児童にとって，③の問題が難しいという。これら3つの問題を集合の考え方でとらえると，①は全体集合の要素数から部分集合の要素数を取り去っ

た残りの要素数を求める問題で，求残型と呼ばれる。②は全体集合と部分集合の要素数が既知のときの，残りの部分集合の要素数を求める問題で，求補型と呼ばれる。これら2つの型は全体集合と部分集合の要素数の差を求めるという点で共通している。これに対して，③は2つの集合の要素数の差を求める求差型と呼ばれる問題である。

　求残型と求補型は取り去ったり加えたりといった実際の操作がイメージしやすいのに対して，求差型はそうした具体的な操作をイメージしにくい。このことが難しさの原因の1つとして考えられる。また，③の求差型の問題を解くことができない児童でも，「男の子が7人います。女の子が3人います。男の子と女の子で一人ずつ手をつなぐことにしました。手をつなげない子は何人ですか」というような問題に変えると正答率が上がることが知られている（Hudson, 1983 など）。この問題は一対一の対応づけがしやすい問題だといえ，求差型の難しさは一対一対応の難しさにも起因していると考えられる。

　以上のように形式的には移項しただけの問題であっても，また移項も必要としない問題であっても，学習者にとって必要になる認知過程は異なる。そして，上記の割合では3つの用法のすべてについての問題解決ができることが目標になるし，減法であれば求残型や求補型だけではなく，求差型についても問題解決ができることが授業の目標となる。したがって，授業を構想する際には，必要な認知過程の違いに応じた課題の分類を行い，そのそれぞれを下位の目標に据えるとともに，それぞれの理解を目指す授業が行われなければならない。

　また，その際の方法として，どのような課題を用いて，どのような課題系列で授業を構成するのかによって理解は異なる。たとえば，児童の理解しやすい事例から，理解しにくい事例で教えていく場合，求差型の減法では，先の男の子と女の子の手つなぎのような一対一対応のしやすい事例から始めて，遊んでいる男児と女児の数の違いを求める一対一対応がしにくい事例に移行することが考えられる。割合では，子どもが理解しやすい第2用法から第1用法，そして第3用法に進む授業の構成が考えられる。

　このうち割合について，吉田（2003）は子どもが理解しやすい第2用法から第1用法，そして第3用法に進む授業の構成を提案し，そうした課題系列による授業を実践したところ，第1用法から第3用法に順次進む授業よりも高い達成度を示したことを報告している。

(3) 教師の教育内容についての理解と目標

　小学校の算数で，「分数の割り算で割る数をひっくり返してかけるのはなぜですか」「3×2.8のような小数のかけ算で，3を2.8回足すってどういうことですか」などは，子ども達がもちがちな疑問である。

　上記の2つの疑問の例のうち，乗数が小数の場合の乗法について小学校教師に表4－3に示す問題への解答を求めた調査がある（麻柄・進藤，2005）。かけ算九九は小学校2年生の学習内容であるが，その際には乗法の意味を同じ数を何回も加える同数累加として教えられる。しか

表4－3　乗法の意味理解を調べる問題（麻柄・進藤，2005）

問題1　小学校5年生では小数×小数が教えられています。小5の担任になったつもりで「3.2×4.6＝　　」という式を使って答を出す問題を作ってみてください。ただし「長方形の面積を出す問題」「直方体の体積を出す問題」「『3.2mの4.6倍はどれだけでしょう』といった『倍』を使う問題」は除きます。もしできなければ「できない」と記してください。

問題2　ある小学校5年生の子どもから「2.7×3.6」について「この式の意味を考えたんだけど，2.7を3.6回足すってどういうことかわかりません」と質問されたらあなたはどう説明しますか。あなたの説明を書いてください。もしできなければ「できない」と記してください。

問題1の正答例　時速3.2kmの速さで4.6時間走ると何km進むか。

問題2の正答例　「畑1m² あたり2ℓの水をまくとします。3m² の畑では全部でどれだけの水をまきますか」という問題では2×3というかけ算を使いますね。この場合，「1m² あたりの水の量×畑の面積」という式で「全体の水の量」が出せるわけです。このようにかけ算というのは，「1つ分の量を知って，その1つ分がどのくらいあるのかというとき，全体ではどのくらいの量になるのかを求める計算」なのです。同じように今度は1m² あたり2.7ℓの水を3.6m² の畑にまくときに全部で水が何ℓ必要かを求めるときも，「1m² あたりの水の量×畑の面積」の式を使えばよいわけですから，2.7×3.6というかけ算になるわけです。

し，問題2にあるように乗数が小数の場合には，同数累加では意味をなさなくなる。このため，乗法を同数累加から小学校学習指導要領解説算数編にあるように「基準にする大きさ（B）の割合（p）に当たる大きさを求める操作がB×pである」という本来の意味に転換しなくてはならない。そして，この操作の結果Aが乗法B×pの答えとなる。

　麻柄・進藤（2005）では表4－3の問題の正解を学習指導要領解説に倣って問題1では，上記の乗法の本来の意味に沿った作問を正答とした。また，問題2では上記のBとpの関係を明示したうえで，乗数が整数の場合の乗法から敷衍できることを記した解答を正答とした。その結果，問題1の正答とみなせた解答は70%，問題2では16%あった。この結果は，教える側の教師が乗法の意味を必ずしも十分に理解していないことを示唆している。

　教師が不十分な理解に留まっている例は他の教科でもある。小学校3年生の理科では植物の体が根，茎および葉からできていることを学ぶ。このとき，児童は「ダイコンやニンジンには茎はないんじゃないですか」といった疑問をもつことが予想される。また，小学5年生の社会科では，我が国の国土の地形や気候の概要が学習内容となっている。そしてある教科書では，新潟県上越市が冬に雪が多く降る地域として取り上げられている（北・小原　他，2022）。これについては，「高い山地があるのは北海道と同じで，北海道ほど寒くないのにどうして新潟県にたくさんの雪が降るんですか」という疑問が予想される。ところがこれら2つの疑問に明確には答えられない小学校教師も少なくない。ちなみに正解は，それぞれ「葉を除去したときに残る芯の部分」（今関，2006），「大陸と上越市の間にある日本海の幅が広く，その上空に吹く大陸からの季節風が日本海でたくさんの水蒸気を含んでやってくるから」（西林・山崎，2007）である。

　児童が当該の内容を機械的に学習するだけでなく，納得を伴って理解するためには，上記のような疑問を解消することを目標とするような授業を構想する必要がある。しかし，教師自身がうまく説明できない内容は目標に設定しにくい。

　ある新卒の小学校の教師が教科指導は簡単だけれど，生徒指導が大変だといっていたのを聞いたことがある。生徒指導が大変なことは否定しないが，上記の算数，理科，社会科の例は小学校の教科の内容でも教師にとって必ずしも易しいものではないことが分かる。また，既に述べたようにこの問題は教育目標の設定にも深く関わる。

参考文献

マルザーノ，R. J＆ケンドール，J. S.　黒上晴夫・泰山　裕（訳）（2013）．教育目標をデザインする—授業設計のための新しい分類体系　北大路書房
楽しい授業編集委員会（編）（2010）．仮説実験授業をはじめよう　仮説社

引用文献

Anderson, J. R., & Bower, G. H. (1972). Recognition and retrieval processes in free recall. *Psychological Review, 79* (2), 97–123.

Anderson, L. W., Krathwohl, D. R., Airasian, P. W. et al. (Eds.) (2001). *A taxonomy for learning, teaching and assessing: A revision of Bloom's taxonomy of educational objectives* (abridged ed.). Addison Wesley Longman, Inc.

Bloom, B. S. (Ed.) (1956). *Taxonomy of educational objectives, Handbook 1: Cognitive domain.* David Mckay Company, Inc.

Bloom, B. S., Hastings, J. T., & Madaus, G, H. (1971). *Handbook on formative summative evaluation of student learning.* McGraw-Hill, Inc.（ブルーム，B. S.，ヘスティングス，J. T. ＆マドゥス　梶田叡一　他（訳）（1973）．教育評価法ハンドブック—教科学習の形成的評価と総括的評価　第一法規）

Bransford, J. D., & Schwartz, D. L. (1999). Rethinking transfer: A simple proposal with multiple implications. *Review of Research in Education, 24,* 61–100.

伏見陽児・麻柄啓一（1993）．授業づくりの心理学　国土社

Gagné, R. M. (1971). *The conditions of learning* (3rd ed.). Holt, Rinehart and Winston.（ガニエ，R. M.　金子　敏・平野朝久（訳）（1982）．学習の条件（第3版）学芸図書）

Hajian, S. (2019). Transfer of learning and teaching: A review of transfer theories and effective instructional practices. *IAFOR Journal of Education, 7*(1). 93–111.

Haskell, R. E. (2001). *Transfer of learning: Cognition, instruction, and reasoning.*

Academic Press.

細谷　純（2001）．教科学習の心理学　東北大学出版会

Hudson, T.（1983）. Correspondences and numerical differences between disjoint sets. *Child Development, 54*（1）, 84‐90.

鋒山泰弘（2007）．教科教育の目標をいかに具体化していくか　田中耕治（編）よくわかる授業論（pp.54‐57）．ミネルヴァ書房

市川伸一（1997）．考えることの科学―推論の認知科学への招待　中央公論社

今関英雅（2006）．植物のからだについて
（https://jspp.org/hiroba/q_and_a/detail.html?id=734）（2022年6月閲覧）

板倉聖宣（1988）．仮説実験授業の研究論と組織論　仮説社

板倉聖宣（1997）．仮説実験授業のABC（第4版）　仮説社

梶田叡一（2010）．教育評価（第2版補訂2版）有斐閣

麻柄啓一・進藤聡彦（2005）．「小数のかけ算」に関する教師の不十分な意味理解と教員養成系学生への援助　教授学習心理学研究, *1*（1）, 3‐19.

麻柄啓一・進藤聡彦（2008）．社会科領域における学習者の不十分な認識とその修正　東北大学出版会

Mochon, D., & Sloman, S. A.（2004）. Causal models frame interpretation of mathematical equations. *Psychonomic Bulletin & Review, 11*（6）, 1099‐1104.

西林克彦・山崎誠二（2007）．応用問題に対応できる本当の基礎基本のつけ方　NEW教育とコンピュータ, *23*, 10‐19.

北　俊夫・小原友行・加藤寿朗　他（代表）（2022）．新しい小学社会5上　東京書籍

進藤聡彦（1999）．生きた知識はどう作られるのか　授業を考える教育心理学者の会（著）　いじめられた知識からのメッセージ（pp.146‐161）．北大路書房

進藤聡彦（2016）．教育における目標　自己調整学習研究会（監修）　自ら学び考える子どもを育てる教育の方法と技術（pp.23‐39）．北大路書房

庄司和晃（1965）．仮説実験授業　国土社

高橋金三郎・細谷　純（編）（1990）．極地方式入門―現代の科学教育　国土社

矢ヶ崎典隆・坂上康俊・谷口将紀（代表）（2021）．新しい社会　公民　東京書籍

吉田　甫（2003）．学力低下をどう克服するか―子どもの目線から考える　新曜社

🎸 研究課題 ────────────────────────────

1. 小学校学習指導要領（平成 29 年告示）によれば，6 年生の算数で円柱の体積の求め方を学習する。同指導要領解説算数編を参照して，円柱の求積公式が理解できるためには，その前提として何年生のどのような内容を習得しておくことが必要かについて，その階層性が分かるような図を作成してみよう。

2. 第 4 節(1)で取り上げた割合の三用法のうち，第 3 用法の問題は大人でも難しいといわれている。あなたの周囲の 5 名の大人に，本書で取り上げた第 3 用法の問題を課し，そのことを確かめてみよう。

5 | 学習意欲とその支援

岡田　涼

　学習を支えるものの1つが学習意欲である。心理学では学習意欲を動機づけの問題として研究を進めてきた。そのなかで，学習意欲の質をとらえるためのさまざまな概念が提案され，その支援方法についても多くの研究が行われてきた。本章では，動機づけに関する主要な理論のいくつかを紹介し，学習意欲に対する見方とその支援方法について考える。

1. 自ら学ぶ意欲

(1) 内発的動機づけと外発的動機づけ

　学習を進めていくうえで，意欲が大事だと感じることは少なくない。このままではテストで点が取れないという焦りを感じ，何とかやる気を出して猛勉強した結果，意外にもよい点がとれたという経験をした人はいないだろうか。あるいは，授業の内容に面白さを感じて，教科書やインターネットの情報を調べるうちに夢中になり，自然と知識が身についたという経験がある人がいるかもしれない。もし人に何かを教える立場であれば，どうやってやる気になってもらおうかということに日々頭を悩ませているだろう。このように，意欲が学習を決める重要な要因であることは，さまざまな場面で実感する。

　ただ，一口に意欲と言っても，そこには幅があることに気付く。心理学では，意欲の問題を扱う際に内発的動機づけと外発的動機づけを区別してきた。内発的動機づけ（intrinsic motivation）は，興味や好奇心といった肯定的な感情に動機づけられて自ら行動するような意欲を指す。一方，外発的動機づけ（extrinsic motivation）は，報酬を得たり，罰を回避するために行動する，あるいは他者からの指示によって行動する際

表5-1　内発的動機づけと外発的動機づけの概念化（鹿毛，1994 をもとに作成）

	内発的動機づけ	外発的動機づけ
a．認知的動機づけ	情報収集とその体制化が目標	一次的欲求の充足が目標
b．手段性―目的性	自己目的性	手段性，道具性
c．自己決定	因果律所在の認知が内的	因果律所在の認知が外的
d．感情	・フロー ・興味―興奮	
e．包括的	・挑戦，好奇心，独立達成 ・挑戦，好奇心，独立達成，因果律の所在，内生的―外生的帰属，楽しさ ・楽しさ，熟達指向，好奇心，努力，課題内生性，挑戦 ・理解，成就，刺激経験	

の意欲を指す。先に挙げた例で言えば，授業の内容に面白さを感じて取り組んだのは内発的動機づけ，テストに対する焦りから猛勉強するのは外発的動機づけとして理解できる。

　一般的には，内発的動機づけは，興味や好奇心といった肯定的な感情に動機づけられて，自発的に行動している状態を示すものとして理解されている。ただし，内発的動機づけをどのように定義するかは，研究者によって異なる部分もある。表5-1のように，新奇な情報を収集することを目指すといった認知的な側面を大事にする立場もあれば，興味のような感情を大事にする立場もあるし，活動それ自体を目的としているかどうかを大事にする立場もある（鹿毛，1994）。また，内発的動機づけの向かう先として，「知ること」，「達成すること」，「経験すること」という3つを分けて考える立場もある（Carbonneau et al., 2012）。

（2）　内発的動機づけを左右する要因

　意欲の質を考えたときに，外発的動機づけではなく内発的動機づけの方が好ましいと感じる人が多いだろう。物事に興味をもって取り組んでいる状態は幸せだろうし，言われなくても自ら行動する姿勢は日常のさまざまな場面で求められる。

　では，どうすれば内発的動機づけが高まるのだろうか。反対に，内発

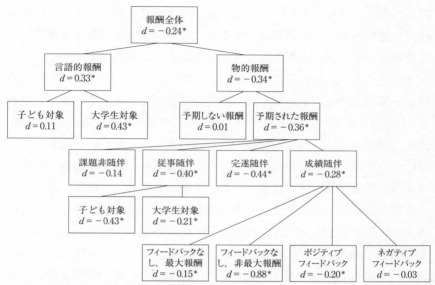

※ *d* は効果量を示し，正の値は報酬が内発的動機づけを高める効果，負の値は低める効果があることを示す。*は5％で有意であることを示す。

図5 - 1　報酬が内発的動機づけに与える影響（Deci et al., 1999 をもとに作成）

的動機づけを低めてしまう状況はあるのだろうか。最初に注目されたのは金銭報酬の影響であった。デシは，金銭報酬が内発的動機づけにどのような影響を与えるかについて有名な実験を行った（Deci, 1971）。その実験では，金銭報酬を一度与えてから取り去ると，もともとあった内発的動機づけが低下することが示された。その後，追試や発展的な研究が行われ，報酬が内発的動機づけに与える効果は図5 - 1のようにまとめられている（Deci et al., 1999）。この図をみると，金銭等の物的報酬とは異なり言語的報酬は内発的動機づけを高める効果をもつことや，報酬が予期されている場合に内発的動機づけを低める効果があること，大学生よりも子どもに対して物的報酬の否定的な効果が大きいことなどがわかる。

　報酬の他に多くの関心が寄せられてきたのは，選択の効果である。日常のなかでも，強制されるよりも自分で選んで取り組んだ事柄の方がやる気になったという経験をもつ人がいるかもしれない。全般的には，自分で選択できる状況で内発的動機づけが高まることが知られている。た

だし，大人よりも子どもにとっての方が効果が大きかったり，2〜4回程度の選択がもっとも効果的であるなど，選択が内発的動機づけに与える効果はいくつかの条件で異なる部分がある（Patall et al., 2008）。

その他にも内発的動機づけを左右する要因はある。たとえば，期限の提示，監視，評価の予期などは，内発的動機づけを低下させる傾向がある。一方で，肯定的なフィードバック，自分が他者に教えることの予期，個人内評価などは，内発的動機づけを高める。それぞれの要因がもつ効果については，詳細に検討されているものもあり，内発的動機づけにどのような影響を及ぼすかは条件によって異なっている（岡田，2007）。

報酬や選択といった要因は，なぜ内発的動機づけを変化させるのだろうか。ライアンとデシによる認知的評価理論では，自律性（autonomy）と有能感（competence）を説明原理として想定している（Ryan & Deci, 2017）。外的な出来事や他者からのはたらきかけが，どの程度自律性や有能感を感じさせるものであるかに応じて内発的動機づけが変化するというのである。たとえば，金銭的な報酬を与えることは，自分自身で課題に取り組んでいるという自律性の感覚をもちにくくさせるために，内発的動機づけは低くなってしまう。一方で，言語的な報酬は，自分がうまくできているという有能感を感じさせるために，内発的動機づけは高くなる。その他の選択や締め切りなどの要因も，自律性と有能感をどの程度感じさせるものであるかによって，内発的動機づけに与える影響を理解できる。「自分が行動の主体である」「自分がうまく取り組めている」と感じられることが，内発的動機づけを高めるのである。

（3）教師の自律性支援

学校教育の場面に目を向けると，児童生徒の学習意欲にとって教師の影響力は小さくない。教師が授業やその他の場面でどのように指導し，かかわりを持つかによって，子どもの学習意欲は変わってくる。

内発的動機づけに影響するさまざまな要因を，教師の指導という点からとらえたものとして自律性支援（autonomy support）という考え方がある。自律性支援は，学習者の視点や選択，自発性を大事にしようとす

るような指導態度を指す（Deci & Ryan, 1987）。リーブは，授業場面での自律性支援として，①児童生徒の視点に立つ，②内的な動機づけの資源（興味や好奇心，有能感など）にはたらきかける，③要求する際に理由づけをする，④児童生徒の否定的な感情を認める，⑤統制的でない言語表現を用いる，⑥辛抱強く待つ，の 6 つの要素があるとしている（Reeve, 2016）。先に示したように，「自分が行動の主体である」という感覚は，学習者の内発的動機づけを高める。授業場面で児童生徒がそのような自律性を感じられるように，選択の機会を与えたり，学習者視点で授業を構成したりすることが動機づけにとって大事になる。

　実際の授業において，教師はどのように児童生徒の自律性を支えているのだろうか。授業の主導権は基本的に教師が握っていると感じられるかもしれない。ただ，随所で工夫の余地はある。児童生徒の視点から授業内容をとらえて，題材をアレンジすることはできる。また，学習内容の意味を伝えたり，問題解決の方法を自分なりに考えさせたりすることもできるだろう。表5 - 2は，自律性支援に相当する教師の発話である

表5 - 2　自律性支援に相当する教師の発話のカテゴリと例（岡田・石井，2020 をもとに作成）

カテゴリ	説明と例
視点の代弁	児童の考えや気持ちに言及したり，問いかけて確認する発話。 （例：「なんで同じっていうのは，なんで同じ昆虫なのってこと？」）
興味の喚起	児童のやりたいことに言及したり，好奇心を喚起しようとする発話。 （例：「これ温度のとこ，自由研究でもできそうやね，他の人もね」）
挑戦の喚起	より深く考えさせたり，追加で説明させるなど，児童の挑戦を促そうとする発話。 （例：「もう一個まとめ書けるとしたら何て書く？」）
聞き合いの促し	他児の発言を聞いたり，注意を向けたりするように促す発話。 （例：「じゃあ，隣の人はどんな考え方でしょう，聞いてみましょう」）
意味の説明	課題や活動をする意味を説明したり，社会とのつながりを説明する発話。 （例：「言い方も学べるから，お友だちのいいところを取り入れていってください」）
がんばりや否定的な気持ちの受容	児童のがんばりやよかったところを認めたり，否定的な気持ちに理解を示す発話。 （例：「すごいね，○○さんは面積の公式の言葉を入れてくれたよね」）
選択の許容	児童が選んだり，決めたりすることを促す発話。 （例：「で，自分がやりたい方を取りに来てくれたらいいのですが」）

（岡田・石井，2020）。日々の授業において，教師はさまざまなかたちで，児童生徒の自律性を支えようとしていることがわかる。

このような教師の自律性支援的なかかわりは，児童生徒の学習に肯定的な影響をもたらす。さまざまな実験で示されてきたことと同様に，教師が自律性支援的であると感じている児童生徒ほど内発的動機づけが高いことが多くの研究からわかっている（Bureau et al., 2022）。それだけでなく，教師の自律性支援は，それほど強い関連ではないものの成績やウェルビーイングとも関連することが示されている（岡田，2018; Okada, 2023）。教師の自律性支援は，児童生徒の動機づけを高めることで，さまざまな学習成果につながるのである。

2. 学ぶことの価値

（1）学習に対するさまざまな価値

小学生や中学生の頃に，「なぜ勉強しないといけないのか」という疑問をもったことはないだろうか。難しい授業内容を前にして，こういった疑問をふと口にしてしまうというシーンは容易に思い浮かぶ。実はこの疑問は学ぶことの本質をついている。学ぶことがもつ価値を問うているのである。

学習の価値という点から学習意欲をとらえる考え方に課題価値（task value）がある。エクルズらは，学習に関して3つの価値があるとしている（Eccles et al., 1983）。1つ目は内発的価値（intrinsic value）である。これは，「課題に取り組むことが楽しい」という価値であり，内発的動機づけとほぼ同じものである。2つ目の獲得価値（attainment value）は，「課題に取り組むことで望ましい自分になれる」という価値である。ある課題に取り組むことによって，「賢くなれる」「人から物知りと思ってもらえる」と感じている場合がこれにあたる。3つ目は，利用価値（utility value）である。これは，「課題に取り組むことが自分の将来につながったり，日常生活で役立ったりする」という価値で，学習がもつ実用性の側面に目を向けるものである。

これら3つの課題価値とは別に，学習にはコストもある。求められる

努力量や時間のロス，失敗した際の恥ずかしさなど，学習にはいくつかの点でコストが伴う部分もある。数学が役立つことはわかっていても，課題が難しすぎたり，他にやりたいことがあったりする場合には，数学の課題に取り組むのをためらってしまう。価値とコストを天秤にかけて，そのバランスから学習に取り組む際の意思決定を行っているのである。

（2）課題価値の発達

　自分が学習に対してもっている価値観がいつ頃から定まってきたかをはっきりと覚えている人は少ないかもしれない。一方で，「中学のときにあの経験が…」というように，印象的な出来事があったという人もいるだろう。

　学習に対する課題価値が形作られるプロセスは複雑であり，時間とともに少しずつ変化していく面もある。エクルズとウィグフィールドは，図5-2のようなプロセスを想定している（Eccles & Wigfield, 2020）。図の右下にあるのが課題価値とコストである。この部分に対して，さま

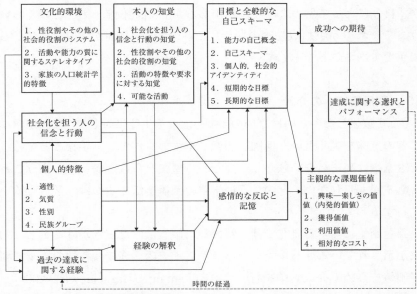

図5-2　状況的期待価値モデル（Eccles & Wigfield, 2020 をもとに作成）

ざまな要因が影響を与えている。たとえば，次のような小学生のケース
を考えてみよう。夏休みの自由研究が校内で表彰され（過去の達成に関
する経験），それを毎日コツコツがんばったからだと感じていたとする
（経験の解釈）。表彰されたことがとても嬉しく，がんばって課題に取り
組んだことが鮮明な記憶として残る（感情的な反応と記憶）。その結果，
興味のあることにがんばって取り組むのは楽しいことだという考え方を
もち（内発的価値），次の年には全国的な科学作品展に応募する（達成に
関する選択とパフォーマンス）。その作品展での結果は，新たな達成経験
となって後の価値にも影響する。また，経験をどのように解釈するか
は，教師や保護者などの社会化を担う人々の影響，あるいは本人がもつ
自己概念や目標からも影響を受ける。こうした複雑なプロセスのなか
で，学習に対する課題価値が決まっていくのである。

　ちなみに，図の右上にある「成功への期待」は，課題価値と並んで学
習意欲を規定する要因としてエクルズらが重視しているものである。成
功への期待は，どれぐらい学習課題をうまく遂行できるかについての期
待であり，一般的な言い方としては自信にあたる。大きくは，ある課題
が「自分にとってどのような価値があるか」（課題価値）と「どれぐらい
うまくやれそうか」（成功への期待）という２つの側面が学習意欲にとっ
て重要であることを示している。

（3）　利用価値への介入

　「なぜ勉強しないといけないのか」とぼやく生徒に対して，教師が学ぶ
ことの意味を説くという構図は想像しやすい。ただ，下手なことを言っ
ても意欲は高まらないばかりか，むしろ勉強から遠ざかってしまうこと
もあるかもしれない。どのように学習の価値を伝えるかは，学習意欲を
左右する。

　課題価値に関する研究では，特に利用価値にはたらきかけることの効
果が示されている。ハルマンとハラキビッチは，高校の科学の授業で利
用価値を高める介入実験を行った（Hulleman & Harackiewicz, 2009）。
半分のクラス（統制群）では，授業内容を要約するエッセイを書いても

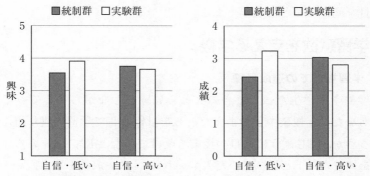

図5－3　利用価値介入の効果（Hulleman & Harackiewicz, 2009 をもとに作成）

らった。それ以外の半分のクラス（実験群）では，授業の内容が日常生活でどのように役立つかについての短いエッセイを書いてもらった。学習内容と自分の日常生活とのつながりを意識させることで利用価値を感じられるようにしたのである。すると，結果は図5－3のようになった。特に学習に対する自信が低い生徒にとって，利用価値を意識させることが効果的であり，授業内容に対する興味と成績が高まっていた。

　利用価値を高めるには，保護者を介したコミュニケーションも有効である。ハラキビッチらは，高校生の子どもをもつ保護者に対して，数学と科学の利用価値を高めるはたらきかけを行った（Harackiewicz et al., 2012）。数学や科学が日常生活や子どもの将来の職業とどのようにつながっているかを伝えるパンフレットを作成し，それを保護者に送付した。パンフレットには，その内容をどうやって子どもに伝えたらよいかについても示されていた。すると，このパンフレットが送付された家庭では，保護者と子どもとの間で数学と科学の重要性や将来に関する会話が増え，子どもは数学と科学の利用価値を高くもつようになったのである。

　価値や意味が感じられないものに対して，意欲的に取り組むことは難しい。その価値や意味をどのように感じるかは，周囲の人々がどのように伝えるかが影響を与える。学習意欲を児童生徒本人の問題として考えるだけでなく，まわりの人が学習の価値や意味をどのように伝えている

かに目を向けることも必要である。

3. 学習意欲を支える学級

（1） 学習場面での達成目標

　小学生や中学生だったときのことを思いだしながら考えてみてほしい。あなたは，授業中どのようなことを目標として学習に取り組んでいただろうか。同じように毎日の授業を受けていたとしても，「いろいろなことを知りたい」と思っていた人もいれば，「よい成績を取りたい」と思っていた人もいるかもしれない。

　学習場面でどのようなことを目指して学習に取り組むかを達成目標（achievement goal）という。達成目標は，熟達―遂行，接近―回避の2つの次元を組み合わせて4つの目標に分類することができる（Elliot, 2005）。熟達―遂行は，どのような基準で自分の有能さを判断するかという次元であり，接近―回避は「できている状態を目指す」のか「できていない状態を避けようとする」のかの次元である。これらを組み合わせて，熟達接近目標，熟達回避目標，遂行接近目標，遂行回避目標の4つがある。自分で決めた基準をもとに，「上達したい」「力をつけたい」と考えるのが熟達接近目標，反対に「自分が成長できないのは嫌だ」「自分に負けたくない」と考えるのが熟達回避目標である。一方，他者と比べて，「自分の方が優れていることを示したい」「相手よりよい成績をとりたい」と考えるのが遂行接近目標，「人に自分のできないところを見せたくない」「劣っていたくない」と考えるのが遂行回避目標である。常に意識しているわけではないが，児童生徒はこういった目標をもちながら日々の学習に取り組んでいる。

　こうした目標の違いは学習行動にも影響する。たとえば，熟達接近目標をもっている学習者は，学習内容自体にも興味をもちやすいことがわかっている（Hulleman et al., 2010）。また，熟達接近目標をもつ児童生徒は学業面での困難を抱えた際に適切に他者に援助を求める一方で，遂行回避目標をもつ児童生徒は，そういった援助を求めるのを避ける傾向にある（中谷・岡田，2020）。どのような目標をもつかによって，学習に

対する意欲や取り組み方が違ってくるのである。

（2）　学級の目標構造

　学習に対してどのような目標をもつかは，周囲の環境からの影響を受ける。学校でのクラスを想像してもらいたい。あるクラスでは，多くの生徒が自分の成績を気にしており，他の生徒に負けたくないと思っている。教師も成績や順位のことをよく口にし，他の人に対して恥ずかしくないように勉強しようと発破をかける。別のクラスでは，多くの生徒がきちんと授業内容を理解することに関心があり，もちろん成績には一喜一憂するものの，順位よりも自分の得点の伸びに注目する。教師も生徒一人ひとりが理解できているかどうかに関心を払い，自分の成長のために学ぶことを大事にしている。もしこの2つのクラスにいたとしたら，あなたはどのような目標をもつだろうか。

　やや極端な対比であったかもしれないが，それぞれの学級は目標という点で独自の特徴をもっている。このような学級がもつ目標の違いを学級の目標構造（classroom goal structure）という。学級の目標構造は，

表5－3　**熟達目標構造と遂行目標構造**（Ames & Archer, 1988 をもとに作成）

教室風土の次元	熟達目標	遂行目標
成功とは…	改善すること，進歩すること	よい成績，相対基準での優れたパフォーマンス
価値があるのは…	努力すること，学ぶこと	集団内の基準での高い能力
満足できるのは…	一生懸命勉強したから，挑戦したから	他者よりうまくやれたから
教師が目を向けるのは…	どのように学習しているか	どのような成績を修めているか
間違いとは…	学習の一部	不安のもと
注意が向けられるのは…	学習の過程	他者と比べたうえでの自分の成績
努力するのは…	新しいことを学ぶため	よい成績をとるため，他者に勝るため
評価の基準は…	絶対基準，個人内基準	集団準拠の基準

学級内でどのようなことが大事にされ，何が目標として共有されている
かを表している。一般的には学級風土やクラスの雰囲気と呼ばれるもの
である。エイムズとアーチャーは，学級の目標構造も，先の達成目標と
同じように，熟達目標と遂行目標に分けられるとしている（Ames &
Archer, 1988）。学級内で上達することや理解することが大事にされて
いれば熟達目標構造，よい成績をとることや他の人より勝ることが大事
にされているなら遂行目標構造である。2つの学級は，その他にもいく
つかの点で異なる特徴をもっている（表5−3）。

　学級がどのような目標構造であるかは，その学級に所属する一人ひと
りの児童生徒がもつ目標にも影響するだろう。図5−4のように，学習
環境としての目標構造は，その評価を介して個人の目標に影響し，学習
を規定するようになっていく。児童生徒は普段の教師の発言や級友の振
る舞いから，学級に満ちている雰囲気を感じ取る。その雰囲気を児童生
徒は少しずつ内面化していき，それが自分自身の目標になっていく。「ク
ラスでは理解することが大事にされている」と感じた児童生徒は自分で
も理解を目指して学習に取り組むようになるし，「クラスではよい成績
をとることが大事にされている」と感じれば成績を強く意識するように
なっていく。実際，学級の目標構造に対する知覚と個人がもつ目標には
対応関係があることが明らかにされている（Bardach et al., 2020）。

学習環境	主観的評価		動機づけ過程	
客観的環境 （目標構造の実態）	主観的環境 （知覚された目標構造）	現在の有能さ に対する自信	動機づけ （個人目標）	学業達成過程 （認知・感情・行動）
遂行目標構造 →	遂行目標構造	高い （成功した場合）	遂行接近志向 →	適応的な 学習パターン
		低い （失敗した場合）	遂行回避志向 →	不適応的な 学習パターン
熟達目標構造 →	熟達目標構造	高い （成功した場合）	熟達志向 →	適応的な 学習パターン
		低い （失敗した場合）	熟達志向 →	適応的な 学習パターン

図5−4　学習環境と動機づけ過程との関連（三木・山内，2003 をもとに作成）

（3） 熟達志向の教室

　児童生徒が熟達目標をもつことができるような学級を作るには，どうすればよいのだろうか。エイムズは，課題，権威，評価と承認という3つの点から熟達目標構造を生み出す指導方略を挙げている（図5－5：Ames, 1992）。毎日の授業で出す課題をどのようにデザインするか，児童生徒にどのように意思決定を求めるか，また児童生徒をどのような点から評価するかといったことは，教師の工夫のしどころである。課題の点でいえば，児童生徒にとって意味が感じられるように，実生活とのつながりを示したり，彼らが興味をもつ題材を使うなどの工夫を考えることができる。あるいは，ヒントやガイドを用意して，児童生徒のレベルに応じた挑戦の度合いを設定することもできるかもしれない。同様に，

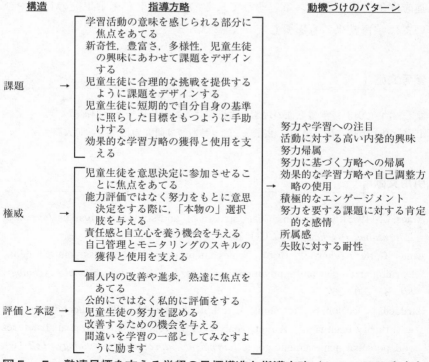

図5－5　熟達目標を支える学級の目標構造と指導方略（Ames, 1992 をもとに作成）

権威，評価と承認の点でもさまざまに工夫の余地があるだろう。

　熟達目標構造を生み出すためには，児童生徒に対する教師のかかわり方も重要である。ボーデンらは，ミドルスクールの数学の授業を観察し，そこでの教師の発話を分析した（Boden et al., 2020）。すると，授業中に概念的な理解が進んだクラスでは，教師の発話に特徴がみられた。「さあ，これが直角三角形になることを証明するためにどうやったのかを説明してください」や「それがあっているかどうかは心配しなくても大丈夫。自分たちが今していることや学んでいる過程に目を向けましょう」といった，理解を大事にする発話が多かった。また，「やり直して正しく理解できるように，正解を書いておきましょう」といった自分の理解に対する自己評価を促そうとするような発話も多くみられた。

　こうした指導上の工夫や日々の教師のかかわり方によって，学級に熟達志向的な風土ができる。そして，その学級風土が児童生徒の目標やひいては学習成果にも影響していくのである。

参考文献

鹿毛雅治（2013）．学習意欲の理論—動機づけの教育心理学　金子書房

上淵　寿・大芦　治（編著）（2019）．新・動機づけ研究の最前線　北大路書房

引用文献

Ames, C. (1992). Classrooms: Goals, structures, and student motivation. *Journal of Educational Psychology, 84* (3), 261-271.

Ames, C., & Archer, J. (1988). Achievement goals in the classroom: Students' learning strategies and motivation processes. *Journal of Educational Psychology, 80* (3), 260-267.

Bardach, L., Oczlon, S., Pietschnig, J., & Lüftenegger, M. (2020). Has achievement goal theory been right?: A meta-analysis of the relation between goal structures and personal achievement goals. *Journal of Educational Psychology, 112* (6), 1197-1220.

Boden, K. K., Zepeda, C. D., & Nokes-Malach, T. J. (2020). Achievement goals and conceptual learning: An examination of teacher talk. *Journal of Educational Psychology, 112*（6）, 1221 – 1242.

Bureau, J. S., Howard, J. L., Chong, J. X., & Guay, F.（2022）. Pathways to student motivation: A meta-analysis of antecedents of autonomous and controlled motivations. *Review of Educational Research, 92*（1）, 46 – 72.

Carbonneau, N., Vallerand, R. J., & Lafrenière, M. A. K.（2012）. Toward a tripartite model of intrinsic motivation. *Journal of Personality, 80*（5）, 1147 – 1178.

Deci, E. L.（1971）. Effects of externally mediated rewards on intrinsic motivation. *Journal of Personality and Social Psychology, 18*（1）, 105 – 115.

Deci, E. L., Koestner, R., & Ryan, R. M.（1999）. A meta-analytic review of experiments examining the effects of extrinsic rewards on intrinsic motivation. *Psychological Bulletin, 125*（6）, 627 – 668.

Deci, E. L., & Ryan, R. M.（1987）. The support of autonomy and the control of behavior. *Journal of Personality and Social Psychology, 53*（6）, 1024 – 1037.

Eccles, J. S., Adler, T. F., Futterman, R., Goff, S. B., Kaczala, C. M., Meece, J. L., & Midgley, C.（1983）. Expectancies, values, and academic behaviors. In J. T. Spence（Ed.）, *Achievement and achievement motivation*（pp.75 – 146）. W. H. Freeman.

Eccles, J. S., & Wigfield, A.（2020）. From expectancy-value theory to situated expectancy-value theory: A developmental, social cognitive, and sociocultural perspective on motivation. *Contemporary Educational Psychology, 61*, 101859.

Elliot, A. J.（2005）. A Conceptual history of the achievement goal construct. In A. J. Elliot & C. S. Dweck（Eds.）, *Handbook of competence and motivation*（pp.52 – 72）. Guilford Press.

Harackiewicz, J. M., Rozek, C. S., Hulleman, C. S., & Hyde, J. S.（2012）. Helping parents to motivate adolescents in mathematics and science: An experimental test of a utility-value intervention. *Psychological Science, 23*（8）, 899 – 906.

Hulleman, C. S., & Harackiewicz, J. M.（2009）. Promoting interest and performance in high school science classes. *Science, 326*（5958）, 1410 – 1412.

Hulleman, C. S., Schrager, S. M., Bodmann, S. M., & Harackiewicz, J. M.（2010）. A meta-analytic review of achievement goal measures: Different labels for the same constructs or different constructs with similar labels? *Psychological Bulletin, 136*（3）, 422 – 449.

鹿毛雅治（1994）. 内発的動機づけ研究の展望　教育心理学研究, *42*（3）, 345 – 359.

三木かおり・山内弘継（2003）. 学習環境と児童・生徒の動機づけ　心理学評論, *46*

（1），58−75.

中谷素之・岡田　涼（2020）．学業的・社会的領域の目標と学業的援助要請に関する包括的レビュー──援助を求めることは常に最善か？　心理学評論，*63*（4），457−476.

岡田　涼（2007）．内発的動機づけ研究の理論的統合と教師─生徒間の交互作用的視点　名古屋大学大学院教育発達科学研究科紀要（心理発達科学），*54*，49−60.

岡田　涼（2018）．教師の自律性支援の効果に関するメタ分析　香川大学教育学部研究報告第Ⅰ部，*150*，31−50.

Okada, R. (2023). Effects of perceived autonomy support on academic achievement and motivation among higher education students: A meta-analysis. *Japanese Psychological Research, 65*（3），230−242.

岡田　涼・石井　僚（2020）．自律性支援からみた小学校教師の指導スタイルの検討　日本教育工学会論文誌，*44*（Suppl.），17−20.

Patall, E. A., Cooper, H., & Robinson, J. C. (2008). The effects of choice on intrinsic motivation and related outcomes: A meta-analysis of research findings. *Psychological Bulletin, 134*（2），270−300.

Reeve, J. (2016). Autonomy-supportive teaching: What it is, how to do it. In W. C. Liu, J. C. K. Wang, & R. M. Ryan（Eds.），*Building autonomous learners: Perspectives from research and practice using self-determination theory*（pp.129−152）. Springer.

Ryan, R. M., & Deci, E. L. (2017). *Self-determination theory: Basic psychological needs in motivation, development, and wellness*. Guilford Press.

🔔 研究課題

1．小学校や中学校，高等学校での経験を思い出し，自分の学習意欲の特徴について，本章で示した理論や考え方で解釈してみよう。

2．児童生徒の学習意欲を高めるために，どのような工夫ができるだろうか。これまでの自分の経験を思い出し，本章で紹介した理論をもとに考えてみよう。

6 自律的な学習者の育成

岡田　涼

　児童生徒が自律的に学習を進めるためには，自らの学習を調整することが求められる。そのような学習のあり方として，自己調整学習がある。自己調整学習においては，動機づけに加えてメタ認知や学習方略のはたらきが重要となる。本章では，自己調整学習の要素とその支援方法に関する研究を紹介し，自律的な学習者の育成について考える。

---

1. 学びに目を向ける

（1） メタ認知

　長い文章を読んでいるときや問題を解いているときに，途中で「あれ，わからなくなったな」と気づくことがある。実は，これはとても大事なことである。わからなくなることの何が大事なのかと思うかもしれないが，自分が「わからない」という状態にあることに気づくことができてこそ，読み方や解き方を工夫することができる。その意味で，自分の理解の状態に気づくことは学習にとって不可欠である。

　こうした自分の理解に目を向けることは，メタ認知（metacognition）のはたらきによるものである。もう少し正確に説明すると，「自らの思考についての思考，あるいは認知についての認知」（Flavell, 1979），もしくは「自身の思考や学習活動に対する知識とコントロール」（Swanson, 1990）がメタ認知である。先ほど述べたように，自分の思考や理解に目を向けて，うまくいっていないことがわかった場合には，考え方を変えようとするだろう。たとえば，今もこの文章を読むのに集中できていない自分に気づいたら，最初から読み直したり，文字を指でなぞったりす

るかもしれない。前者の「気づく部分」をメタ認知的モニタリング，後者の「変えようとする部分」をメタ認知的コントロールと呼ぶ。

　メタ認知的モニタリングとメタ認知的コントロールは，実際にメタ認知をはたらかせる活動であることから，メタ認知的活動とよばれる。それに対して，人がどのように考えるのかといったことに関する知識もメタ認知の一種であり，メタ認知的知識と呼ばれている。「人は一度に多くのことを覚えられない」や「足し算では繰り上がりを忘れがちになる」，あるいは「例を考えると理解しやすくなる」といったことを知っている人は多いだろう。これらはいずれも認知の特徴に関する知識である。それぞれ，①人間の認知特性についての知識，②課題についての知識，③方略についての知識である（図6−1）。

　メタ認知の主なはたらきは，プランニング，モニタリング，評価である（Schraw & Dennison, 1994）。この章を読んでいるあなたは，最初どのように読み始めただろうか。「とりあえず1節を読んでみよう」とか「一通り最後までざっと読んでみよう」といったように，何かしらの方針を立てたかもしれない（プランニング）。また，この文章を読みながら，「これはどういうことだろう」と頭の中で問いかけている人もいるだろ

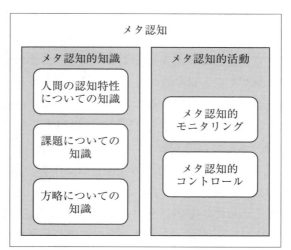

図6−1　メタ認知の分類（三宮，2008をもとに作成）

表6−1 授業中のメタ認知的活動の項目例 (岡田, 2020)

授業のはじめ
・授業のはじめに,「前の時間に, 僕 (私) はどこまでできていたかな」と思い出している
・授業のはじめに, めあてを書いた後で,「答えはどうなるのかな」や「どうやったらできそうかな」と考えている

授業の途中
・授業の途中で, ノートや黒板を見ながら「ここまではわかっているかな」と確かめている
・授業の途中で, 自分の考えと比べながら友だちの考えを聞いている

授業のおわり
・授業のおわりに, めあてで書いたことができた (わかった) かどうかを振り返っている
・授業のおわりに, 次の時間にしてみたいことを考えている

うし (モニタリング), 章を読み終えた後で,「8割ぐらい理解できたかな」と理解の度合いを考えるかもしれない (評価)。こうした思考はすべてメタ認知のはたらきであり, 効果的に学ぶために欠かせないものである。

　学校の授業場面で考えてみよう。たとえば, 小学校の授業では, はじめの部分, 途中の部分, おわりの部分というように3つの場面に分かれる。導入, 展開, 終末と言ったりする。それぞれの場面で, 児童はさまざまなかたちでメタ認知をはたらかせている。表6−1は, 授業の各場面に照らしたメタ認知的活動を尋ねる質問項目の例である。漫然と授業の時間を過ごすのではなく, 自分なりに目標を立てたり, 振り返ったりしている姿がメタ認知をはたらかせている状態である。

(2) メタ認知と学力

　学習においてメタ認知は欠かせないが, 実際にどの程度メタ認知をはたらかせることができているかは, 人によって異なる。そして, その違いが学習の成果に影響する。「どこがわからないかもわからない」と嘆く子どもを思い浮かべてほしい。メタ認知をうまくはたらかせることができなければ, 理解不足を取り戻したり, 学び方を改善したりすることは難しい。そのことが学習の成果に影響する。メタ認知と学習成果として

の学力との関連は，多くの研究で明らかにされてきた。オオタニとヒササカは，メタ認知と学業成績との関連を調べた研究を集めてメタ分析を行った（Ohtani & Hisasaka, 2018）。メタ分析というのは，同一のテーマを扱っている研究の結

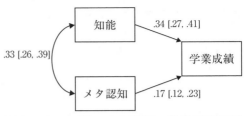

図6-2　知能，メタ認知，学業成績の関連（Ohtani & Hisasaka, 2018 をもとに作成）

果を統合して統計的に結論を導き出す研究方法である。小学生を対象としたものから大学生を対象としたものまで 149 の研究を集めて，メタ認知と学業成績との関連の強さを推定した。すると，図6-2の「メタ認知」から「学業成績」との間の数値に示されている通り，メタ認知をはたらかせているほど，学業成績が高いことが示された。興味深いのは，その効果が知能の影響を取り除いたうえでもみられたことである。知能指数で示される知的能力が高い学習者は，当然ながら学業成績も高い傾向にある。しかし，その効果とは別に，メタ認知が学業成績を高める効果をもっているのである。

（3）　メタ認知の支援

　メタ認知が学業成績に影響するのであれば，メタ認知をうまくはたらかせることができるような支援が大事になってくる。一人で考えていて行き詰まったと感じていても，誰かと話をしてアドバイスをもらうことによって，自分の考えの間違いや別の考え方に気付くことがある。まわりからのサポートによって，メタ認知を促すことができるのである。

　メタ認知を促す方法にはさまざまなものがある。たとえば，よく知られているものとして自己質問がある。カルデル・エラワールが行った実験では，小学3年生から中学2年生に対して教師が自己質問の仕方を教授した（Cardelle-Elawar, 1995）。児童生徒が算数や数学の問題に取り組む前に，教師自身が解法を教えるのだが，その際に「問題文中の言葉が全部わかっているかな」や「計算方法をわかっているかな」といった具

表6−2　メタ認知支援の枠組み（岡田，2021 をもとに作成）

（a）学習を進めるうえでメタ認知が重要なはたらきをしていることに気付かせる。
（b）メタ認知的方略を意図的に教え，具体的な学習課題と関連づけて練習させる。
（c）自己質問や自己説明をさせることで，自分の理解に目を向けさせる。
（d）ヒントや質問を通して，自分の思考過程に目を向けさせる。
（e）思考や理解の状態を視覚的に把握できるようにする。
（f）協同的な活動のなかで，お互いの考え方や理解の仕方に目を向けさせる。
（g）学習に対する動機づけを促す。

合に，自分自身で質問をしながら解説をしてみせた。すると，そういった自己質問のやり方を見てから問題に取り組んだ児童生徒は，他の児童生徒に比べて成績が高かった。このように自己質問の仕方を教えられたり，訓練をしたりすることによって，メタ認知のはたらきが促され，学業成績が向上することが知られている（Joseph et al., 2016）。

　これまでに効果が検証されてきたメタ認知支援の方法をまとめると表6−2のようになる。まずは，メタ認知が重要なはたらきをしていることを学習者自身が自覚する必要がある。ここまで読み進めてこられた方は，その意味を理解しているはずである。そのうえで，メタ認知を活用する具体的な方法（メタ認知的方略）を教えたり，自己質問を促したり，ヒントや質問によって自分の考えに目を向ける機会を作ることも効果的である。他には，自分の考えを図にしたり，箇条書きにするなどして視覚的に把握できるようにすることも有効であるし，他者との協同的な活動のなかでお互いの考え方の違いに目を向けるのも効果的である。その前提として，学習に対して動機づけられていることも必要である。

　学校においても，授業を通して児童生徒のメタ認知を支えることができる。教師は，「どうしてそう思うの」といったように，児童生徒が自分の考えに目を向けるきっかけになるような質問や指示をしている。あるいは，グループ活動などで，お互いの考えの違いに注目するように伝えたりすることもある。普段の授業における指導のあり方次第で，児童生徒はメタ認知をはたらかせることができ，それがひいては学習内容の理解にもつながっていくのである。

2. 学び方を工夫する

（1）学習方略

　小学校から高校，あるいは大学や大学院でも，教科や科目ごとに多くの内容を学ぶことが求められる。試験勉強をしながら「こんなにあるのか」と途方にくれた経験は，誰にでもあるだろう。そういった多くの学習内容をうまく学ぶためにはどうしたらよいのだろうか。効果的に学ぶためのコツのようなものはあるのだろうか。そう問われて出てくる答えはおそらく人によって違うし，いくつか答えを思いつく人もいれば，あまり出てこない人もいるかもしれない。

　学習内容とは別に，どのようにして効果的に学ぶかという方法のことを学習方略（learning strategy）という。学習方略は，「学習を達成するための一連の手続き」（Schmeck, 1988），もしくは「学習の効果を高めることを目指して意図的に行う心的操作，あるいは活動」（辰野，1997）である。黙っていても学習内容が頭に入ってくるわけではないので，自分自身で何らかの努力をして内容を取り入れる必要がある。そのやり方が学習方略ということである。

　学習方略にはさまざまなものがある。学習全般に共通するもので言うと，表6－3のようなレパートリーがある。まず，認知的方略がある。リハーサルや精緻化，体制化など，効果的に記憶するために自分の認知を活用する方法である。学習内容をそのまま受け取るのではなく，批判的に検討しようとするという批判的思考という方略もある。次に，前節で紹介したメタ認知を意図的に活用しようとするメタ認知的方略がある。事前に計画を立てたり，自分の理解度を確認したり，学習後に自ら振り返ったりするといったメタ認知のはたらきを意図的に用いるのである。3つ目のカテゴリとして，リソース管理方略がある。これは，時間や自分の努力，あるいは仲間といった学習に関するリソースを，効果的に活用しようとする方略である。

　もちろん学習方略は，教科や内容によっても異なる。たとえば，社会科の歴史分野のことを思い出してほしい。あなたはどのように勉強して

表 6 - 3　学習方略のリスト（Pintrich et al., 1993, 伊藤, 2012 をもとに作成）

上位カテゴリ	下位カテゴリ	方略の内容
認知的方略	リハーサル	学習内容を何度も繰り返して覚えること。
	精緻化	学習内容を言い換えたり，すでに知っていることと結び付けたりして学ぶこと。
	体制化	学習内容をグループにまとめたり，要約したりして学ぶこと。
	批判的思考	根拠や別の考えを検討すること。批判的に吟味して新たな考えを得ようとすること。
メタ認知的方略	プランニング	目標を設定し，課題の分析を行うこと。
	モニタリング	注意を維持したり，自らに問いかけたりすること。
	調整	認知的活動が効果的に進むように継続的に調整をはかること。
リソース管理方略	時間管理と環境構成	学習のプランやスケジュールを立てて時間の管理をすること。学習に取り組みやすくなるように環境を整えること。
	努力調整	興味がわかない内容や難しい課題であっても取り組み続けようとすること。
	ピア・ラーニング	仲間とともに学んだり，話し合ったりして理解を深めること。
	援助要請	学習内容がわからないときに教師や仲間に援助を求めること。

いただろうか。歴史分野を学ぶ際には，ミクロ理解方略（個々の出来事や人物に対する意味理解処理を重視する），マクロ理解方略（歴史の大きな流れに対する意味理解処理を重視する），暗記方略（授業中に習った内容を理解せずそのまま処理する），要点把握方略（授業の中で重要な部分とそうではない部分を見分けて処理する）がある（村山，2003）。また，国語科の説明文読解についてもいくつかの方略がある。説明文を読む際には，意味明確化，コントロール，要点把握，記憶，質問生成，構造注目，既有知識活用といった方略が用いられている（犬塚，2012）。他にも教科や分野に応じたさまざまな学習方略がある。

　学習内容は同じでも，人によってそれをどのように学ぶかは異なる。

内容に向けてのアプローチの仕方は，人それぞれなのである。学習方略に目を向けることで，学習内容に対するアプローチの仕方や学習の過程を理解することができるようになる。

（2）　学習方略の獲得と促進

学習内容とは別に，学習方略を身に付けることも学習の成果を考えるうえで重要である。しかし，誰もが効果的な学び方を知っているわけではない。たとえやる気があったとしても，「どうやって勉強したらよいかわからない」となってしまうと，先に進むことができない。

少し妙な言い方かもしれないが，学習方略自体も学習することができる。「どうやって勉強したらよいかわからない」というのは，学習方略を身につけていない状態である。裏を返せば，学習方略を教えて身に付けさせてやれば，自分で学習を進めることができるようになる。たとえば，「自分の経験と結び付けながら話を聞いた方が理解しやすい」や「線を引きながら文章を読むと頭に入ってくる」といったように，学習方略を意図的に教えてやることで学び方を学ぶことができるのである。実際に，学習方略を教えることで学習者の学習の仕方が変わったり，結果的に学業成績が向上したりすることが知られている（Dignath et al., 2008）。

学習方略をうまく用いると，効果的に学ぶことができる。ただ，意識的に学習方略を用いたり，普段と違う学習方略を試してみようとすると，心理的な負担を感じる部分もある。たとえば，社会科のテストを暗記で乗り切ってきた生徒に，「自分の頭の中に年表を描いて，そこに出来事を位置づけながら授業を受けてみよう」と伝えたとしても，すぐに試してみようとはしないかもしれない。そのように頭を使うことの負担感が大きいからである。

教えられた学習方略を使用するかどうかには，有効性の認知とコストの認知がかかわっている。有効性の認知は，「その方略を使うことが役に立つ」という認知であり，その方略を使うことで成績が上がったり，理解できるようになったりすると感じている状態である。一方で，コストの認知は，「その方略を使うことに負担やデメリットがある」という認知

であり，慣れない考え方をして疲れてしまうとか，時間がかかりすぎてしまうといったことを感じている場合である。さまざまな学習方略に対して，有効性を認知しているほどその方略を実際に用い，コストを認知しているほど使用しない傾向にある（佐藤，1998）。また，学習者はどの学習方略が有効であるかを正確に認知できていないこともある（吉田・村山，2013）。学習方略を教えることに加えて，学習者本人がその方略を使って学習することをどのように感じているかにも目を向ける必要がある。

3. 学びを調整する

（1）自己調整学習

「自律的に学ぶ」といったときに，どのような姿を思い浮かべるだろうか。教師の説明や指示をよく聞き，言われたことに忠実に従う，ということだけではないだろう。もちろん授業の場面を考えれば，指示通りに学ぶことも必要である。ただ，そういった受け身の姿勢だけでは，自律的だと感じない。もう少し自分の興味を追究したり，自分なりに試行錯誤しながら学ぼうとするような姿を思い浮かべるだろう。

　自律的に学習を進める姿を概念化したものとして，自己調整学習（self-regulated learning）がある。自己調整学習の考え方では，学習のサイクルを重視する。学習の過程は，学習に取り組み始める段階（予見），学習に取り組んでいる段階（遂行），学習を振り返る段階（省察）からなる循環的なサイクルとして考えることができる（図6－3）。最初の段階で自分なりに目標を立て，途中では自分の理解度や学び方をチェックし，一区切りがついた段階では成果を確認する。そして，振り返ったことをもとに，次の学習を改善しながら進めていくというサイクルである。この3つの段階からなるサイクルは，さまざまなスパンで考えることができる。1回の授業の導入，展開，終末にあてはめてもよいし，小中学校での単元や大学でのセメスターを通してのサイクルとして考えてもいいだろう。

　ただ，このサイクルを他者から言われて回しているだけでは，あまり

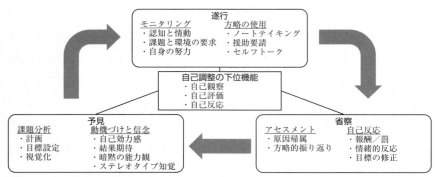

図6－3　自己調整学習の下位機能と循環的性質（Usher & Schunk, 2018 をもとに作成）

　自律的とは言えない。たとえば，小学校の授業であれば，「めあてを書きましょう」や「振り返りを書きましょう」という指示が与えられる。教師の指示に従って活動することは，もちろん重要であるが，自己調整学習で目指すのは，そういった指示がなくても，学習のサイクルを自分自身で回せるようになっていくことである。

　そのためには，学習を支えるいくつかの要素が必要になってくる。自己調整学習の1つの定義として，「学習者が，メタ認知，動機づけ，行動において，自分自身の学習過程に能動的に関与している」というものがある（Zimmerman, 1989）。この定義には，第5章で紹介した動機づけと，本章で紹介したメタ認知が登場している。また，前節で紹介した学習方略も自己調整学習を支える大事な要素である（岡田，2022; Perry & VandeKamp, 2000）。学習のサイクルを他者に依存せずに回していこうとすると，学習に取り組もうとする意欲がなければならない。同時に，自分の理解度や学習内容の特徴に合わせて，学習に取り組むための方法を工夫する必要もある。そのためには，動機づけ，メタ認知，学習方略をうまくはたらかせることが求められるのである。

　自己調整学習には，(a)学習のサイクルが循環している，(b)動機づけやメタ認知，学習方略がはたらいている，という2つの特徴がある。言い換えると，学習内容に興味や自信をもって（動機づけ），学びの方法を工夫し（学習方略），学びの過程に目を向けながら（メタ認知），自分で

学習のサイクルを回しているのが自己調整学習であり，自律的な学習者の1つの姿なのである。

（2）　自己調整学習を支える

　自己調整学習で描くような自律的な学習者になるためにはどうすればよいだろうか。当然ながら，最初から動機づけやメタ認知を十分にはたらかせて，自己調整ができるわけではない。特に，子どもの発達段階を考えれば，まわりの大人がサポートしながら，少しずつ自己調整の力を育てていくという姿勢が必要である。

　自己調整学習の支援は，直接的な支援と間接的な支援に分けることができる（Dignath & Veenman, 2021）。直接的な支援としては，自己調整学習を支える方略を教授することができる。認知面での学習方略，メタ認知を活かす学習方略，あるいは動機づけを高めるような方略を児童生徒に教え，自分で使えるようにトレーニングをすることで，学業成績が高まることがわかっている。表6-4には，それぞれの方略を教授することで，どの程度学業成績が高まるかを表す効果量が示されている。どのような方略を教授す

表6-4　自己調整学習方略を教授するプログラムが学業成績に与える効果（Dignath et al., 2008，岡田，2022 をもとに作成）

	効果量	95%CI
認知的方略の教授		
なし	0.63	[0.45, 0.81]
精緻化	0.84	[0.62, 1.06]
問題解決	0.98	[0.73, 1.23]
精緻化と体制化	0.37	[0.19, 0.55]
精緻化と問題解決	0.42	[−0.07, 0.91]
メタ認知的方略の教授		
なし	0.66	[0.41, 0.91]
計画	0.60	[0.27, 0.93]
モニタリング	0.91	[0.58, 1.24]
評価	0.69	[0.44, 0.94]
計画とモニタリング	0.78	[0.51, 1.05]
モニタリングと評価	0.35	[−0.38, 1.08]
計画とモニタリングと評価	0.48	[0.30, 0.66]
動機づけ方略の教授		
なし	0.58	[0.44, 0.72]
原因帰属	0.64	[0.31, 0.97]
活動統制	0.49	[0.29, 0.69]
フィードバック	1.41	[1.08, 1.74]
フィードバックと原因帰属	0.33	[−0.61, 1.27]

るかによって効果は異なるものの，自己調整学習を支える要素として，動機づけ，メタ認知，学習方略を明示的に指導し，自分で学習を進められる力を育てることは重要であると言える。

間接的な支援としては，自己調整的に学べるように学習環境を整えることが重要である。たとえば，教師が常に指示を出し続けていたり，児童生徒がただひたすら説明を聞くだけというような授業では，自己調整をすることができない。自己調整学習を促す学習環境としては，(a)自分で意思決定ができるなど自己指示的である，(b)他の学習者と協同的に学習できる，(c)新たな知識と既有知識を統合することが求められる，(d)学んだことを現実や他の文脈に転移させることが求められる，という条件が挙げられる（Dignath & Veenman, 2021）。

自己調整学習が自律的な学習の姿を描いていることを考えると，指導や支援をしながら，それを少しずつ控えていくという姿勢が大事である。メタ認知や学習方略は，最初は指導しなければうまく使えるようにならない部分はある。そのため，明示的に指導し，学び方や自分の思考に目を向ける習慣を身に付けられるようにサポートすることは大事である。一方で，そうした指導をしたことによって，自分で学習のサイクルを回せるようになっているかどうかを試す場も必要である。そのためには，直接的な指導や支援を少しずつ外しながら，自己調整が必要となるような学習の場面を作ることが大事である。

(3) 学校教育と自己調整学習

自己調整学習は，学校教育においても求められている。2017 年に告示された学習指導要領のもとでは，教科等の学習に関する評価の観点として，「主体的に学習に取り組む態度」が定められている（国立教育政策研究所教育課程研究センター，2019）。この主体的に学習に取り組む態度は，①粘り強い取組を行おうとする側面と，②自らの学習を調整しようとする側面から評価することとされている。②に「調整」という言葉が出てきていることからわかるように，ここで想定されている主体的に学習に取り組む態度は，自己調整学習で描かれる自律的な学習者像と重な

るものである。

　評価の観点になっているということは，それを目標としているということでもある。学校教育を通じて，自己調整的に学べる児童生徒を育てることが，学習指導における大事な目標になっているのである。教育心理学研究のなかで，動機づけやメタ認知，学習方略がどのように獲得され，促されるかについて知見が積み重ねられてきた。そういった知見を活かしながら，学校の授業において自律的な学習者を育てる教育を考えていくことが求められている。

参考文献

自己調整学習研究会（編）（2012）．自己調整学習—理論と実践の新たな展開へ　北大路書房
中谷素之・岡田　涼・犬塚美輪（編著）（2021）．子どもと大人の主体的・自律的な学びを支える実践—教師・指導者のための自己調整学習　福村出版

引用文献

Cardelle-Elawar, M. (1995). Effects of metacognitive instruction on low achievers in mathematics problems. *Teaching and Teacher Education, 11*, 81–95.
Dignath, C., Büttner, G., & Langfeldt, H. P. (2008). How can primary school students learn self-regulated learning strategies most effectively?: A meta-analysis on self-regulation training programmes. *Educational Research Review, 3* (2), 101–129.
Dignath, C., & Veenman, M. V. (2021). The role of direct strategy instruction and indirect activation of self-regulated learning: Evidence from classroom observation studies. *Educational Psychology Review, 33* (2), 489–533.
Flavell, J. H. (1979). Metacognition and cognitive monitoring: A new area of cognitive-developmental inquiry. *American Psychologist, 34* (10), 906–911.
犬塚美輪（2012）．国語教育における自己調整学習　自己調整学習研究会（編）自己調整学習—理論と実践の新たな展開へ（pp.137–156）北大路書房
伊藤宗達（2012）．自己調整学習方略とメタ認知　自己調整学習研究会（編）自己調整学習—理論と実践の新たな展開へ（pp.31–53）北大路書房

Joseph, L. M., Alber-Morgan, S., Cullen, J., & Rouse, C. (2016). The effects of self-questioning on reading comprehension: A literature review. *Reading & Writing Quarterly, 32* (2), 152–173.

国立教育政策研究所教育課程研究センター (2019). 学習評価の在り方ハンドブック

村山　航 (2003). テスト形式が学習方略に与える影響　教育心理学研究, *51* (1), 1–12.

Ohtani, K., & Hisasaka, T. (2018). Beyond intelligence: A meta-analytic review of the relationship among metacognition, intelligence, and academic performance. *Metacognition and Learning, 13* (2), 179–212.

岡田　涼 (2020). 児童の授業中のメタ認知的活動と授業に対する内発的動機づけ　香川大学教育実践総合研究, *41*, 25–33.

岡田　涼 (2021). 授業場面におけるメタ認知支援に関する研究の概観　香川大学教育実践総合研究, *43*, 11–26.

岡田　涼 (2022). 日本における自己調整学習とその関連領域における研究の動向と展望―学校教育に関する研究を中心に　教育心理学年報, *61*, 151–171.

Perry, N. E., & VandeKamp, K. J. (2000). Creating classroom contexts that support young children's development of self-regulated learning. *International Journal of Educational Research, 33* (7–8), 821–843.

Pintrich, P. R., Smith, D. A., Garcia, T. & McKeachie, W. J. (1993). Reliability and predictive validity of the Motivated Strategies for Learning Questionnaire (MSLQ). *Educational and Psychological Measurement, 53* (3), 801–813.

三宮真智子 (2008). メタ認知研究の背景と意義　三宮真智子 (編著) メタ認知―学習力を支える高次認知機能 (pp.1–16) 北大路書房

佐藤　純 (1998). 学習方略の有効性の認知・コストの認知・好みが学習方略の使用に及ぼす影響　教育心理学研究, *46* (4), 367–376.

Schmeck, R. R. (1988). An introduction to strategies and styles of learning. In R. R. Schmeck (Ed.), *Learning strategies and learning* (pp.3–20). Plenum Press.

Schraw, G., & Dennison, R. S. (1994). Assessing metacognitive awareness. *Contemporary Educational Psychology, 19* (4), 460–475.

Swanson, H. L. (1990). Influence of metacognitive knowledge and aptitude on problem solving. *Journal of Educational Psychology, 82* (2), 306–314.

辰野千壽 (1997). 学習方略の心理学―賢い学習者の育て方　図書文化社

Usher, E. L., & Schunk, D. H. (2018). Social cognitive theoretical perspective of self-regulation. In D. H. Schunk & J. A. Greene (Eds.), *Handbook of self-regulation of learning and performance* (2nd ed., pp.19–35). Routledge.

吉田寿夫・村山　航（2013）．なぜ学習者は専門家が学習に有効だと考えている方略を必ずしも使用しないのか―各学習者内での方略間変動に着目した検討　教育心理学研究，*61*（1），32-43.

Zimmerman, B. J. (1989). A social cognitive view of self-regulated academic learning. *Journal of Educational Psychology, 81*（3），329-339.

🔲 研究課題

1．メタ認知や学習方略に関して，それらを使っている場面としてどのようなものがあるかについて，これまでの学習経験からいくつか挙げてみよう。

2．大学院での学習を効果的に進めるために，何が必要だろうか。本章で紹介した自己調整学習の考え方をもとに考えてみよう。

7 教育における評価と測定

進藤　聡彦

　この章では学校教育における教科学習の評価（以下，学習評価）を中心に教育評価について概観していく。また，評価のためには評価する対象の測定が必要になるが，従来の学習評価では一般的に客観式のテストが用いられることが多かった。しかし，近年ではその他の測定法も用いられるようになっており，それらについても取り上げていく。

1. 学校教育における評価

(1) 学習評価の目的

　教育に関わる評価が教育評価であり，学校教育での教育評価には，児童生徒の学習や態度・行動に対する評価や，逆に児童生徒の教師の授業に対する授業評価，また学校自体を対象とした学校評価などがある。よって，ここで中心的に取り上げる児童生徒の教科の学習状況に関する学習評価は教育評価の一部という位置づけになる。

　学習評価の主な目的は4つある。第1に学習者に自身の学習についてのフィードバック情報を与え，学習の改善に役立ててもらうために学習評価が行われる。第6章で取り上げたメタ認知的モニタリングに関連して，学習者は学習した内容の理解や記憶の状態を正確に把握できるとは限らない。学習が不十分な場合でも，メタ認知的モニタリングが不正確なために，自分では学習内容を理解したり，記憶したりしているつもりになり，それ以上の学習活動を止めてしまうようなことがある。その結果，不十分な学習のままに留まってしまう。こうしたことを防ぐために，テストなどによって理解や記憶の状態を学習者に知らせ，次の学習

につなげてもらうために評価が行われる。

　第2の目的は，教師の授業改善である。ある単元の授業の終了後にテストをしたところ，学習者の成績が芳しくなかったとする。そうした場合，学習者の努力不足といった理由も考えられるが，教師の教授法が学習者に理解をもたらすようなものではなかった可能性もある。このように教師の教授法の適否を確認することも学習評価の目的である。そして，教え方が適切なものではなかったことが確認されれば，同一の内容であったとしても学習者を不十分な理解の状態に留まらせないために，改善した教授法によって再度教えてみることも必要になる。

　第3の目的は指導要録作成の資料とするためである。指導要録とは，学校教育法施行規則第24条で定められた校長が作成しなくてはならない「その学校に在学する児童生徒等の学習及び健康の状況を記録した書類の原本」のことである。そして，その抄本または写しは進学先や転学先の校長に送付する義務がある。このうちの学習の記録を記すために学習評価が行われる。

　第4の学習評価の目的は，保護者に学校での子どもの学習に関する情報を提供することである。学校での子どもの情報が得られることで，保護者はそれを家庭での教育に役立てられる。また，近年ではコミュニティ・スクールといわれる学校運営協議会制度を導入する学校も多い。これは，「保護者や地域住民の意見を学校運営に反映し，地域とともにある学校づくりを実現するための仕組み」（地方教育行政の組織及び運営に関する法律第47条の5）であり，委員は保護者や地域住民の代表などから構成される。学校運営協議会の役割は，校長が作成する学校運営の基本方針を承認したり，学校運営に関する意見を教育委員会または校長に述べたりすることなどである。学校運営が適切か否か見極めるための評価対象に児童生徒の学習の状況も含まれる。したがって，同協議会が判断を下すための資料を提供するためにも学習評価が行われる。

　なお，学校での評価というと多くの人の頭に浮かぶのは通信簿（通知表）であろう。これは，児童生徒の学校における学習や生活の状況などを定期的に保護者に伝える目的をもつが，その作成に法的根拠はなく，

校長の裁量に委ねられている。しかし，通信簿によって児童生徒にとっては上記の第1の目的として挙げたように自らの学習の状況を知ることができるし，第4の目的として挙げたように保護者にとっては学校での子どもの学習や行動に関する情報が得られる。

（2）　学習評価の対象

　学習評価は授業における教育目標への到達度を対象に行われることから，教育目標と学習評価は不可分な関係にある。第4章でブルームのタキソノミーやガニエの学習による成果を取り上げ，学習面での目標が多様であることを述べた。したがって，学習評価の対象になり得るものも多様である。しかし，現在，我が国の学校教育における学習については，学習指導要領に沿って評価の観点が設けられている。たとえば，2017（平成29）年告示の小中学校の学習指導要領の下では，「知識・技能」，「思考・判断・表現」，「主体的に学習に取り組む態度」の3つが評価の観点として挙げられている。

　「知識・技能」は各教科等における学習の過程を通した知識及び技能の習得状況であり，「思考・判断・表現」は知識及び技能を活用して課題を解決する等のために必要な思考力，判断力，表現力等の習得状況を対象に評価するものである。また，「主体的に学習に取り組む態度」は知識及び技能を習得したり，思考力，判断力，表現力等を身に付けたりするために，自らの学習状況を把握し，学習の進め方について試行錯誤するなど自らの学習を調整しながら，学ぼうとしているかどうかという意思的な側面が対象とされている（文部科学省，2019）。3つの評価の観点のうち，「主体的に学習に取り組む態度」での「学習の進め方について試行錯誤するなど自己調整しながら」という文言からは，第6章の自己調整学習が主体的な学習の内容であることがうかがえる。

（3）　学習評価の主体

　だれが児童生徒の学習状況の評価を行うのかの観点から，学習評価は他者評価，自己評価，相互評価に分けられる。他者評価の代表的なもの

は，教師による評価である。テストなどの課題を課すのは教師であるし，その採点も教師が行うといったように，教師は学習評価の主体としての役割をもつ。保護者も子どもの教育の当事者と位置づけられることから，テストや通信簿といった子どもの学校での学習状況に関する資料から評価を行うこともある。よって，保護者も他者評価の主体になり得る。他者評価の長所は，次に述べる自己評価に比べると客観的な視点からの評価ができることにある。

　自己評価は，教師によって出されたテストの採点を学習者自身が行うような場合である。学習者自身が評価することの長所は，学習を自分自身のこととしてとらえて，主体的に学習に取り組むようになることが期待できる点にある。このことは学習者が自身の学習を振り返り，自ら学習の改善をしようとする自己調整学習の契機にもなる。一方，自分自身による評価であるため主観的な評価になりやすい。

　相互評価は，学習者が互いに評価を行うものである。その長所は相手からの高い評価を受けることで自己肯定感が高まったり，相手の努力に触れたりすることで自らの学習意欲が高まったりすることにある。また，相手の解答などに触れることで，自らの解答と対照してその学習内容に対する理解が深まったりすることもある。

　しかし，相互評価ではテストの採点結果が相手より悪かった場合に，劣等感をもったりするようなことが考えられる。また，相手からの改善の提案を批判として受け取ってしまうことも考えられる。これらのことから，教師が相互評価を取り入れるときには，相互評価の目的が自分自身の学習や相手の学習の改善にあるということを十分に理解させておき，子どもの自己肯定感や子ども同士の良好な人間関係が維持されることなどに留意する必要がある。

2.　機能の違いによる学習評価の種類

（1）　学習のプロセスに応じた評価

　第 4 章において，ある単元の学習内容を理解するためには，それ以前に習得しておくべき前提となる学習内容があることを述べた。そして，

それが不十分なときには前の学年の内容であっても授業で取り上げて習得させておかなければ，当該単元の内容の理解には至らないことを述べた。このときの以前に習得しておくべき内容が習得されているかについて確認することを目的に行われるのが診断的評価である。実際には，単元の学習に入る前に以前の学習内容についての小テストを課したり，学習者に口頭で質問をしたりして，復習という形で実施されることが多い。

　1つの単元の授業は何時間かかけて行われるが，そのプロセスで学習者の学習が順調に進んでいるのかを把握するために行われるのが，形成的評価である。これは毎時間の授業後の小テストや感想文の他に，授業中の教師の発問に対する学習者の応答などによって行われる。

　単元についての一連の授業を終えて，授業の前に教師が設定した目標に到達しているのかを調べるために行われるのが，総括的評価である。一般的に行われている単元末のテストは総括的評価のための資料を得る目的で行われる。

　診断的，形成的，総括的の各評価は，教師の授業改善に資するとともに，評価結果を学習者にフィードバックすることで，学習者にとっても何を復習すべきかなど次なる学習行動への具体的な指針が得られる。

　なお，ここでは単元を例に3種の評価について述べたが，これら3つの評価の対象になるのは教育活動の一定のまとまりである。たとえば学期という単位では学期の始めに診断的評価，学期の途中で形成的評価，そして学期末に総括的評価が行われることになる。したがって，学期という単位でみれば中間試験は形成的評価，期末試験は総括的評価と位置づけることができる。

　また，ここでは学習評価として3つの評価を取り上げたが，生徒指導の面での評価に活用することもできる。ある担任教師が学級風土（学級の雰囲気）を互いに連帯感をもって協力的なものにしたいと考えたとする。このとき，学年の初期に学級風土が望ましいものになっているかを評価するのが診断的評価であり，仮に望ましいものでなかった場合に，望ましい学級になるようにしようという目標を立てたとする。その達成に向けて働きかけ（指導・支援）をしてみて，働きかけの効果を随時，

評価してみるのが形成的評価となる。そして，学期末なり学年末に学級風土が望ましいものになっているか否かを評価するのが総括的評価になる。

（2）学習評価の基準

　学習評価を行うためには基準が必要であるが，評価基準の違いによる分類に相対評価，目標準拠評価，個人内評価がある。相対評価は学級や学年のような集団内の他の学習者たちの成績が基準になる。目標準拠評価は，教師があらかじめ定めた目標への到達度が評価の基準である。そして，個人内評価は，個々の学習者の以前の成績が基準になる。

　生徒Aという中学生が数学のテストで80点をとったとする。クラスの平均点は85点で，ちょうど半分の生徒が85点以上であった。生徒の成績を5段階（たとえば，1：一層の努力を要する〜5：十分満足でき，特に程度が高い）で評定するような場合，生徒Aは相対評価ではクラスの半分より下位の点数なので，評定は3以下となる。一方，このクラスの数学の担当教師は，当該のテストで生徒が70点とれることを目標に設定していたとする。生徒Aはこの目標以上の点数であるため，目標準拠評価では，少なくとも3以上と評定される。

　さらに，生徒Aはこれまでは数学は苦手で，平均点よりもかなり低い点数しかとれなかったとする。しかし，今回は熱心に勉強をしたため，平均点と5点しか違わない点数であった。個人内評価ならば，この成績の伸びに着目して3以上と評定されることになる。

　これら3つの評価は，それぞれ教育上の長所と短所がある。まず，相対評価では自分の成績のクラス内での相対的な位置を知ることができることが長所である。これによって自身の適性のようなものを見出せるかもしれない。しかし，ある子どもが努力して高成績をあげ，事前に教師が目標に設定していた点数に十分に達していた場合でも，他の子ども達も頑張ってその子どもよりも高成績であれば，当該の子どもの評定は3以下になってしまうことがある。このように個人の努力が反映されにくいのが相対評価の短所となる。また，他の子ども達との競争の意識を喚起しやすいことも，互いの切磋琢磨につながれば長所となるが，過度な

ライバル意識をもたらせば，学級風土の面からは問題となる。

　目標準拠評価では，教師の設定した目標にどの程度達しているかが基準であるから，相対評価よりは個人の努力といった要素が反映されやすい。しかし，目標は教師に委ねられるため，その妥当性が問題となる。また，場合によってはクラスの全員が5の評定を受けるといったこともあり得るため，個人の成績のクラス内での相対的な位置は分からない。個人内評価は，個人の努力が最も反映される点が長所であるが，それ以前の成績が低位にあった子どもが高成績を取った場合には高い評価が与えられるのに対して，元々高成績であった者が高成績を維持しても高い評価が与えられないことも考えられる。そのような場合には不公平感が残ってしまう。

3. 学習評価のための測定

(1) 評価のための多様な測定法

　学習評価をするためには，判断の資料を得るために評価の対象となる知識や技能などを測定しなくてはならない。測定法にはさまざまなものがあるが，西岡（2010）はそれらを採点の難しさの程度を表す単純か複雑かの次元と実演か筆記かの2次元から図7－1のように5分類している。

　かつては，図中の客観式問題によって得られた資料や授業中の発問への応答などの日常の活動の観察によって得られた資料が学習評価に用いられることが多かった。しかし，近年では図中で複雑な測定方法に分類されているパフォーマンス課題なども用いられるようになっている。パフォーマンス課題とは，学習した知識や技能をたんに知っているだけではなく，それを活用，応用，統合して実際の行動場面で使えるのかを測定しようとするものである。たとえば，図7－1に筆記タイプのパフォーマンス課題として挙げられている小論文では，テーマに即した既習の知識の活用や応用，科目の枠を越えた知識間の統合，論理的な文章の構成力などが必要になる。また，実演タイプのスポーツの試合では，多様で刻々と変化する状況に応じて，日頃練習している基礎的な運動技能を

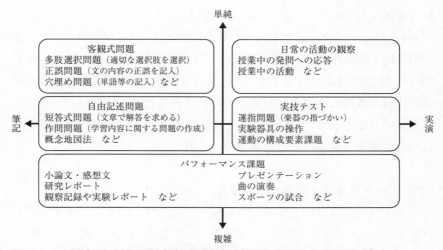

図 7 - 1　評価のための測定方法の種類（西岡，2010 を一部改変）

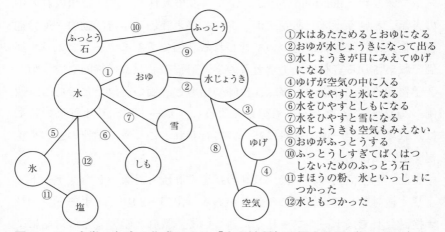

① 水はあたためるとおゆになる
② おゆが水じょうきになって出る
③ 水じょうきが目にみえてゆげになる
④ ゆげが空気の中に入る
⑤ 水をひやすと氷になる
⑥ 水をひやすとしもになる
⑦ 水をひやすと雪になる
⑧ 水じょうきも空気もみえない
⑨ おゆがふっとうする
⑩ ふっとうすぎてばくはつしないためのふっとう石
⑪ まほうの粉、氷といっしょにつかった
⑫ 水ともつかった

図 7 - 2　小学 4 年生の作成による「水の性質」の概念地図（堀，2002）

臨機応変に発揮することが求められる。野球でいえば，捕球や送球の練習で獲得した技能が一連の守備動作として試合で発揮できるのかといったことである。第 1 節 (2) で述べた 3 つの評価の観点のうち，「思考・判断・表現」は「客観式問題」では測定しにくいため，パフォーマンス課題が用いられることが多い。そして，パフォーマンス課題によって行わ

れる評価はパフォーマンス評価と呼ばれる。

　なお，図7－1中の概念地図法の概念地図とは，個人が獲得した諸知識が階層的，体系的に配置された図による知識表現であり（Jacobs-Lawson, 2002），概念間の関連が文（章）で表される。概念地図は学習者の知識構造が比較的直接に反映されたものと考えられるため，学習評価の資料として用いることができる。図7－2は小学校4年生の理科「水の性質」についてある児童が作成した概念地図である。

（2）ポートフォリオ評価とその特徴

　パフォーマンス評価が学校教育の場で一般的なものとして位置づけられるようになったのは近年のことである。同様に，近年になって一般的となった評価にポートフォリオを使ったポートフォリオ評価がある。ポートフォリオ（portfolio）とは，元々「書類入れ」とか「書類入れの中の書類」という意味であり，ポートフォリオ評価は学習活動の一連の過程で集められた資料に基づいて行われる評価である。ポートフォリオ評価で収集される資料は，①学習者の学習過程の記録や最終的な成果物，②学習者の自己評価の記録，③教師の指導と評価の記録などである（西岡，2002）。このことからも分かるように，ポートフォリオ評価の特徴は，収集された一連の資料に基づいて行われることや，学習の過程を重視することにある。

　また，学習活動の終了後に教師の指導や評価も対象とした「ポートフォリオ検討会」が実施されることがある（山口，2016）。「ポートフォリオ検討会」ではポートフォリオに基づいて，教師と学習者との対話によって，学習者は自らの学習を振り返り，教師は自身の指導を振り返って，両者の評価のすり合わせが行われる。評価を教師と学習者が協同で行うという発想に基づくものであり，ポートフォリオ評価の大きな特徴になっている。

　ポートフォリオ評価のねらいは，①学習者が自身の成長や進化を吟味するのに役立つこと，②教師だけでなく，学習者にとっても目標の設定に役立つこと，③学習者に自己評価の機会を提供すること，④（パフォ

ーマンス課題に関する資料も対象になることから）ポートフォリオ評価
の対象となる学習課題は実践的で具体的な経験を提供すること，⑤教師
のカリキュラムの評価やその改善に役立つこと，⑥教師の教授法の有効
性の吟味に役立つこと，などである（Gelfer & Perkins, 1995）。

　ところで，ポートフォリオ評価の特徴を取り入れたものの 1 つに一枚
ポートフォリオ評価（one page portfolio assessment）がある。これは，
学習者が一枚の用紙（一枚ポートフォリオシート：OPP シート）の中に
授業前・中・後の学習履歴を記録し，最後に学習過程全体を学習者自身
に自己評価させるというものである（堀，2013）。一般的に一枚ポートフ
ォリオ評価では図 7 - 3 の OPP シートのように，単元の授業の前に当
該の単元の内容についての本質的な問いについて答えさせる（図中のⅡ
- 1 の欄）。この段階では，学習前のため正解を期待するものではなく，
不十分であってもよいことが前提になる。次に授業時間ごとにその日の
ポイントとなる内容についての記述を求める（図 7 - 3 は 4 授業時間の

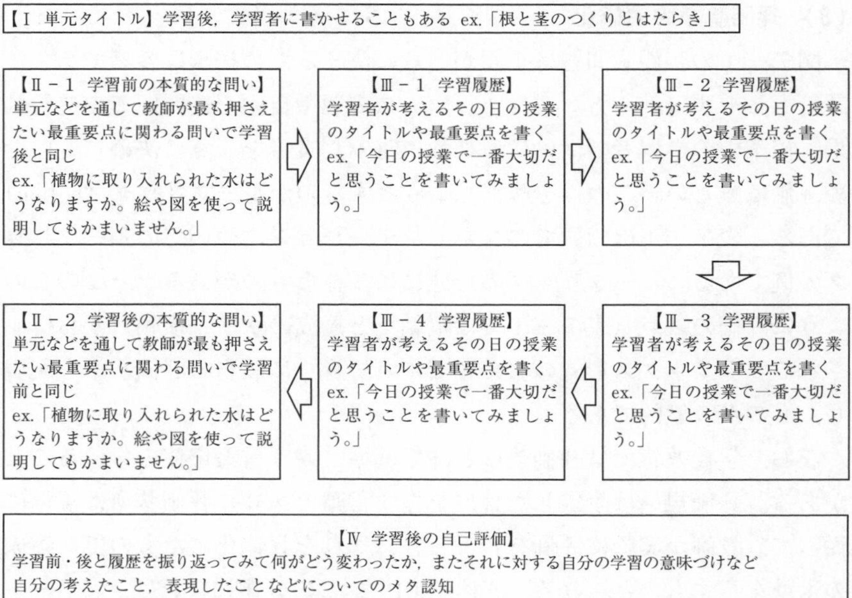

【Ⅰ 単元タイトル】学習後，学習者に書かせることもある ex.「根と茎のつくりとはたらき」

【Ⅱ - 1 学習前の本質的な問い】
単元などを通して教師が最も押さえ
たい最重要点に関わる問いで学習
後と同じ
ex.「植物に取り入れられた水はど
うなりますか。絵や図を使って説
明してもかまいません。」

【Ⅲ - 1 学習履歴】
学習者が考えるその日の授業
のタイトルや最重要点を書く
ex.「今日の授業で一番大切だ
と思うことを書いてみましょ
う。」

【Ⅲ - 2 学習履歴】
学習者が考えるその日の授業
のタイトルや最重要点を書く
ex.「今日の授業で一番大切だ
と思うことを書いてみましょ
う。」

【Ⅱ - 2 学習後の本質的な問い】
単元などを通して教師が最も押さえ
たい最重要点に関わる問いで学習
前と同じ
ex.「植物に取り入れられた水はど
うなりますか。絵や図を使って説
明してもかまいません。」

【Ⅲ - 4 学習履歴】
学習者が考えるその日の授業
のタイトルや最重要点を書く
ex.「今日の授業で一番大切だ
と思うことを書いてみましょ
う。」

【Ⅲ - 3 学習履歴】
学習者が考えるその日の授業
のタイトルや最重要点を書く
ex.「今日の授業で一番大切だ
と思うことを書いてみましょ
う。」

【Ⅳ 学習後の自己評価】
学習前・後と履歴を振り返ってみて何がどう変わったか，またそれに対する自分の学習の意味づけなど
自分の考えたこと，表現したことなどについてのメタ認知

図 7 - 3　一枚ポートフォリオシートの基本的構成（堀，2013 を一部改変）

例のためⅢ－1～4の4つの欄が設けてある）。そして，その単元の授業の終了時に授業前と同じ問いへの記述を求める（Ⅱ－2）。さらに，授業前と授業後の記述内容を比較対照させ，自分自身の変化について記述を求める（Ⅳ）。このプロセスではOPPシートは毎時間回収され，教師はその時間ごとに注目してほしい点や考えてほしい点などの簡単なコメントを付す（図7－3ではコメント欄は省略）。

　教師にとって，授業前・中・後の記述は，それぞれ診断的，形成的，総括的評価の資料とすることができる。また，学習者にとっては自身の理解の状態が記述という形で外在化されることになるため，学習内容の理解が明確な形で把握できる。このことは次なる学習行動の具体的な指針となる。加えて，教師からのコメントも同様の機能をもつ。

　最後の図中のⅣの欄での学習前後の比較対照によって，学習の成果が目に見える形で把握できることから，学習の有効性を感じ取ることができる。このことは学習への動機づけにもつながる。

（3）　評価基準の明確化

　図7－1の客観式問題は正誤が一意に決まるため採点は容易であり，評価もしやすい。一方，パフォーマンス課題や自由記述問題での遂行結果，授業中の学習者の活動は多様性に富み，良否を一意に決めにくいため評価は難しい。この点を解消しようとするのがルーブリック（rublic）である。表7－1は口頭でのプレゼンテーションについてのルーブリックの例である。ルーブリックの形態には多様なものがあるが，この表のように評価の観点（表7－1では縦軸）と達成の水準（横軸）から構成されるマトリックス形式の表の各セル（枡目）に該当の評価基準を記載したものが一般的である。

　なお，学校教育では評価規準と評価基準という言葉を使い分けることがある。評価規準は設定した目標を指す言葉であり，評価基準は規準に従って，教師が実際に評価を行うときにそれを具体化したもので，達成の水準を示すものとされる（若林，2010）。この分類によれば，表7－1の各セルの記載内容は評価基準ということになるし，評価規準は「口頭

表7－1　口頭でのプレゼンテーションのルーブリックの例
（Wolf & Stevens, 2007）

	1：目標に未達成	2：目標に達成	3：目標以上の達成
話し方 ・声の大きさ ・話す速さ ・聞き手との 　関係性	話が聞き取りにくく，話す速さが速すぎるまたはゆっくりすぎる。 　話し手と聞き手のつながりがない。	話が聞き取りやすく，話す速さは聞き手の注意を引き続けている。	話し手は伝達内容に応じて声の大きさや話すテンポを適切に変えている。 　聞き手は関心をもって聞いている。
内容 ・正確さ ・関連性 ・まとまり	不正確または不完全であったり，テーマや聞き手の関心との関連性を欠いたりする。 　話のまとまりが悪い。	正確かつ完全であり，テーマや聞き手の関心と結びついている。 　話の流れがよく，内容間にまとまりがある。	正確で，理解しやすく，テーマに即しており，聞き手の求めにも応じたものになっている。 　話の流れや内容間の構造が説得力のあるものになっている。
語法 ・語彙 ・発音 ・文法	語彙が単純で陳腐すぎていて，テーマや聞き手にとって不適切である。 　「えーと」とばかり言っていたり，理解しにくい発音である。 　たくさんの文法の誤りがある。	語彙はテーマや聞き手にとって適切である。 　発音は明快かつ理解しやすい。 　文法や構文は適切である。	豊かで，生き生きと伝わる語彙を使用しており，テーマや聞き手にとって適切なものになっている。 　発音に注意を払っており，明瞭で理解しやすい。 　文法や構文は工夫されており，効果的である。
身体的表現 ・身振り ・アイコンタクト ・顔の表情	身振りが大きすぎたり小さすぎたりする。 　聞き手とのアイコンタクトはほとんどなく，顔の表情も乏しい。	身振りは話の文脈と合致している。 　常に聞き手とのアイコンタクトをとっていて，顔の表情に変化をつけている。	話の文脈やテーマに応じた身振りをしている。 　変化に富み，人を引きつけるようなアイコンタクトや表情で聞き手の注意，関心を引いている。

でのプレゼンテーションが効果的にできること」などとなる。

　ルーブリックの作成手順はいろいろ考えられるが，たとえば①評価規準を決める，②評価規準の達成に必要で重要な要素を決める（これが評価の観点となる），③いくつかの実際の記述や制作物のサンプルに基づき，それぞれの評価の観点について複数の採点者があらかじめ決めてお

いた水準（段階）にしたがってそれぞれ独立に採点する，④採点者間の協議によって，観点別に各水準に該当するサンプルの記述例などを決定する，⑤各水準に振り分けられた事例の特徴を観点別に属性記述する，といった方法が考えられる。③や④は客観性を高めるために複数の採点者によって行われるが，他のプロセスについても妥当性の担保のために複数の採点者によって行われることが望ましい。

　ルーブリックを導入する意義は，学習者と教師の双方にある。まず，学習者にルーブリックを事前に提示しておくことで，学習者は学習で目指すべき目標が明確になる。また，学習者がルーブリックを参照することで，自身の学習の結果について適切な自己評価をするのに役立つ。さらには，学習者が相互評価をする際にも，互いに具体的で適切なフィードバックがもらえる。教師にとっても学習者に到達させるべき目標が明確になるため，授業を具体的に構想しようとするときに役立つし，学習者の遂行結果の良否が明確に把握できるため，授業の改善にも役立てられる。また，採点の最初の方と最後の方で基準が変わってしまうといった評価の不安定さを防ぐことができる点にもルーブリック導入の意義がある。

　一方，短所としてルーブリックの作成に時間がかかること，観点に設定しなかった面の評価が重要であった場合でも，それが考慮されなくなってしまうことが挙げられる（Wolf & Stevens, 2007）。

4. 学習評価の留意点

（1）　テストが学習者に与える影響

　先に述べたように学習評価のためのさまざまな測定方法が考えられているが，現在でも教科の学習においては正答が一意に決まる客観式問題が用いられることが多い。学習評価にどのような課題を用いるのかは学習方略にも影響を与えるとする報告がある。村山（2003）は，中学生の歴史の授業において，その日の授業で取り上げたトピックの中から4つの項目について説明を求める記述式のテストを繰り返し課す群と，同じトピックを文章化してその中の空所部分に適切な語句の記入を求める穴

表7－2　中高校生のテスト観（鈴木，2012 から作表）

テスト観	テスト観尺度の項目例
改善	テストは，自分の苦手なところを知るためのものだ テストの結果は，その後の自分の勉強に活用するためのものだ
誘導	テストは，自分に勉強する習慣をつけさせるためのものだ テストは，学習意欲を高めるためのものだ
強制	無理にでも勉強に向かわせるために，テストがある テストがあるのは，テストがないと生徒が勉強をしないためだ
比較	テストは，先生が生徒を序列化するためのものだ テストは，優れている人物を選び出すためのものだ

埋め式のテストを繰り返し課す群を設け，両群の学習方略を比較した。その結果，記述式のテストを課した群では個々の出来事や歴史の流れについて意味理解を重視する学習方略を採る傾向がみられた。これに対して，穴埋め式のテストを課した群では内容の理解をせずにそのまま丸暗記するような学習方略（機械的学習）を採っていた。この結果は，同様な授業内容だったとしても，学習者にとってはテストの成績は大きな関心事であり，課されるテスト形式に応じた学習をしていること，そして穴埋め式のテストでは，意味理解を欠いた機械的学習を助長する可能性を示唆している。

　では，学習者はテストというものをどのように認識しているのだろうか。鈴木（2012）は，中学1年生から高校2年生までを対象に，学校の定期テストがどのようなものかについて尋ねる質問項目への回答を求めた。その結果，表7－2に示す4つの因子が見出された。このうち，「改善」はテストを自身の理解状態を把握し，学習の改善に役立てようとするテスト観であり，「誘導」は自発的な学習のペースメーカーになるというテスト観である。また，「強制」は学習（勉強）を強制させるためのものだとするテスト観であり，「比較」は教師が生徒を比較するためのものというテスト観である。

　第1節(1)で述べたように，評価は学習者に自身の学習についてのフィードバック情報を与え，学習の改善に役立ててもらうために行われ

128

る。これは上記の「改善」に相当するものであるが，鈴木（2012）の調査結果はテストを「比較」や「強制」ととらえる者も少なくなく，テストによる評価の目的を適切に認識していない者が一定数存在することを示唆するものとなった。

（2） 教師のもつ評価についてのバイアス

　評価に際して，教師はハロー効果（halo effect）やピグマリオン効果（Pygmalion effect）の存在について留意しなくてはならない。ハロー効果は，光背効果ともいわれるもので，人の特定の側面について評価するときに，その人の別の側面が望ましいものであると（あるいは，望ましくないものであると），その側面に引きずられて，本来評価すべき側面も望ましいと（または望ましくないと）評価してしまう現象である。たとえば，教育の場面では成績の優れた子どもは，確証もなく人格も優れていると評価してしまうといったことである。

　一方，ローゼンタールとジェーコブソンは，学年の初めにクラスの児童たちに知能テストを実施し，潜在能力が高いと判定したとする何人かの児童の名前を担任の教師に報告した。しかし，それらの名前は実際には知能テストの結果とは関係なく，出席簿からランダムに選ばれたものであった。ところが，1年後に再度知能検査を実施したところ，教師に報告された児童の結果は，他の児童に比べて上昇していた（Rosenthal & Jacobson, 1968）。これは，教師がすべての児童に対して平等に振る舞っているつもりであっても，無意識的に名前の告げられた児童を励ましたり，授業中の誤りにちょっとした注意を与えたりするなどの手厚い対応をしていた結果によると考えることができる。このように特定の児童生徒への期待に基づく教師の無意識的な振る舞いによって，実際に期待された者の成績が向上する現象をピグマリオン効果（教師の期待効果）という。同様な研究の結果は，ローゼンタールらの結果と一致するものばかりではないが，仮にそのような現象があるとすれば，逆に能力がないと教師に認識されてしまった児童生徒は，極めて不利な状況に置かれてしまうことになる。このようなことをゴーレム効果（Golem effect）

という。

（3） 測定方法の妥当性と信頼性

　一般に評価の際には，測定方法の妥当性と信頼性にも留意しなくては
ならない。たとえば，教師が学習者の学習意欲を評価することになった
としよう。その場合，何を測定すればいいのだろうか。その候補として
考えられるものの1つは授業中の挙手の回数かもしれない。しかし，内
向的な学習者にとっては，教師の話を熱心に聞いていて，正答が分かっ
ていたとしても，挙手をして皆の前で発表することに抵抗があり，手を
挙げないのかもしれない。この場合の挙手は学習意欲よりも，性格をよ
り強く反映していることになってしまう。このように，測定したいもの
が適切に測られているか否かが妥当性である。先の例では挙手の回数が
必ずしも「学習意欲」を反映するものではないとすれば，評価の測定方
法としての妥当性は低いということになる。

　学校教育で取り上げられる意欲，学力，社会性，主体性なども第1章
で述べた構成概念である。ゆえに物理的な実体をもつ概念に比して，そ
の把握には曖昧さが伴いがちである。そうした曖昧さを伴うものを測定
し，評価しようとするため，測定方法の妥当性が問題になるのである。

　従来，構成概念である学力を測定する学力テスト，同様に構成概念で
ある社会性などを測定する心理尺度の妥当性を把握する指標として構成
概念妥当性，基準関連妥当性，内容的妥当性などが考えられている。こ
のうち，構成概念妥当性は理論的に関連をもつと予想される他の変数と
の関連があるかという指標である。たとえば，自己開示性（相手に性格
や悩み，考えなど自分のことを伝える程度）と友人数は理論的に正の相
関関係があると予想されたとしよう。このとき，自己開示性を測定する
心理尺度の構成概念妥当性は自己開示性尺度の値が高いほど友人数が多
いことによって確認される。

　基準関連妥当性は，当該の測定方法と同じものを測定しようとする別
の測定方法との関連の視点からの指標である。教師の自作による学力テ
ストの妥当性を市販のテストの成績との関連によってみようとしたり，

大学入試の学力試験の妥当性を入学後の成績との関連からみようとしたりすることで基準関連妥当性が確認される。このうち，前者のように時間軸上の同時期に他の外的な基準との関連から確認される妥当性は併存的妥当性と呼ばれ，後者のように，将来の結果から確認されるような妥当性は予測的妥当性と呼ばれる。

　内容的妥当性は測定しようとするものを偏りなく測定しているのかという指標である。国語の学力テストで漢字の読み仮名ばかりを出題したとしよう。それで国語の学力全般を測定しようとすれば，内容的妥当性は低いということになる。

　一方，知識や技能，態度などを測定したときに，その結果がどれくらい安定して再現されるかが信頼性であり，信頼性には測定の誤差が少ないことが求められる。信頼性は，どのような誤差を対象にするかによって異なる。たとえば採点の誤差では，評価者によって評価結果が異なるような場合や，同じ評価者でも時間をおいて再度，評価してみると結果に違いが生じるような場合は，信頼性が低いということになる。また，測定の対象者に関する誤差では複数回にわたって同じ心理尺度や学力テストを実施したときに結果が大きく変動するような場合，信頼性が低いということになる。この場合のように同じ心理尺度などを複数回実施し，その相関関係を調べる方法を再テスト法という。ただし，学力テストでは1回目のテストの後に復習をしてしまう対象者がいると，信頼性の確認のための再テスト法の意味はなくなってしまう。

参考文献

西岡加名恵・石井英真・田中耕治（編）（2022）．新しい教育評価入門―人を育てる評価のために（増補版）　有斐閣

堀　哲夫・進藤聡彦・山梨県上野原市立巌中学校（2006）．子どもの成長が教師に見える一枚ポートフォリオ評価　中学校編　日本標準

引用文献

Gelfer, J. I. & Perkins, P. G. (1995). Portfolio assessment in an elementary school: A model to facilitate preparation. *International Journal of Adolescence and Youth.* *5*（4）, 251 – 261.

堀　哲夫（2002）．理科教育における評価の問題点　田中耕治（編著）新しい教育評価の理論と方法Ⅱ—教科・総合学習編（pp.157 – 209）．日本標準

堀　哲夫（2013）．教育評価の本質を問う一枚ポートフォリオ評価　東洋館出版社

Jacobs-Lawson, J. M. (2002). Concept map as an assessment tool in psychology courses. *Teaching of Psychology, 29*（1）, 25 – 28.

文部科学省（2019）．平成 29・30 年改訂の学習指導要領下における学習評価に関する Q&A（https://www.mext.go.jp/content/1421956_2.pdf）（2022 年 7 月閲覧）

村山　航（2003）．テスト形式が学習方略に与える影響　教育心理学研究, *51*（1）, 1 – 12.

西岡加名恵（2002）．教育評価の方法　田中耕治（編著）新しい教育評価の理論と方法 [Ⅰ] 理論編（pp.33 – 97）．日本標準

西岡加名恵（2010）．学力評価の方法の分類　田中耕治（編）よくわかる教育評価（第 2 版, pp.76 – 77）．ミネルヴァ書房

Rosenthal, R., & Jacobson, L. (1968). *Pygmalion in the classroom: Teacher expectation and pupils' intellectual development.* Holt, Rinehart & Winston.

鈴木雅之（2012）．教師のテスト運用方法と学習者のテスト観の関連—インフォームドアセスメントとテスト内容に着目して　教育心理学研究, *60*（3）, 272 – 284.

若林身歌（2010）．評価規準と評価基準　田中耕治（編）よくわかる教育評価（第 2 版, pp.26 – 27）．ミネルヴァ書房

Wolf, K. & Stevens, E. (2007). The role of rubrics in advancing and assessing student learning. *The Journal of Effective Teaching, 7*（1）, 3 – 14.

山口陽弘（2013）．ルーブリック作成のヒント—パフォーマンス評価とポートフォリオ評価　佐藤浩一（編著）学習の支援と教育評価—理論と実践の協同（pp.172 – 201）．北大路書房

● 研究課題 ―――――――――――――――――――――――――――――――

1. 入社試験，運転免許試験など，さまざまな試験によって評価が行わ
　れる。そうした試験のうちあなた自身が受けた試験の中から1つを選
　び，予測的妥当性の観点からその試験の妥当性を考察してみよう。
2. 第4節(1)では「改善」「誘導」「強制」「比較」という4つのテスト
　観を取り上げた。あなた自身が中学生または高校生の時にもっていた
　テスト観は4つのうちのどれで，なぜそのようなテスト観が形成され
　たのか考察してみよう。

8 | 学級集団の特徴と教師の役割

丸山　広人

　学校教育は学級を単位とする集団を用いて行われており，学習だけでなく社会性の伸長も目指されている。児童生徒の成長には教師や仲間との関係は不可欠であり，その関係を作り出し発展させる学級集団の果たす役割は大きい。本章では，集団が個に与える影響をとらえ，学級集団が発達するプロセスや学級集団に与える教師の役割について解説する。

1. 集団で教育する意味

（1）社会的欲求と学級集団

　個人はそれぞれの興味や関心をもち，さまざまな感情や欲求をもっている。食欲や睡眠の欲求といった自らの生存に関わる生理的欲求もあれば，友人が欲しい，何かを達成したい，他者から認められたいといった社会生活に関わる欲求まである。

　発達の初期段階であれば，生存に関わる欲求が強く表れて，その欲求がすぐに満たされることを求めて行動するであろう。しかし，発達が進むにつれて，自らの欲求だけを通そうとしても通用せず，ルールや規則に則らないと欲求を満たせないということを学んでいく。さらに，発達が進み，生活経験も増えていくにつれて，生理的な欲求よりも社会的欲求の方が高まっていくようになる。

　一般に社会的欲求（親和欲求，達成欲求，承認欲求など）は，他者との関係や社会生活に関わるものであるため，相手の欲求や相手の行動の意味を理解し，社会のルールといったことをも考慮しなければ満たされず，複雑で高度なものである。また，すぐに満たされるものでもなく，

社会的スキルを用いて時間をかけて満たしていくものである。このように欲求が階層化され，欲求を制御しながらその場に応じた適切な態度や判断，そして行動できるようになることが学校教育の1つの目標であるといってもよい。学校教育が学級集団を通してなされるのは，学習を効率的に教授できるという側面だけでなく，社会性を育むということも重要な側面である。まずは集団の意味から考えていこう。

(2) 個と集団の葛藤

一般に集団は，共通の目標を持ち，目標を追求するために個々人が役割を担って，相互依存しているまとまりのことをいい，やがて成員全体が共有するような規範が形成されるといわれている（中島・安藤・子安他，1999）。集団は個が集まれば直ちに形成されるわけではなく，時間をかけながら形成されていくものである。集団に所属するということは，好むと好まざるとにかかわらず，自分を抑えて集団全体の合意に従う圧力がかかり，さまざまな規則や役割に縛られることにもなる。集団の判断や利益が優先されることがあったり，集団の意見に流されたりすることによって，主体的に考える力を弱めてしまう場合もあるだろう。

学校においても個と集団の葛藤は存在し，各々の意図が二重に重なっている構造になっている（蘭・古城，1996）。それは集団の統合へと向かう意図と個別性を尊重する意図との二重構造，あるいは集団の秩序や規範に向かわせる意図と個人を自立に向かわせる意図との二重構造でもある。児童生徒は，集団の秩序や規範に従うことが求められるとともに，個人の個性や学力を伸ばすことも求められている。強制的に偶然的に所属させられた学級において，その集団を維持し発展させるために自らを集団の価値や目的に近づけていくことが求められているにもかかわらず，自らの価値を打ち立てて自立性を発揮することも求められる。一方では個を捨て集団の価値に従っていくことが求められ，他方では集団からの自立を求められるというように，学級集団は二方向の意図が常に葛藤を作り出す可能性をはらんでいる。

以上のように，個と集団は葛藤することが想定されているが，その葛

藤に直面し，その解決に取り組むことを通して，次はできるだけ葛藤を
生じないようにしようと考えたり，社会的スキルを獲得したり，我慢で
きるようになったりして，社会的振る舞いは洗練されていく。集団を通
して個を育てるということは，常に葛藤をはらむことが想定でき，その
葛藤を教師と生徒の関係性の中で解決する結果として，子どもの成長が
あると考えられる。

（3）　参照枠としての集団

　学校には集団の統合へと向かわせる意図と個別性を尊重する意図とが
存在している。そのため教師は，児童生徒が抱えるこの葛藤が集団の秩
序や規範を形成する動機にもなり，個人の自立を促進する動機にもなる
ように取り扱うことが求められている。この2つの動機を媒介するのが
学級集団であり仲間集団である。

　学級集団は仲間を与えてくれて，自分を守ってくれたり評価して認め
てくれたりして，安心感や達成感を与えてくれる。集団の目標に向かっ
て個々人の力がまとまり集団凝集性が高まると，個人では成し遂げられ
ないようなことも成し遂げられたり，それが個々人の能力やスキルを高
める結果につながったりすることもある。どのように判断して行動すれ
ばよいか分からない時などには，仲間の意見や言動を参照して，自分の
行動を選択することもできる。集団が自分の居場所となっているなら
ば，それを維持するために集団のルールや集団の価値観を守り内面化し
つつ，やがてお互いの違いや個別性も理解できるようになって，自立の
方向へと歩んでいけるようになる。学校における集団は，次のように特
徴に応じていくつかの種類が考えられている。

（4）　子どもが関わる集団の特徴
①発達段階による集団

　児童生徒の集団には，発達段階に応じて特徴的な様相を呈することが
知られている（保坂・岡村，1992）。小学校中学年から高学年にかけての
児童がグループ化すると，同じ行動を共にする閉鎖性の強いギャンググ

ループ（gang-group）と呼ばれる集団が形成されることがある。この集団は「われわれ意識」という感覚を強く体験させる特徴があり，集団から承認されることが親から承認されることよりも重要になっていく。これは同時に親からの自立の動きの準備状態とも考えられる。

　次に，中学生あたりになると，同一の行動ではなく，言葉を用いて互いの共通点や類似性を語り合い確かめ合うチャムグループ（chum-group）が形成されることがある。自分の趣味や興味，生活感情などの内面的な内容を語り合うグループである。

　最後に高校生くらいになると，内面的にも外面的にも互いに自立した個人として，違いを認め合いながら共存できるピアグループ（peer-group）が生まれてくる。これは，互いの類似性や共通性だけでなく，異質性をぶつけ合うことによって，他と自分の違いを明確にして，異質性を認め合い，そこに意味を見出せるようなグループである（以上，保坂・岡村，1992）。子どもが学級集団の中で成長するということは，一緒にいる仲間集団との関係によって促進されていく。

②異年齢集団

　児童生徒は，学級集団に限らず，登下校班，部活動，委員会や係，生徒会などさまざまな集団に所属することになる。この集団では，学年が上がるにつれて責任は重くなって，求められることも複雑なものになる。近年では，子どもの数やきょうだいの数が少なくなり，異年齢で交流する機会が減ってきているため，学校の中に異年齢集団を編成する動きがみられる。これによって，上級生は下級生の面倒をみて，下級生は上級生をお手本にする機会が生まれる。学習を教えたり教えられたり，助けたり助けられたりというように，同級生集団だけでは得られない立場で他者と関わり，社会経験が得られることが異年齢集団には期待されている。

③準拠集団

　人の行動や態度や価値観などに影響力をもつ集団を成員集団（membership group）と呼ぶ。児童生徒にとって学級は成員集団ということになる。一方，個人が仲間入りを果たして成員性を獲得しそれを維持したいと熱望している集団を準拠集団（reference group）と呼ぶ

（Cartwright, D., &　Zander, A. 1953）。人が行動したり自分の態度を示したりする際に，参照（refer）する集団ということである。人は準拠集団の行動規範や態度に基づいて行動する傾向があり，多くの場合，今所属している成員集団と準拠集団とが重なって機能する。しかし，所属している集団が準拠集団とならない場合があり，自分が一度も所属したことのない憧れの集団が準拠集団として機能する場合もある。

　学校や地域で複数の集団に所属するということは，自分にとって重要な集団と比較的そうではない集団とに分かれていくことにもなる。学級が一日のうちで一番多く過ごす場であるため，学級は準拠集団になることが多いが，自分の学級よりも学習塾が準拠集団となったり，今現在所属している学級よりも昨年度所属していた学級のほうが準拠集団になったりして，必ずしも今の学級が準拠集団にならないこともある。学級集団の規範と準拠集団のそれとが重なって齟齬がない時には問題は生じないが，そこに葛藤があったりすると，学級への不適応をきたす原因になることもある。

2. 学級集団の特徴と成長

(1) 教師にとっての望ましい学級集団

　河村（2010）は，学習指導要領や学級経営に関する先行研究を整理し，教師にとって望ましい集団について，表8－1のように4つの要素を抽出している。この4つの要素を見てみると，教師が学級づくりをするうえでは，2つの段階を見出すことができる。1つは，学級の中に規範と親和的人間関係を形成する段階，もう1つは，児童生徒が学習や学級活動に意欲的に取り組み，児童生徒の中から自主的に活動しようという自治が確立する段階である。子ども同士で学び合いが生まれる学級であれば十分とも考えられるであろうが，それだけでは不十分であり，さらに児童生徒が教師の手を離れて，自治的に活動できるようになる学級が望ましい学級として目指されている。

　前者は，教師が学級集団に対してどのように働きかけ，どのような役割を果たせるかという段階であるが，後者はむしろ，教師がどのくらい

表8-1 望ましい学級集団とは（河村，2010をもとに作成）

望ましい学級集団の要素	望ましいと考える学級集団の特徴
集団内の規律，共有された行動様式	自由であたたかな雰囲気でありながら，集団としての規律があり，規則正しい集団生活が送れている
集団内の子ども同士の良好な人間関係，役割交流だけではなく，感情交流や内面的な関わりを含んだ親和的な人間関係	いじめがなく，すべての子どもが学級生活・活動を楽しみ，学級内に親和的で支持的な人間関係が確立している
一人一人の子どもが学習や学級活動に意欲的に取り組もうとする意欲と行動する習慣，同時に，子ども同士で学び合う姿勢と行動する習慣	すべての子どもが意欲的に自主的に学習や学級の諸々の活動に取り組んでいる。子ども同士の間で学び合いがうまれている
集団内に，子どもたちのなかから自主的に活動しようとする意欲，行動がうまれるシステム	学級内の生活や活動に自治が確立している

手を出さないで見守るかという段階である。学級集団はおおよそ1年の期限付き集団であり，最後にはクラス替えや卒業が想定されている。そのため共に過ごした担任や級友たちと別れた後であっても，それらの人びとに依存せず，自ら判断して行動できるようになることが目指される。つまり自治的に活動できる体験が目指されるのであろう。上記のような望ましい学級を作るために，教師は，リーダーシップを発揮して，授業づくり，生徒指導，学級経営を行っている。

（2） 学級集団の発達過程

学級集団の発達には段階があるとする学級集団の発達過程モデル（蘭・古城，1996）がある。これには一学期から三学期へと学期で区切ってそれぞれの特徴を示すもの（淵上，2005）や，学級の状態を区切ってその特徴を示すもの（河村，2010）などが提唱されている。

蘭・古城（1996）は，学級集団の発達過程を主に教師の働きかけの側面に着目して4つに区切っており，河村（2010）は子ども集団の特徴から5つの段階が考えられるとしている。ここでは，学級の発達段階を子

どもの状態と教師の働きかけという点から，蘭・古城（1996），淵上（2005），河村（2010）の考えに基づいて，5つの段階として提示する。

①第1段階（混沌・緊張期）

　学級編成直後。子ども同士には交流が少なく学級のルールも定着しておらず，一人一人がバラバラな状態。友人関係はすでにある人間関係に閉じこもるなど表層的なものである。蘭・古城（1996）によると，この時期の学級担任は，新年度開始からの1，2週間は，早急な指導が強制的な印象を与えかねないため，可能な限り日常の児童生徒や学級の様子を把握することに重点をおくという。こうして学級の様子を把握しながら，担任の願いや期待という形で，学級目標や学級観を児童生徒に示唆し，学級のまとまりを求める方向で意欲を喚起することに努める。この過程を通して，児童生徒を学級に慣れさせるとともに，リーダーの発掘と育成を行う。

②第2段階（小集団形成期）

　子ども同士の交流は活発化して学級のルールが意識されはじめてくるが，それは気心の知れた小集団にとどまっている状態。小集団の中で友だちの取り合いやトラブルも頻繁に発生する（河村，2010）。担任は人と学級の様子を観察し終わって，いよいよ担任主導による学級づくりがはじまる。担任は学級目標や対人関係の基本ルールを示して，ルールの確立と仲間づくりを推進する。活動や行事を通して，学級の目標やルールを意識づける段階である。その手段としては，班や係などの役割を設定しそれらの組織を組み替え，そのあり方を積極的に評価しながら，教師の願いを伝えていく（蘭・古城，1996）。このようなルールや小集団づくりを通して担任の願いを伝達しつつ，いろいろな機会をとらえて，児童生徒に声をかけ配慮を示しながら，信頼構築に向けたコミュニケーションを図る。このことによって，児童生徒との個別的な関係づくりも進めていく。

③第3段階（中集団形成期）

　教師の指導スタイルが定着し，学級のルールもかなり定着してくる。趣味が同じで話が合うなどによって，児童生徒の性格や特徴によってつ

ながる関係が形成されはじめる。指導力のあるリーダーのいる小集団が中心となって，複数の小集団の連携が進むこともあるが，その小集団同士のぶつかり合い，もめごとも起きはじめてくる。その全体の流れに反する子どもや下位集団も明確になって，集団の特徴もはっきりしてくる。河村（2010）はこの時期の学級の様子を学級の半数の子どもが一緒に行動できる状態という。この時期の担任は，これまで同様，学級や対人関係のルールを確認したり，活動のあり方を評価したりしながら組織づくりを行う。加えて，話し合いや声かけという直接的なコミュニケーションと，学級日誌や生活記録帳を通しての間接的なコミュニケーションをとりながら，相互の理解と個別の信頼関係を深める。

④第４段階（全体集団成立期）

学級のルールが子ども達にほぼ定着し，学級全体の流れに反する子どもや小集団同士もある程度折り合いがつき，子どもがほぼ全員で一緒に行動できる状態である。教師の指導スタイルが子どもに定着している状態ともいえる。すると次の課題は，教師が主導しなくても自分たちで学級を運営していける自立的な集団づくりとなる。

教師は，学校行事や委員会活動などを子どもに任せて，主導権を子ども側に移行・委譲しはじめる。学級集団に対しては，目的志向の要求や協同的な課題解決の必要性を伝えながら，個人に対しては，集団生活を行ううえでの個人の価値観に対して問題提起を行い，ゆさぶりをかけて再考を促す。これによって，「学級規範の社会化と生徒各自の自己規範の相対化を行わせる」（蘭・古城，1996，p.102）という。全体集団が一定のまとまりを形成すると，役割や活動がマンネリ化して学級集団が硬直化するおそれもあるので，ゆさぶりをかけて弾力性を維持する。個人に対しては，その子どもの物の見方やこだわりにゆさぶりをかけて，自己のとらえ直しを迫って個の成長を促そうとする。

櫓木・石隈（2006）の調査によると，自分の周りの生徒は自分の役割を果たして協力しており，集団としても成長していると認識する生徒は，自分の成長をも認識し，他者との相互理解を高めることが明らかとなっている。集団の中での自分の成長を感じられるためには，周囲の成

長に目を向けそれを実感できることが影響しているといえる。教師は，子ども達の行動を肯定的に認めるだけでなく，他の子どもの成長の姿にも目を向けさせることによっても，個人の成長を促すことができるだろう。

⑤第5段階（自治的集団成立期）

この段階では，学級のルールが子ども達に内在化され，規則正しい生活や行動が温和な雰囲気の中で展開する。課題に合わせてリーダーになる子どもが選ばれ，すべての子どもがリーダーシップを取りうるようになる。逸脱行動には集団内で抑制するような行動が起こり，活動が停滞気味のときには，子ども達の中から全体の意欲を喚起するような行動も起こる。子ども達は，教師の援助がなくても自他の成長のために協力できる状態になっており，これが日本の教師にとって望ましい学級集団の姿である。

学級の発達は，おおよそ1年をかけて上記のような過程で進んでいく。これは教師の働きかけがあって進むものであり，学級の発達には学級担任のリーダーシップが重要になってくる。次に学級担任はどのようにリーダーシップを発揮して学級集団づくりを行っているのかについて考えていく。

3. 教師のリーダーシップ

（1）制度的リーダーシップ

ウォーラーは，リーダーシップを「人間的な指導（personal leadership）」と「制度的な指導（institutional leadership）」の2つに分け，教師のリーダーシップは制度的な指導によるものであると指摘している（Waller, 1932）。

人間的なリーダーシップというのは，自然発生的に生まれてくるものであって，ほかにどうしようもなくて，やむをえず指導するというものである。これには地域のまとめ役であったり，サークルのリーダーだったりが挙げられる。リーダーと目されている人は，その集団において必要なことが目につくが，それを他の人に任せるのは気が引けてしまうた

め，自分がやってしまおうと思ってやっているだけである。そして周り
の人はその人柄や働きぶりを見ていて，自分も協力しようと思って自発
的に関わり，そのような人たちがまとまって集団となる関係が想定され
ている。そこでのリーダーシップというのは，リーダーのもつ人間的魅
力が権威として効力を発揮するのであり，リーダーは，自分がリーダー
シップを発揮しているとさえ思っていない場合も少なくない。

　これに対して，制度的なリーダーシップは，組織において割り当てら
れた役職から生じるものであり，指導者はあらかじめ用意された状況の
なかへ入り込んでリーダーシップを発揮する。そして自らがつとめのう
えで指導する人間であることを自覚している。この場合の指導者は，ま
ず社会の型を通して枠にはめられた既成のタイプに自らをはめ込んだう
えで，その後はじめて人間同士の接触が行われるものとなる。教師の場
合であれば，社会から期待される教師らしさのようなものをまずは身に
つけて，その後児童生徒に向き合っていくこととなる。指導される側
は，だれが指導者になろうとも，その役職に就いている人に従っていく
ことが求められる。ここでは，その役職がもつ権威が効力を発揮する。

　ウォーラーは教師を制度的な指導者として位置づけ，支配する教師側
は，教師としての権威が効力を発揮するように全身全霊を打ち込んでこ
れに関与しようとするが，服従する側は自分のほんの一部分しかこれに
投入しないとしている。先に見てきたように，日本の学級づくりにおい
ては，最終的に生徒の自治が目指されるため，このような制度的指導が
いつまでも続くわけではないが，教師のリーダーシップの一面を言い当
てているといえるだろう。

(2)　3つのリーダーシップ

　レヴィンは，リピットとホワイトが行ったリーダーシップの実験を援
用して，次のように教師のリーダーシップの特徴をまとめている
(Lewin, 1948)。この実験は，教師を民主的リーダーと専制的リーダーに
分けて，そこにみずから志願して実験に参加した10歳から11歳の男女
それぞれを配置し，お面づくりクラブを通して行われた。

　民主的リーダーは，すべての方針は集団で決めることを激励し，どのようにお面を作るかの見通しを与え，技術的な助言が必要な時は，2，3の可能なやり方を示して，児童がその中から自由に選べるようにした。児童は誰とでも好きな人と組んで作業ができ，集団で話し合う際には，リーダーはできるだけ一成員の立場でいるようにして，実際の作業には手を出さず客観的な称賛と批評を与えるのみであった。

　専制的リーダーは，リーダーがすべての方針を決定し，お面づくりの段階や技術はその都度リーダーが説明して，児童に見通しを持たせないようにした。仕事内容や作業の割り振り，誰と組んでやるのかについてもリーダーが一方的に決定して，作業に対しては客観的な理由を示すことなく個人の活動を批評したり称賛したりするのみとした。集団に対しては，差しさわりのない態度をとって，敵対的にふるまうことや友好的な態度を示すことをしないようにした。

　各グループに割り振られた児童やリーダーたちは，あらかじめ行われた心理検査によって偏りが出ないように配置されていた。このお面づくりは11回行われ，その結果，2つのグループには大きな相違が見られた。専制的リーダーの下で作業をした児童は，民主的リーダーの下で作業をした児童よりも，敵対的行動が約30倍となり，他人の注意をひこうとする要求が強く，敵意のある批評が多かった。これに対して民主的リーダーの下では，協働と他の成員への称賛がはるかに多く認められ，他のメンバーに対しても，事実に即した助言を提案するといった関わり方が頻繁であった。

　この集団の雰囲気の違いをレヴィンらは，「私」感情と「われわれ」感情の違いとして見出している。民主的グループに所属した児童の方が2倍も「われわれ」感情として解釈できる供述をしていた。民主的リーダーのもとに配置された児童は，自分の得意分野というものを持ちはじめ，比較的大きな個性を示したのに対して，専制的リーダーのもとでは，大きな個性を示さなかった。そのほか，専制的リーダーシップのもとでは，グループのメンバーが徒党を組みはじめ，敵意をリーダーに向けるのではなく，地位の最も低い児童に向けはじめるようになった。そ

して，その児童はこのグループへの参加を取りやめてしまうという事態も起こっている。このような事態になった理由として，専制的支配のもとでは，子ども達はリーダーシップを発揮して地位を高めるということが阻止されていたために，一人の個人を攻撃し，その一人の地位を押し下げることを通して，みずからの相対的地位を高めようとしたからであるとレヴィンらは解釈している。

　また，この実験では，第8回目以降からそれぞれのグループの成員を一人だけ交代させて，その影響を見るということも行っている。その結果，専制的グループから民主的グループに移った児童は，以前は専制的で支配的であったわけだが，その行動が減りずっと友好的で客観的な行動をするようになった。反対に民主的グループから専制的グループに移った児童は，専制的な態度を急速に身につけはじめたという。この研究によって，教師のリーダーシップの在り方が子ども達に与える影響だけではなく，そのグループには，組織風土と呼べるような雰囲気も形成されることが明らかとなった。

（3）　PM 理論

　日本におけるリーダーシップ研究は，三隅（1964）による PM 理論が有名である。この理論では集団の機能を，集団の目標を達成する機能（performance）と集団を維持し強化する機能（maintenance）とに分けて，その2つの機能を別次元のものと想定し，図8－1のようにリーダーシップを4つに類型化している。集団の目標に向かわせ達成させるとともに，集団の維持・強化の機能も高めるようなリーダーシップが PM 型であり，その両機能を発揮できないリーダーシップは pm 型となる。M型は，人間関係を重視した配慮に基づく集団維持・強化が強く，P型は，その集団が目指す目標を専制的に指示的に追求する。

　この4つのリーダーシップの中で，どのタイプが最も優れているのかに関して三隅（1964）は，官庁職員研修所の研修生や炭鉱作業員を対象として集団の生産性やモラール（作業や集団に対する満足度，リーダーに対する信頼度など）との関連を検討した。その結果，PM 型が最も優

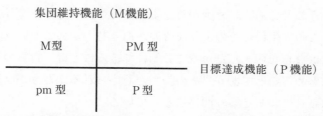

集団維持機能（M機能）

M型　　　　　PM 型

　　　　　　　　　　　目標達成機能（P機能）

pm 型　　　　P 型

図 8 - 1　PM 理論におけるリーダーシップの型(三隅，1964 をもとに作成)

れており，続いてM型，P型となり，最も低いのが pm 型であることを明らかにしている。このような結果は，小学校 5，6 年生の児童に対して行っても当てはまることが示されている（三隅・吉崎・篠原，1977）。

（4）教師のもつ勢力資源

　教師がリーダーシップを発揮できるためには，教師をリーダーとして認めるフォロワーがいないと成り立たない。教師が児童生徒に影響を与えることを考える際には，教師からの影響を被ろうという児童生徒からの視点も重要である。

　教師が子ども達に影響を及ぼす可能性を持っているとき，教師は子ども達に対して勢力（power）を持っているといわれる。そして，この勢力にはいくつかの種類が見出されている。たとえば，教師が児童生徒から親しみを持たれるならば，児童生徒はその先生の話を聴こうと思うし指示されたことを守ろうとするであろう。そのような場合，その教師は児童生徒に影響を与える勢力を持っていることになる。あるいは，外見や見栄えが良いと憧れをもって受け止められている教師は，やはり児童生徒に強い勢力を持つことになる。教師は，自らの勢力を高めうる資源を持つ立場にあるが，この資源のことを勢力資源と呼ぶ（Cartwright & Zander, 1968）。この資源には，親近感や見栄えの良さ，明るく朗らか，罰を与えるなど，いくつか考えられている。そして，これらの資源を教師がもっていると子ども側が認知すればするほど，その教師はますます勢力資源を持ち，子どもに対する影響力を持つことになる。

　ここで重要なことは，教師の努力だけでは勢力資源を持つことはでき

ないということである。教師が勢力資源を持つには，それを与える子ども側が，この先生にはそのような資源があり勢力があるということを認めなければならない。したがって教師にできることは，自らの勢力資源の開発に努めることであり，その勢力が認められるかどうかは児童生徒にゆだねられているという関係になっている。

それでは，教師のどのような勢力資源が，どのように学級の雰囲気に影響を与えているのであろうか。小学校高学年を対象とした三島・宇野（2004）の研究によれば，1学期末の時点で，自分たちの担任は話しかけやすく楽しい授業をしてくれて，うれしい時に一緒に遊んでくれると児童から認知されている場合，学級には認め合いがあり，規律が守られ，意欲的で楽しい雰囲気もあると認知される。そして，その影響は学年末の学級の雰囲気にまでつながるという。また，自信があり客観的であると認められている教師は，一学期にはあまり影響は見られないが，学年末になると，反抗とは負の関係を持つようになることが知られている。つまり児童生徒が教師に対して反抗する傾向が減少するということである。また納得がいく理由で叱ってくれて，子どもが口答えや反抗をしてもしっかり指導してくれると認められる教師に対しては，反抗を控える傾向が示されている（三島・宇野，2004）。このようなことから，教師が開発すべき勢力資源は，まずは受容・親近と自信・客観性ということになるだろう。

（5）教師のフォロワーシップ

教師にはリーダーシップが求められるが，学級の成長を考えると，最後には子ども達にリーダーを任せ権力を委譲して，教師はフォロワーの立場に変わっていくことが理想と考えられている。

教師のフォロワーシップについては，たとえば校長のリーダーシップに従う教師集団といったように，リーダーシップに従うという側面から議論され，リーダーが強く，フォロワーは弱いという暗黙の理解があった。しかし，近年ではフォロワーの役割を積極的に評価する動きが高まっている（松山，2018）。フォロワーシップという概念には定まった定義

は存在しないが，多くの定義では次のような能力を示すとしている。すなわち，組織の目標をリーダーと共有しつつも，リーダーから独立しており，時にリーダーに対して痛いことも言うが，基本的にはリーダーの指示に効果的に従い，組織の成果を最大化するようにリーダーをサポートする能力である（浜田・庄司，2015）。学級が生徒の自治によって運営される段階に至ったときの教師の役割について言及されることは少ない。しかし，教師はフォロワーとして，時にリーダーの不備や傲慢さを諌めたり，リーダーたちが目を背けて避けている事実に焦点を当てたりしながらも，リーダーの想いをくみ取り，集団の成果を最大化するねらいをもって，リーダーを支えていくということがなされているはずである。教師の学級集団に対するフォロワーシップという観点も学級集団と教師の役割を考えるときには必要になってくる。

引用文献

蘭千壽・古城和敬（1996）．教師と教育集団の心理　誠信書房

Cartwright, D. & Zander, A. (1953). *Group Dynamics.* Harper & Row Publisher.（カートライト，D. ＆ザンダー，A. 三隅二不二・佐々木薫（訳編）（1959）．グループ・ダイナミックスＩ　誠信書房）

Cartwright, D. & Zander, A. (1968). *Group Dynamics 3rd ed.* Tavistock Publications.

淵上克義（2005）．学校組織の心理学　日本文化科学社

浜田陽子・庄司正実（2015）．リーダーシップ・プロセスにおけるフォロワーシップの研究動向，目白大学心理学研究，*11*，83 - 98.

保坂　亨・岡村達也（1992）．キャンパス・エンカウンター・グループの意義とその実践上の試案　千葉大学教育学部研究紀要，*40*，113 - 122.

河村茂雄（2010）．日本の学級集団と学級経営—集団の教育力を生かす学校システムの原理と展望　図書文化社

Lewin, K. (1948). *Resolving Social Conflicts: Selected Papers on Group Dynamics.* Harper.（クルト・レヴィン，末松俊郎（訳）（1954）．社会的葛藤の解決—グループ・ダイナミック論文集—　創元新社）

松山一紀（2018）．次世代型組織へのフォロワーシップ論—リーダーシップ主義からの脱却　ミネルヴァ書房

三島美砂・宇野宏幸（2004）．学級雰囲気に及ぼす教師の影響力　教育心理学研究，
　52（4），414‒425.

三隅二不二（1964）．教育と産業におけるリーダーシップの構造─機能に関する研究
　　教育心理学年報，*4*，83‒106.

三隅二不二・吉崎静夫・篠原しのぶ（1977）．教師のリーダーシップ行動測定尺度の
　作成とその妥当性の研究　教育心理学研究，*25*（3），157‒166.

中島義明・安藤清志・子安増生・坂野雄二・繁枡算男・立花政夫・箱田裕司編（1999）．
　心理学辞典　有斐閣

樽木靖夫・石隈利紀（2006）．文化祭での学級劇における中学生の小集団の体験の効
　果─小集団発展，分業的協力，担任教師の援助介入に焦点をあてて─　教育心理
　学研究，*54*（1），101‒111.

Waller, W.（1932）. *The Sociology of Teaching*. John Wiley and Sons.（ウィラード・
　ウォーラー，石山脩平・橋爪貞雄（訳）（1957）．学校集団─その構造と指導の生
　態─　明治図書）

🎱 研究課題

1．自分が受けてきた学校教育を思い出しながら，個人の欲求は集団と
　の関係でどのように高められ，より高次の社会的欲求に変化していく
　のかについて考えてみよう。

2．新聞記事や教育雑誌などを検索して，学級づくりにおける教師のリ
　ーダーシップがどのような困難に直面しているのかについて考察して
　みよう。

9 ｜ 生徒指導の機能と意義

丸山　広人

　学校教育において生徒指導は，学習指導とならんで重要な意義を持ち，学習指導の際にも行われているものである。しかしそれは，児童生徒が起こした問題に対処するためだけの働きかけという狭い意味にとらえられがちであり，学習指導とは別のものと認識されることも少なくない。本章では，生徒指導の働きやその意義，児童生徒理解の方法について解説する。そして，それらが効果を発揮するためにはどのようにすればよいのかに関して，いじめ問題を取り上げ，教育心理学の観点から考えていく。

1. チーム学校における生徒指導

（1）　生徒指導の位置づけ

　生徒指導は，校内暴力や対教師暴力が頻発していた，1960 年代から 80 年代にかけてのイメージが一般には強いと思われる。1965 年に文部省（当時）は「生徒指導の手びき」を刊行し，生徒指導の指針をあらわした。この手びきでは，「非行対策は，本来生徒指導の消極的な面」（まえがき）と位置づけられていた。しかし一方では，問題行動や非行対策の必要性は増しており，重大な関心ごとでもあるので，この「生徒指導の手びき」において重点的に取り上げるとしている。重点的に取り上げる理由は，学校ではこれらの問題に対して，考え方や扱い方に誤りが見られるからであるとしている（文部省，1965）。「生徒指導の手びき」の改訂版である「生徒指導の手引（改訂版）」（1981）においても，この認識は引き継がれてきた経緯があるため，生徒指導は，非行対策，問題行動対策という認識が未だに根強く残っている。

　生徒指導の中心的な目的は，「生徒指導の手びき」（1965）の時代から

生徒の個性の伸長と，将来社会の中で自己実現が図られるような資質，態度を育成していくことである，と謳われてきた。そしてそれは，「生徒指導の手引（改訂版）」(1981)，「生徒指導提要」(2010)，「生徒指導提要（改訂版）」(2022) においても，一貫して受け継がれている。

「生徒指導の手びき」と「生徒指導の手引（改訂版）」においては，中高生の生徒指導が念頭に置かれていた。しかし，「生徒指導提要」からは，生徒指導は小学校から始まるという認識が明確に打ち出され，また，教師の働きかけはすべて生徒指導とかかわりをもっているという認識で，意図的計画的になされるべきものであるとされている（滝, 2011）。小学校から高校までのすべての教育活動は生徒指導につながっている，という認識が求められるようになっている。

（2） 生徒指導の定義と目的

令和4（2022）年に「生徒指導提要（改訂版）」が発表された。そこでは，生徒指導を次のように定義している。すなわち，「生徒指導とは，児童生徒が，社会の中で自分らしく生きることができる存在へと，自発的・主体的に成長や発達する過程を支える教育活動のことである」（文部科学省，2022）というものである。そして，その目的は「児童生徒一人一人の個性の発見とよさや可能性の伸長と社会的資質・能力の発達を支えると同時に，自己の幸福追求と社会に受け入れられる自己実現を支えること」（文部科学省，2022）であるとされている。

児童生徒には，個性があり，よさや可能性もある。さらには社会的資質・能力も備わっているが，それがどのようなものであるかは未だ発見されておらず，各々がもつ可能性も未開発のままである。したがって，それら発達の途上にあるものを，自己の幸福を追求するために方向づけ，かつ社会に受け入れられる自己実現に向けていくような教育活動が求められる。それが生徒指導ということであろう。

学校教育は，基本的には児童生徒にとって未知のことを教え，個人のペースというよりも全体のペースに合わせて進行していく面がある。試験で評価し，合否で選抜するという側面を有するシステムでもある。こ

のような学校教育の中では，達成感を得られることもあるだろうが，苦手なことや分からないことに直面せざるを得ないことも少なくない。教師や友人と気持ちが通じることもあるだろうが，その逆も起こりえる。その中にあって児童生徒は，自らの個性やよさ，資質・能力を見出して，自分らしく生きられる存在になるという難しい課題を要求されている。そのような児童生徒への支援を学習指導も含めて行っていくのが生徒指導である。

（3）　生徒指導と学習指導

　生徒指導と学習指導は別のものという認識もされがちであるが，学習指導のねらいが実を結ぶためには，教師からの働きかけを受け止める力が児童生徒に備わっていなければならない。学んだ内容を好ましい形で発揮するには，児童生徒自身が自己を見つめ，自他を客観的にとらえる力をつけることも必要になる（滝，2011）。児童生徒は知らないことを学び，時には興味がないことにも取り組まなければならず，常に探索行動が求められている。外の世界を探索するだけでなく，自分の内面を探索することも必要であり，相手の気持ちを探索することも必要である。世の中の仕組みやルールを探索することも必要であろう。

　人が探索を行う前提には，自分がいる場所が安全であり，教師や仲間と一緒にいることに安心できることが必要とされる。その場所や人は，失敗した時や苦痛を感じた時に助けてくれる人や場所であって，教室がそのような安全基地であるからこそ，知らないことや困難なことにも取り組もうという意欲が喚起される。安心安全な場の確保は，学級担任一人でできることではなく，学校全体がそのような場所であることが必要である。そのような環境を整備するためにも，生徒指導はチームで取り組むことが推奨されている。

（4）　チーム学校

　平成27（2015）年の中央教育審議会答申において，「チーム学校」の考えが打ち出され，学校の在り方と今後の改善の方策が示された。これ

は社会や経済の変化，家庭の変化，地域社会の変容，そしてこれらの影響のもとにあると考えられる課題の複雑化・多様化に対する取り組み方を変えていくためのものとなっている。すなわち，個々の教師が力量をつけて課題に取り組むだけではなく，個々の強みが発揮できる環境を整備し，チームとなって取り組むことへの転換である。それは「校長のリーダーシップの下，カリキュラム，日々の教育活動，学校の資源が一体的にマネジメントされ，教職員や学校内の多様な人材が，それぞれの専門性を生かして能力を発揮し，子供たちに必要な資質・能力を確実に身に付けさせることができる学校」（中央教育審議会，2015）とされている（図9−1）。さまざまな能力や専門性を結集しながら生徒指導を行っていくことが求められていると言えるだろう。

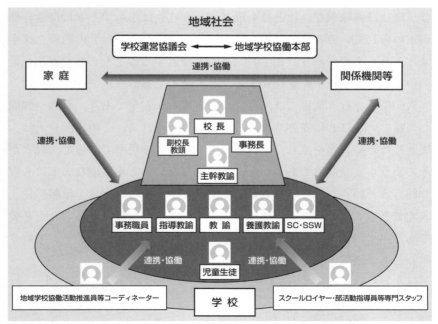

図9−1　チーム学校における組織イメージ（生徒指導提要（改訂版），2022
をもとに作成）

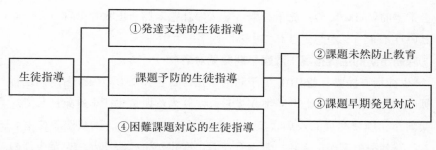

図9－2　生徒指導の分類（生徒指導提要（改訂版），2022 をもとに作成）

（5）生徒指導の構造

　生徒指導は，対象と課題に応じて，①～④の４層の構造として考えられている（図9－2）。従来の「生徒指導提要」（2010）では，成長を促す指導，予防的な指導，課題解決的な指導の３層構造と説明されていたが，「生徒指導提要（改訂版）」（2022）では，予防的な指導をさらに細かく２つに分類することが示された。

①発達支持的生徒指導

　すべての児童生徒を対象にして，特定の課題を意識することなく，教育目標の実現に向けて行われるものであり，生徒指導の基盤となるものとされる。先に述べたように，学校や学級を安全に保ち，安心して活動できるために行われるものである。具体的には，教師の児童生徒へのあいさつや声かけ，授業や行事を通してなされる個や集団への働きかけなど，普段の関わりの中に，意識的に生徒指導的な意味を持たせながら，すべての児童生徒の発達を支えることが目指される。

②課題予防的生徒指導：課題未然防止教育

　「生徒指導提要」（2010）で予防的な指導とされたもののうち，未然防止教育に特化した生徒指導である。すべての児童生徒を対象として，ある課題（たとえば，いじめ防止，情報モラル教育など）に特化して，その予防教育を行うものである。この課題未然防止教育と先の発達支持的生徒指導の２つは，プロアクティブ型の生徒指導として括られており，これらは問題が発生する前の取り組みである。①の発達支持的生徒指導

を常態的に行いつつ，先手を取って②の課題未然防止教育を打っていくというイメージが想定されている。

③課題予防的生徒指導：課題早期発見対応

「生徒指導提要」（2010）で予防的な指導とされたもののうち，問題行動のリスクが高まったり予兆が見られたりする児童生徒を対象にして，深刻な状態に発展しないように早期に対応するもの。成績が急に落ちる，遅刻や欠席が増える，身だしなみに変化が生じるなど，児童生徒の変化をとらえて迅速に対応するものである。

④困難課題対応的生徒指導

いじめや不登校，被虐待など特定の児童生徒を対象にして，特定の指導・援助を行うものであり，教育委員会や警察，児童相談所や病院といった関係機関と連携しながら対応するものである。個人的特性や家庭的要因，人間関係による要因など，さまざまな観点から児童生徒の状態をとらえて指導・援助するものである。スクールカウンセラーやスクールソーシャルワーカー等の専門家も含んだ校内連携型のチーム支援や，関係機関等との連携・協働によって，計画的で組織的な指導・援助を継続して行うものである。

③課題早期発見対応と④困難課題対応的生徒指導は，リアクティブ型の生徒指導に括られており，問題の発生に応じる即応的で粘り強い継続的な指導・援助のことをいう。

2. 2つの型の生徒指導と規範意識の形成

(1) 2つの型の生徒指導

プロアクティブ型の生徒指導とリアクティブ型の生徒指導は，生徒の学校生活にどのように影響するのであろうか。金子（2012）は，生徒指導を能動的な関わりと事後的な関わりの2つに分けて，それぞれの指導が生徒個人の要因および行動指標にどのような影響を及ぼすかについて中学生を対象として検討している。図9－3はその仮説的なモデルである。プロアクティブ型の能動的な関わりもリアクティブ型の事後的な関わりも，生徒個人の要因である攻撃性や低セルフコントロールを低め，

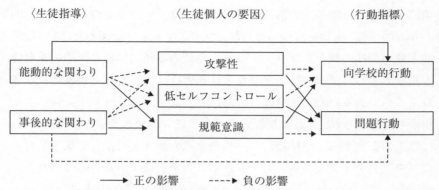

図9−3　2つの型の生徒指導とその影響のモデル（金子，2012をもとに作成）

規範意識を高めると仮説されている。ちなみに，低セルフコントロールというのは，調査項目を見てみると「私はあれこれ考えず，その場のいきおいで行動することが多い」であるとか，「私は，今やって楽しいことなら，後で損になるようなこともやる」といった内容になっている。このような低セルフコントロール傾向も低めるということである。そしてその個人の要因が向学校的行動や問題行動に影響するとされている。

　このモデルに基づいて，調査は中学生を一般生徒群と問題生徒群に分けて行われた。この調査の結果，2つの型の生徒指導は，いずれも一般生徒群と問題生徒群の両方の規範意識を高め，さらにこの規範意識は，両群の向学校的行動を促進し，問題行動を抑制することが明らかとなった。詳細を検討したところ，能動的な関わりは，一般生徒群の攻撃性を弱め，低セルフコントロールを低めることにつながっていたが，問題生徒群に対しては低セルフコントロールを低めるだけで，攻撃性には影響していなかった。事後的な関わりは，両群において，攻撃性にも低セルフコントロールにも影響を与えていなかった。

　このような結果から，関わりのタイプがプロアクティブ型であってもリアクティブ型でも，そして対象が一般生徒であっても問題生徒であっても，生徒指導というものは規範意識を高める傾向にあるということが明らかとなった。この規範意識は，向学校的行動を促進し問題行動を抑制することも明らかになっているので，生徒指導が規範意識の形成を対

象にすることは効果的であると言えるだろう。また，2つのタイプの関わり方のうち，先手を打って行われるプロアクティブな関わりは，一般生徒と問題生徒の低セルフコントロールを低める傾向にあり，その重要性も指摘できる。プロアクティブな生徒指導は，切れ目なく継続的になされるものであるため，生徒は日常的にセルフコントロールを維持する手掛かりを与えられ，それが規範意識の向上につながっているのであろう。

　以上のことから，生徒指導は，規範意識の醸成を目指して先手を打ったプロアクティブな活動に力を入れることが有益であると考えられる。

（2）　規範を定着させる働きかけ

　生徒指導が規範意識を高めることが示されたが，それは具体的にはどのようになされているのだろうか。教師は学習指導や生活指導のさまざまな場面において，児童生徒に善悪の判断をさせたり，行動を制限したり，活動を方向づけたりしている。指導の際には，なぜそのような指導をするのかという理由を，児童生徒に分かりやすく説明しようとするが，その方法として，守るべき規範を学級に導入してそれを根拠にしながら生徒指導をすることがある。

　第1章でも取り上げた岸野・無藤（2009）を例に，このことを第1章の復習も兼ねて説明する。この研究では，教師が定着させたい規範をどのように児童に定着させているのかについて，教師が採用する標語に着目して参与観察を進めたものであった。この観察の対象になった教師は，担任している小学校3年生の児童に対して，1学期の始業式後すぐに守ってほしいこととして，「命を大切に，心を大切に，人の勉強を邪魔しない」という標語を示した。そして，授業中，人の話を聞かない児童に対しては，先生の話や友だちの話をさえぎっていいのは，それが命にかかわるときだけであると伝えたり，児童を諭したり児童に要求をするときにも，なぜそのように言うのかの根拠として，繰り返しこの標語を取り上げて説明していた。そして，その際には，場面に即して標語の意味をかみ砕いて伝えていることも明らかにした。

　さらに，この標語については，児童と同じように担任自身も従うこと

によって，この規範は教師も従うべき一般化されたものであるという態度を示し続けてもいた。このような態度を示す担任からの働きかけを受けて，児童はその標語の意味を理解し，それを重要なものとして従いはじめる。

　児童がこの標語を内面化させるプロセスにおいては，時に担任の発言を逆手にとって，半ばふざけながら対抗する形で，その標語を用い始めることがある。規範の定着においては，担任の求めるものをそのまま内面化するだけではなく，時には抵抗や反対も示しながら自分の視点や意思に基づいて修正し，自分なりのものとして取り込むという。そしてこれをワーチのいう「専有化」が行われているとする（Wertsch, 1998）。

　規範意識を定着させるために，教師はさまざまな場面で繰り返し標語を取り上げ，指導の根拠として場面に即した形に言い換えて説明し，自らもそれに従う態度を示す。そして，それを受けた児童は，それをそのまま受け身的に内面化するのではなく，自分たちなりの視点や意思を盛り込み修正し専有化して受け入れることによって規範は定着していく。規範を標語として示し，それを場面に応じてかみ砕き，繰り返し提示し続けるということは，教師が何を大切にしているか，どのような指導をするかという見通しがつきやすく，場面に応じてその適用の仕方を教えてもらうことによって，児童にとっては応用できるものとなり，それが定着を促していると考えられる。このような教師の働きかけは，発達支持的生徒指導の一例として挙げることができるだろう。

（3）　規範意識の低下に関わる認知的要因

　次に，規範意識の低下に関わる要因について見ておこう。児童生徒の規範意識の低下は，学級の荒れやいじめを引き起こす要因の1つと考えられている。そのため，それを予防するためには，児童生徒に規範意識を持たせることが必要であるとされてきた。しかし，加藤・太田（2016）の中学生を対象とした調査によると，困難学級でも通常学級でも，生徒の規範意識には差は見られなかったという。むしろ差が見られたのは，他の生徒の規範意識をどのように見積もっているかというところであ

り，荒れた困難学級の生徒たちは，自分以外の他の生徒の規範意識を低く見積もっていることが明らかになった。つまり，荒れた困難学級の生徒たちは，実際は他の生徒の規範意識と同じ程度にもかかわらず，そうは認識せず，自分の規範意識は周りの生徒と比べるとまだましであり，周りの生徒の方がよっぽど低いと認識しがちな傾向にあるということである。反対に通常学級の生徒たちは，他の人の規範意識も自分と同程度に位置づける傾向にある。このようなことから，加藤・太田（2016）は，規範意識を育てる手掛かりとして，他の生徒の規範意識を知るためのコミュニケーションを活性化することが有益であろうと提案している。

（4） 教師—生徒の関係性と生徒指導

　学校が荒れる場合の指導は，荒れている児童生徒のみに向かい，その子ども達をどのように指導するのかということに傾注しがちになる。しかし，荒れた中学校を3年間追跡調査した加藤・大久保（2009）は，指導の仕方だけでなく，それがどのような関係性の中で行われているのかという視点が重要であることを指摘している。学校が荒れるときは，教師の指導に不公平感を抱く生徒が多い。そのため，不公平感を抱かせない指導のあり方が検討されがちであるが，生徒が不公平な指導と考えるかどうかは，どのような関係性の教師がそれを行っているのかによって変わってくるというのである。教師との関係が良くない時には不公平に見えていた指導が，関係が良くなるにつれて不公平には見えなくなるという。また，学校の荒れが収まるプロセスにおいては，問題を起こす一部の生徒に取り組む二者関係にとどまった指導を乗り越えて，周囲の一般生徒への効果までを見込んだ三者関係を視野に収めるような生徒指導にすることが重要であると指摘している。

　加藤・大久保（2009）と同様の指摘は，長年，学校で生徒指導を担ってきた教師たちも指摘している。その一人である吉田（2013）は，荒れを克服した学校の共通項を述べ，それは中間的集団を育て，その中間的集団から教師集団が支持されることにあるとしている。この中間的集団について吉田は，生徒集団を5つに分けて説明している（図9-4）。こ

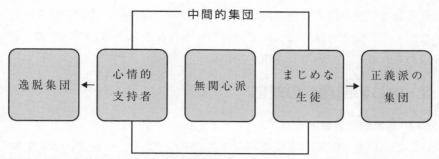

図9－4　生徒の5つの分類と中間的集団（吉田，2013をもとに作成）

のモデルでは，学校が荒れていようと落ち着いていようと，生徒集団は正義派を形成する者たちと逸脱集団を形成する者たちが一定数いると想定されている。問題はこの両者に属さない大多数の生徒たちであり，このような生徒たちは中間的集団と呼ばれる。この中間的集団を細かく見ると3つに分類できる。正義派に近い生徒たちはまじめな生徒，逸脱集団に気持ちが傾きやすい生徒が心情的支持者である。最も多いのは無関心派であり，この3グループで中間的集団は形成されている。学校が荒れてくると，逸脱集団に対する心情的支持者が多くなり，無関心派もそちらに引っ張られて，まじめな生徒たちも逸脱集団に染まっていく。こうなっても正義派集団は一定数残り，すべての生徒が悪くなることはなかなかない。反対に学校が落ち着いているならば，まじめな生徒が増え，無関心派もそれに引っ張られて，心情的支持者たちも正義派の側に傾いていく。こうなっても逸脱集団は一定数残ると考えられている。生徒指導は，逸脱集団や心情的支持者ばかりに目を向け，無関心派やまじめな生徒たちへの対応が疎かになりがちであるが，常にこれらの生徒に注力し正義派に近い中間的集団を育てる生徒指導が有益であるという。実践的にも調査においても，中間的集団に目を配り育てることの重要性が指摘されている。

　ところで，中間的集団が正義派側に傾いていく場合であっても，逸脱生徒は一定数残るとされているが，このような生徒たちの指導はどのように考えられているのだろうか。この場合，個々の保護者と連携し，そ

れぞれの生徒が抱えている問題を共有しつつ，保護者の苦労をねぎらいながら，保護者を味方につけて，時間をかけながら指導していくことが求められるとしている（吉田，2013）。

3. いじめ問題への対応

(1) 基本的な方針

　いじめ問題は長年の重要な教育問題の1つであり，平成25（2013）年には，「いじめ防止対策推進法」が制定された。同年，いじめ防止等のための基本的な方針も示され，平成29（2017）年にはその改定がなされている。これによると，国のいじめ防止に関する基本方針の重点事項は以下のようになる（生徒指導提要（改訂版），2022）。

①「けんかやふざけ合いであっても，見えないところで被害が発生している場合もある」ことから，丁寧に調査したうえでいじめに当たるか否かを判断する。

②いじめは，単に謝罪をもって安易に「解消」とは判断できない。いじめが解消していると判断するには，被害者に対する心理的または物理的な影響を与える行為がやんでいる状態がおおよそ3か月継続していること，そして，被害者が心身の苦痛を受けていないこと，という2つの条件が必要とされている。

　丁寧に調査することと，いじめが解消したと判断できる目安を示したことが特徴といえる。また，情報共有を教師間で徹底することや，学校はいじめ防止の取り組みを公開すること，そして取り組みに関して入学時に必ず説明することが示されている。このような基本方針に沿って，いじめ問題は取り組まれている。

(2) いじめ防止の組織づくり

　いじめは発生を予防すること，兆候を早期に発見すること，そして迅速に対応することが肝となる。それを可能とする組織は表9－1のような，5つの機能を有すると考えられている。

　いじめ問題は，担任一人で対応することには限界があるという共通認

表9－1　いじめ防止組織の機能（生徒指導提要（改訂版），2022 をもとに作成）

機　能	特　徴
計画機能	学校のいじめ防止基本方針に基づいて，いじめアンケートの実施や教育相談週間の設定，校内研修の企画などの計画を立案し，実行する。
窓口機能	児童生徒からの訴えというよりも，個々の教師が察知した些細な兆候や懸念を集約する窓口機能。これによって，児童生徒からの訴えを教師が一人で抱え込んだり，一人で判断したりするリスクを低減できる。
意思決定機能	いじめが発生した時に緊急会議を開催し，情報の迅速な共有や指導・支援体制を構築して，保護者と連携しながら対応を主導する。
評価機能	学校のいじめ防止基本方針や立案した計画に即して，組織が適切に機能しているかを点検し，PDCA サイクルで検証を行う。
調査機能	いじめの重大事態が発生した場合の調査を行う。

識を持っておかないと，察知したいじめの兆候を見て見ぬふりをしたり，様子を見ているうちに事態が悪化したり，ということにもなりかねない。兆候を察知したが担任一人で対応していたために，事後的な対応ばかりになってしまい，重大な結果を招いてしまうこともある。窓口機能と意思決定機能が日々のいじめ防止活動を支えることになるため，それらが機能していることを見える形にして教職員に示しておくことが，迅速な対応を可能とする組織を作ることになる。

（3）　加害者の心理と支援

　古くから非行研究では，加害行為をする人物は，その行為を正当化することによって，罪悪感を中和させる技術を用いると指摘されてきた（Sykes & Matza, 1957）。表9－2は，森田・清水（1994）を参考にして，いじめの加害行為を例に挙げてこの技術を説明したものである。

　加害者は罪悪感が高まっているからこそ，このような技術を用いてそれを弱めようとするわけだが，このような技術を用いて言い訳し，自らのふるまいを正当化しているうちに，自分は悪いことなどしておらず，むしろ正当な主張をしているのだという認識になってしまう。これが放

表9－2　いじめ加害における中和の技術例（森田・清永，1994 をもとに作成）

中和の技術	中和の技術の内容	具体例
責任の回避	自分には責任がないことを強調し，誰かの責任に転嫁して，自分には非がないと訴えること	その人をいじめなければ，自分がいじめられてしまう
危害の否定	自分の行為は誰にも危害を加えていないと訴えること	口で言っただけで暴力はふるっていない
被害の否定	その行為は正当な行為であると訴えること	相手が悪いからだ
非難者の非難	その行為を非難する人を偽善者，個人的な悪意を持って非難していると訴えること	先生だって子どもの頃はいじめていたはずだ
高度の忠誠への訴え	その行為は，より上位の集団の規範を優先した結果であると訴えること	みんなで無視することに決めたのだから仲間外れにしたのだ

置されることによっていじめは深刻になっていく。

　和久田（2019）は，このような言い訳の背後には，加害者の考え方の誤りであるシンキング・エラーがあるとする。そのため，加害者を支援するには，このシンキング・エラーを是正しなければならない。学校では，問題を抱える児童生徒に対する態度として，いわゆるカウンセリングマインドで対応する態度が求められ，児童生徒の言葉に耳を傾け受容することが推奨されている。しかし，表9－2のような加害者たちの考えや言葉を安易に受容することは，被害者にとっても加害者にとっても，その他の児童生徒にとっても良いことはない。むしろ，このような言い訳に対しては，リーガルマインドによって，事実を明確にしたり善悪の基準に照らしたりして，その考え方の過ちを修正しなければならない。たとえば，いじめは他の人が始めたから仕方がなかった，いじめをやらざるを得なかったと責任を回避する者には，他の人の行動ではなく自分の行動として考えさせる必要があり，そんなことで傷つくと思わなかったと被害を否定し，あたかも被害者の弱さが悪いのだという者には，自分がその人の立場だったらどう感じるのかを考えさせることも必

要であろう（和久田，2019）。いじめが起きる前から加害者のシンキング・エラーや言い訳は許されないということを児童生徒に示しておき，保護者も巻き込んで行っていくといった予防的措置も必要になると思われる。

（4）　早期発見が実を結ばない時

いじめ問題への対応は，その兆候を把握し，早期に対応することが求められる。教師の校内研修や生徒指導部会などでも，いじめに関する議題や話題はよく取り上げられ，いじめに関するアンケート調査を定期的に行う学校も増えている。いじめをとらえる目がきめ細かになっていることを受けてのことと思われるが，いじめの認知件数も増加傾向にある。

このようになされているいじめ防止対策であるが，早期発見ができたとしても，それが解決に結びつかず，いじめの重大事態に発展するケースも依然としてある。いじめ問題に関する第三者委員会の調査報告書などを読んでみると，早期発見ができていたにもかかわらず，重大事態に至るケースには次のような特徴を見出すことができる。

①早期発見だらだら対応

早期に発見できたとしても，あるいは児童生徒がいじめを訴えてきたにもかかわらず，その後の対応が素早くなされず，だらだらと引き延ばされてしまうケースがある。これには，親には知らせないでほしい，誰にも言わず内緒にしてほしいという児童生徒の訴えに配慮している場合もあれば，まだ大丈夫ですという児童生徒の言葉を安易に受け取って，対応が引き延ばされてしまっている場合もある。教師間で共有はされるものの要観察という対応がなされ，次第に日常の忙しさに教師が忙殺されているうちに，水面下で被害が拡大しているケースもある。児童生徒の気持ちに配慮するのは大切なことであるが，それを安易に受け取るのではなく，できるだけ家庭との協力のもとに対応していきたいという方針を示しながら，児童生徒にそれを理解してもらうように努めるといった，大人主導の判断も必要であろう。

　もう１つは，いじめの兆候を把握してその児童生徒の話を聞いている
うちに，いじめ問題ではなく，学習の困難さや家族への不満など別の領
域に話が展開して，結果的にいじめへの対応がおろそかになってしまう
というケースである。児童生徒のかかえる問題に対応しているが，その
領域がいじめではなく他領域の話が主になって，結果的にいじめに対し
ては後手に回ってしまい，児童生徒の訴えに対応しているものの被害も
深刻化してしまうということも起こることがある。

②早期発見ばらばら対応

　児童生徒から内緒にしてほしいなどと言われ，教師側もそれを個人で
かかえてしまい，教師間で共有されることなくいじめが拡大していくケー
スがある。まずは自分なりに問題の全容が把握できてから情報を共有
しようと思っているうちに，時間が過ぎていくといったことも起こって
いる。学校や学級が荒れている場合，それぞれの教師が，それぞれの出
来事に注力しているうちに，結果的に対応がバラバラになってしまうこ
ともある。

　いじめの兆候らしいものをつかんだとしても，それが自分の受け持つ
学年の生徒でなかったり，自分の学級の生徒でなかったりする場合，担
当教師に気を遣い，そのままにしてしまうケースもある。この場合，当
事者意識が薄いことも相まって，その場での軽い対応だけで終わってし
まうことがある。このような対応を複数の教師が繰り返しており，対応
はなされているが系統立てて組織的になされていないため，被害が拡大
してしまうというケースである。このような場合は，教師間の同僚性の
課題が関わっていると言えるだろう。

　早期発見した後，どのように対応するのか，児童生徒から内緒にして
おいてほしいと言われた場合，対応をどうするのかといった組織的な対
応の手順についてまでも，細やかに検討して準備を整えておくのが良い
だろう。

引用文献

中央教育審議会（2015）．チームとしての学校の在り方と今後の改善方策について（答申）

https://www.mext.go.jp/b_menu/shingi/chukyo/chukyo0/toushin/__icsFiles/afieldfile/2016/02/05/1365657_00.pdf（2023 年 5 月 15 日閲覧）

金子泰之（2012）．問題行動抑止機能と向学校的行動促進機能としての中学校における生徒指導——一般生徒と問題生徒の比較による検討——　教育心理学研究, *60*（1）, 70-81.

加藤弘通・大久保智生（2009）．学校の荒れの収束過程と生徒指導の変化——二者関係から三者関係に基づく指導へ——　教育心理学研究, *57*（4）, 466-477.

加藤弘通・太田正義（2016）．学級の荒れと規範意識および他者の規範意識の認知の関係——規範意識の醸成から規範意識をめぐるコミュニケーションへ——　教育心理学研究, *64*（2）, 147-155.

岸野麻衣・無藤隆（2009）．学級規範の導入と定着に向けた教師の働きかけ——小学校 3 年生の教室における学級目標の標語の使用過程の分析——　教育心理学研究, *57*（4）, 407-418.

文部省（1965）．生徒指導の手びき　大蔵省印刷局

文部省（1981）．生徒指導の手引（改訂版）　大蔵省印刷局

文部科学省（2010）．生徒指導提要　教育図書

文部科学省（2022）．生徒指導提要（改訂版）

https://www.mext.go.jp/content/20230220-mxt_jidou01-000024699-201-1.pdf（2023 年 5 月 15 日閲覧）

森田洋司・清永賢二（1994）．新訂版いじめ——教室の病　金子書房

滝充（2011）．小学校からの生徒指導——『生徒指導提要』を読み進めるために——　国立教育政策研究所紀要, *第 140 集*, 301-312.

Sykes, G. M. & Matza, D., (1957). Techniques of Neutralization: A theory of delinquency. *American Sociological Review, 22,* 664-670.

和久田学（2019）．学校を変えるいじめの科学　日本評論社

Wertsch, J. V. (1998). *Mind as action*　Oxford University Press.（ワーチ, J. V. 佐藤公治・田島信元・黒須俊夫・石橋由美・上村佳世子（訳）（2002）．行為としての心　北大路書房）

吉田順（2013）．荒れには必ずルールがある——間違った生徒指導が荒れる学校をつくる　学事出版

🎯 **研究課題** —————————————————————————————

1. 生徒指導の4層それぞれに当てはまりそうな問題行動を取り上げ，
   どのように対応できそうかを考えてみよう。
2. いじめの被害者の心理とその対応について調べてみよう。

10 | 学校心理学の考え方

丸山　広人

　児童生徒の抱える課題は，学習面や進路面，友人関係や身体的な悩みなどさまざまである。これらの課題に対して学級担任一人で対応することは難しいケースがあり，特に生徒指導上の課題になると，職種の違う人たちとのチーム援助が求められることもある。本章では，チーム援助に取り組む際の理論的枠組みにもなっている学校心理学の考え方を解説する。

1. 学校心理学とは

(1) 領域と対象

　学校心理学は，「学校教育と心理学を統合した学問であり，一人ひとりの子どもの援助ニーズに応じる心理教育的援助サービスを支える学問体系」（石隈，1999，p.vii）と定義されている。この心理教育的援助サービスとは，具体的にはアセスメント，カウンセリング，コンサルテーションであり（小野瀬，2016），それらが対象とするのは，児童生徒の学習面，心理・社会面，進路面，健康面の支援とされている（石隈，1999）。

　心理学の領域には，発達心理学や認知心理学，社会心理学，臨床心理学といったさまざまな領域がある。学校心理学は，それらの中から学校に関わる心理学的知見を援用し，児童生徒や教師，保護者，学校システムの課題解決に寄与することを目指す応用的な学問と言える。教育心理学は社会教育や家庭教育を含む心理学であるが，学校心理学は学校教育に焦点を絞っており，教育行政や教育方法学などの教育学分野とのつながりも強い。

（2）　生態学的アプローチ

　学校は児童生徒の問題が発生する場でもあるが，その問題の解決を通して児童生徒が成長する場でもある。学校心理学では，児童生徒が苦戦している姿を個人の病理の発現としてとらえるよりも，むしろ個人が活用できる資源では問題の回避も解決もできない状態としてとらえることに力点が置かれている。そのため，学校不適応的な状態にある児童生徒に対しては，心理療法による個人の変容を目指すというよりも，援助資源の投入や調整による個と環境の適合（fitness）を目指すということになる。

　学校には多様な援助資源があると考えられている。これは教師やスクールカウンセラーといった専門的知識を持ったヒトだけでなく，図書館などの静かな場所やタブレットなどのモノ，その子の好きな活動や趣味，学校行事などのコトなどが考えられる。これらの援助資源を活用しながら児童生徒を支援し，個人と環境の不適合を適合させることによって，成長を促進するというのが学校心理学の発想である。

　人の成長を促進するものは何か，不適応を生み出すものは何かと考えるとき，個の能力や生育歴といった個人的要因だけでなく，個人を取り巻く環境要因をも含めて問題に接近する方法を生態学的アプローチと呼ぶ（Gutkin, 2009）。そして，学校心理学では，この生態学的アプローチを重視して問題の解決に臨む（石隈，1999）。生態学的アプローチによる子ども理解のポイントは，子ども個人だけではなく，その周りの環境あるいはその相互作用をつぶさに検討することにある。

（3）　発達上の課題と危機

　子どもが学校で勉強し生活するということは，ある課題に取り組んでできることを増やすということである。学校心理学ではその課題を発達上の課題として表10−1のように，学習面，心理・社会面，進路面，健康面からとらえる。この課題への取り組みに苦戦する子どもも当然いるので，そこに取り組みやすくする工夫をすることが援助になると考えられる。この発達上の課題は，それを回避したり予防したりするものでは

表 10－1　発達上の課題の例（石隈，2016a をもとに作成）

	児童期	青年期
学習面	基本的な読み書き計算ができるようになる	抽象的な思考や科学的論理が実行できる
心理・社会面	勤勉に学び，生活する態度を身につける	身体的な変化を受け入れ対処することができる
進路面	あこがれる対象や職業が言える	社会的な役割を積極的に体験することで「こうありたい自分」について語れる
健康面	自分の体調に気づき，周りの人に言うことができる	自分の健康を管理し，体調に応じて生活リズムを整えることができる

表 10－2　子どもの危機の例（石隈，2016a をもとに作成）

危機の種類	具体例
発達上の課題に伴う危機	思春期における身体の変化の受容という課題の失敗
教育上の課題に伴う危機	進学・進級時の移行の困難，学業や受験の失敗
心的外傷になる出来事	自然災害による家族との別れ，いじめ被害
障がい・病気に伴う危機	障がいのある自分を理解する課題の困難。障がいによる社会参加の困難や不利益
精神疾患の表れとしての危機	精神疾患が関連する自殺未遂

なく，むしろ，それに取り組むことが，成長につながると考えられている。発達上の課題に取り組むからこそ，自らの能力を開発する機会が得られるのであり，発達上の課題は能力開発の資源としても位置づけられている。そして，その課題に取り組む困難を支援するとき，その支援は促進的支援といわれる（石隈，1999）。

　しかし，このような取り組みがうまくいかず，危機の状態に陥ることもある。表10－2は，危機的な状態を示したものである。これらは，自分の存立が危うくなったり，生命の危機にさらされていたり，心的外傷になるようなものもある。このような危機は，成長を妨害するものであると考えられ，予防や回避あるいは治療的な関わりも必要になってくるものと考えられる。このような危機的状況に陥ることを予防するために行われる支援は予防的支援と呼ばれる（石隈，1999）。

　実際には，子どもが取り組むべき発達上の課題（表10-1）と，できるだけ回避しその衝撃を和らげるべき危機（表10-2）とが重なって生じることが考えられる。たとえば，急に論理的な思考ができなくなり激しく学力が低下するという発達上の課題（学習面）の背景に，家族との急な別れ（心的外傷になる出来事）が考えられるような場合である。このような場合は，どちらから取り組むかにおいて，それぞれの専門職によって考えが異なる場合がある。たとえば，受験が近づいているような場合，長期的に見て学習面の支援に力を注ぎ，志望校に合格させることがその子どものためになるという考え方も一理あり，長期的に見るならば，家族との急な別れによる心の傷つきこそが手当てされるべきであるという考え方にも一理ある。それらを役割分担しながら連携していくことに大人同士は合意できたとしても，当の子どもが家で寝てばかりで登校できず，その両方に取り組める状態ではない，といったことも少なくない。このような状態のとき，話し合いの場を設け，さまざまな役割や専門性を持つ人たちの考えを引き出し，それらに優先順位をつけて対応の筋道を立てる必要が生じてくる。このようなことをするのがチーム援助におけるコーディネーションである。

2. チーム援助とコーディネーション

(1) チーム援助

　これからの学校は，チームとして機能することが求められている。そして，これを実現する1つとして，心理や福祉等の専門スタッフを学校の教育活動の中に位置づけることが求められている。異職種が協働してコトに当たることの重要性がますます増加しているといえよう。したがって，さまざまな役割を担う人々や校内の資源を効果的に活用できる組織づくりが重要になる。学校心理学では，それをコーディネーションと位置づけ，「学校内外の援助資源を調整しながらチームを形成し，援助チームおよびシステムレベルで，援助活動を調整するプロセス」（瀬戸・石隈，2002，p.205）と定義している。図10-1は，援助チームとシステムレベルのチームをより詳細に表したものである。

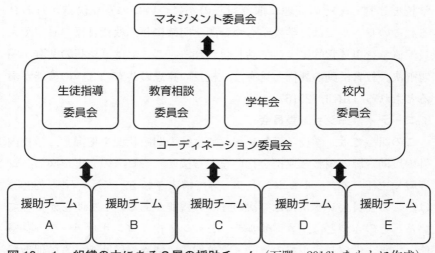

図10-1　組織の中にある3層の援助チーム（石隈，2016b をもとに作成）

　援助チームは，特定の児童生徒に対して一時的に編成され，問題が解消されるとともに解散されるものである。問題の性質によってメンバーは異なるが，子どもの苦戦に直接対応する学級担任や保護者，コーディネーターからなる。システムレベルのチームというのは，問題の有無によって編成されるものではなく，校内に設けられた心理教育的援助サービスを恒常的に提供するチームのことである。これには2層が考えられている。1つはコーディネーション委員会，もう1つはより上位に位置づくマネジメント委員会である。コーディネーション委員会は生徒指導委員会や学年会などが位置づけられ，マネジメント委員会には学校運営委員会などが位置づけられている。各々の役割は以下のようになっている。

（2）チーム援助の組織
①マネジメント委員会
　心理教育的援助サービス機能の最も上位に位置づく組織。学校教育全体の援助サービスを支える組織で，管理職や主任で構成される。児童生徒の現状や援助ニーズの中から，何を問題として取り上げ，どのように

学校を運営してその問題に取り組むのかについての意思決定が行われる。このレベルでは，学校がもつ資源を明確にし，教育目標の設定や人員配置，行事運営等について話し合われる。ここでは，情報の共有・問題解決，教育活動の評価と見直し，校長の意思の共有の3つの機能があるとされる（山口，2016）。

②コーディネーション委員会

　この組織では，学校・学年レベルで生徒の問題状況を把握し，学校内外の援助資源の調整と連携を行いながら援助サービスの充実を図る。管理職や主任，スクールカウンセラー等で構成される。家近・石隈（2003）は，この委員会レベルには，次の4つの機能があることを明らかにしている。その4つとは，コンサルテーション・相互コンサルテーション機能，学年・学校レベルでの連絡・調整機能，個々の援助チームの促進機能，マネジメントの促進機能である。このレベルは，マネジメント委員会（上位組織）と個々の援助チーム（下位組織）の中間に位置づけられている。したがって，上位・下位の両組織から情報を受けとり，解決に向けた方向性や手段を決定するという意味で中核的な位置づけにある。このレベルの委員会に参加する教師は，周囲から支えられている感覚，周囲の人とつながっている感覚が高まり，学校全体の心理教育的援助サービスへの当事者意識が強くなるとされている。

③援助チーム

　個々の子どもの問題に応じて立ち上がるチーム。学級担任や保護者，コーディネーターが中心となり，養護教諭やスクールカウンセラーなどの援助資源を活用して問題の解決を図る。このチームでは，保護者を子どもの援助者として位置づけることに特徴がある。一般に保護者は，援助を受ける側として位置づけられがちである。しかし，保護者をチームの一員として援助する側に位置づけて，教育の専門家である教師とともにコトに当たるようになれれば，それだけで力を得て親機能を回復することが期待できる。そして親が親機能を発揮できることは，支援を効果的に進めるうえで有益である。

（3）　コーディネーターの役割

　援助チームを効果的に運営するには，コーディネーターの役割が不可欠となるが，その中心には生徒指導主事や学年主任が考えられている。コーディネーターに必要とされる能力には次のようなものがある（瀬戸，2016）。

①集められた情報から適切に判断する状況判断能力
②判断の妥当性を検討するための専門的知識
③他のメンバーや組織に働きかける援助チーム形成能力
④円滑な話し合いを行いながら問題解決を進める話し合い能力
⑤自分が判断できる役割権限が付与されていること

　①から④はコーディネーターの力量を，⑤はそれを遂行するための明確な組織的位置づけを意味する。教師としての高い力量が求められているが，要点はメンバーとの信頼関係の構築に努め，多様な援助資源を把握しておき，チームメンバーの持ち味が支援に活かせることを考えておくということになるだろう。

3.　コンサルテーション

（1）　コンサルテーションとは

　コンサルテーションは，心理の専門家と教育の専門家といったように，異なる専門性をもった専門家同士の対等な関係の上に成り立つ相談活動である。相談する側をコンサルティ（たとえば教師），相談を受ける側をコンサルタント（たとえばスクールカウンセラー，以下 SC とする）と呼ぶ。コンサルティは，自分が担当しているクライエント（たとえば生徒）への対応について，コンサルタントに相談して専門家としての意見や助言を得て，対応のヒントを探ることになる。

　この関係は，SC と相談者といったようなカウンセリングの関係とは異なっている。カウンセリングとコンサルテーションの違いには以下のようなものが挙げられる（山本，1986）。
①カウンセリングはクライエントを直接援助するが，コンサルテーショ

ンは間接的な援助となる。

②コンサルタントは，コンサルティが属している組織の権力者であったり，利害が直接関係するような存在であってはならず，局外者であることが求められる。コンサルティのおかれている状況や問題を距離をおいて客観的に見ることができて，ずばり指摘できる立場でなければならない。

③カウンセリングは，クライエントの個人的で情緒的な問題を扱うが，コンサルテーションでは，コンサルティの職業上，役割上の課題を扱う。したがって，コンサルティが職務を遂行するために着用している「ヨロイ」を，カウンセリングでは外す方向を促進するが，コンサルテーションでは柔軟性のある強いものに強化することを目指す。

④カウンセリングは長期的な関係となるが，コンサルテーションは1回または多くても数回で終了するという時間制限的な関係となる。

⑤コンサルテーションで話し合われた見立てや手立てについて，それを採用するか否かの判断はコンサルティが自主的に行い，その責任もコンサルティが負う。

　コンサルテーションでは，コンサルタントの知識や視点，技術や態度等がコンサルティに伝わることになる。それによって，短期的には現在コンサルティが直面している課題にうまく対処できることが目指される。長期的には，将来同じような課題に直面した時に，ここで得られた経験を次の類似する課題に応用でき，より効果的な支援につながることも期待されている（Caplan & Caplan, 1993）。

（2）　コンサルテーションの種類

　コンサルテーションには，その狙いの違いによって，いくつかの種類が考えらえている。学校に即した場合，次のものが考えられるだろう。なお，以下①〜④はキャプランとキャプラン（Caplan & Caplan）による分類の一部を，教師とスクールカウンセラーとの関係を例にとって説明する。⑤は保護者へのコンサルテーションについて，保護者とSCとの関係を例にとって説明する。

①クライエント中心のケースコンサルテーション

　コンサルティ（担任）が自分の受け持ちのクライエント（生徒）のことについて，コンサルタント（SC）に相談するような場合である。例えば，担任が生徒の言動から精神疾患などの兆候があるのではないかとSC に相談するというような場合が考えられる。この場合，コンサルティ（担任）の相談内容はクライエント（生徒）に関するポイントの絞られた問題であることが多く，コンサルタント（SC）の関心はクライエントへの専門的評価に向かう。

②コンサルティ中心のケースコンサルテーション

　クライエントというよりもコンサルティが抱える困難を中心とするコンサルテーションである。たとえば，ある精神疾患で入院していた生徒が退院して登校を開始するといった時，担任としてどのように迎え入れればよいだろうかと悩むような場面を取り上げてみよう。この場合，担任はその精神疾患に対する知識がほとんどなく，やや事態を重く見過ぎていたり偏った見方をしている場合がある。その子のためにと思いすぎて適切な専門的距離感を失ってしまっていることもある。このような場合，コンサルタントは知識を補い，事態を冷静に受け止められるように話を進めることになる。そうすることで担任は，普段から生徒たちにしているのと同じように，他の教師と積極的に情報を共有して，注意深く見守っていけばよいのだ，という理解に行きつくような場合である。このコンサルテーションは，コンサルティの困難を対象にして，コンサルティの専門性を強化したり，経験を引き出したりすることでその困難の解消を目指す。

③プログラム中心の管理的コンサルテーション

　生徒や担任へのコンサルテーションというのではなく，プログラムを対象としたコンサルテーションである。たとえば，いじめの早期発見を目指したアンケート調査用紙を作ろうと思うのでSC の意見も欲しいであるとか，新学期に仲間づくりのためのグループワークを取り入れようと思うがこの内容でいいと思うか，などと管理者的な立場の人からプログラムに関する相談を受ける場合がある。このような場合，SC の関心

は，その調査票やプログラムの内容に向かう。調査項目の妥当性や信頼性を担保する調査方法，そのプログラムの引き起こしうる副次的効果といったことも含めて助言することとなる。

④コンサルティ中心の管理的コンサルテーション

上記③は，プログラムを実施することは決まっており，そのプログラムそのものの専門的助言が主となるが，④は，その組織がメンタルヘルスに対して何を課題として，どのようなプログラムを計画するかという段階のコンサルテーションとなる。その場合，メンタルヘルスに関して，その組織が何を問題と考えているのか，スタッフの抱える困難やニーズはどのようなところにあるのかといった内容のコンサルテーションが中心となる。管理的立場の人からの依頼によって，その管理職とともに検討することになる。

⑤保護者・家族へのコンサルテーション

大河原（2016）は，保護者へのコンサルテーションを取り上げて，コンサルテーションには役割への援助という意味があると指摘している。親には親役割というものがある。朝起きられない子どもを起こし，学校に間に合うように朝食を食べさせるといった生活面のことから，一緒に遊んであげるといった情緒面，宿題を見てやるといった学習面などさまざまである。しかし，親役割を遂行できる親ばかりではない。親自身の悩みが重い場合は，親役割にまで手が回らず，子どもへの対応がおろそかになってしまうこともある。そのような親に対して，親役割が機能していることを前提にしてコンサルテーションを進めてしまうと，親は親役割を果たせていない自分が浮き彫りとなって，非難されているような気持ちになることもある。その結果，援助を拒否することになりかねない。このような場合は，親役割の遂行というところではなく，親の苦しさに焦点を当てて，親のつらさを受容するところから関わりが開始されるだろう。親は自分のつらさを受け入れてもらうという経験をし，それがモデルとなって，自分も子どもを受け入れられるようになるということは珍しいことではない。親役割の機能回復を目指すことによって，結果的に子どもへの間接的な支援となる。

（3）　コンサルテーションの留意点

　コンサルテーションにおいてコンサルタントは，あくまでも自分を黒子の立場に置いておく自制が求められる（山本, 2000）。コンサルタントは，コンサルティからざっと状況を説明されただけで，すぐにどうすればよいと思うかと問いかけられることは少なくない。そうすると，コンサルタントは，もう少し事態を明確にしようと思い，コンサルタントが求めたい情報を次から次へと求めはじめて，次第にコンサルタント中心のコンサルテーションになってしまうことがある。そうならないためにも，まずは，コンサルティがどのように対応してきたのか，そしてその結果がどうであったのかといったことからコンサルティを中心にして，丁寧に話を進めていくことが求められる。コンサルティが積極的に自発的に問題の解決に関与することが何より重要なので，コンサルティの弱点や苦手なところに目を向けるよりも，コンサルティの強みに注目することは話し合いをうまく進めるポイントとなる。

　学校でのコンサルテーションを具体的に進めるためには，子どもの作品や授業中の様子といった共有できるデータに基づいて，話し合いを進めると理解が深まることがある。担任も実際の子どもの様子を見てほしいと思っていることも多いので，一緒に子どもの作品や様子を見ながら相談できると，コンサルティは言いたいことをより明確に述べやすくなり，コンサルタントも根拠を示しながら話を進めやすくなるので，話が具体的になりやすい。

　コンサルティが特別支援教育コーディネーターなど，外部機関との連携を担当する人である場合，外部資源の紹介や連携の仕方ということもコンサルテーションの話題になることがある。このような場合，外部機関を含めた環境と個の相互作用ということを考える必要があり，コンサルテーションにおいても，生態学的な視座は求められる。

4.　学校における予防

（1）　予防とは

　予防には，一次的予防（primary prevention），二次的予防（secondary

prevention），三次的予防（tertiary prevention）という分け方が知られており，学校心理学はこの分類を援用して一次的援助サービス，二次的援助サービス，三次的援助サービスという援助モデルを提唱している（石隈，1999）。

一次的援助サービスは，すべての児童生徒を対象にしてなされるものであり，たとえば，いじめ予防であったり，SNS によるトラブルの予防を目指すものだったりする。現時点で問題は起きていないが，起きる可能性を見越してなされるものであり，それをすることによって，将来のネガティブな影響を軽減し，問題の発生を予防することが期待されている。二次的援助サービスは，登校をしぶっていたり，学習意欲が低下したりしているなど，ある一部の問題が発生しつつある児童生徒を早期に発見し早期に対応するものである。三次的援助サービスは，すでに不登校になっていたり，精神疾患を患っていたりするような，援助ニーズの高い特定の子どもに対して行われる。治療的なアプローチをとりながら，その問題を軽減させ，再発防止を目指すものである。

このような分類のほかにも予防と治療を分けて，予防は一次的，二次的予防までと考えることもある。この場合，一次的予防はより細かく分けられて，普遍的予防（universal prevention）と選択的予防（selective prevention）とに分けられる。そして，二次的予防は指示的予防（indicated prevention）と呼ばれる（植村，2012）。

普遍的予防は上述の一次的援助サービスに該当し，一般的な母集団にねらいを定める。それに対して選択的予防は，まだ問題は発生していないが，そのまま放置すると将来問題として顕在化する可能性の高いハイリスク群の人々を対象とする。たとえば，転校生や親との急な別れを経験した子ども，移民の家庭の子どもなどが考えられる。この選択的予防は，問題が発生していない人を対象としている点で一次的予防に分類される。最後に指示的予防は，上述の二次的援助サービスに該当するものであり，不適応的な兆候を示している人々にねらいを定めている。ここでの予防的対応が結果的に精神疾患の発症や不適応を防ぎきれない場合もあるが，その開始を遅らせることはできうるという意味で有意義な活

動と考えられる（植村，2012）。

　このほかにもいくつかの予防の分類が提唱されている。たとえば，マイルストーン型予防（milestone type prevention）は，人生の発達段階における特徴的なライフイベント（例：進学や就職，結婚や初めての出産など）に遭遇している人々の抱えうるリスクを予防することにねらいを定めたものである（植村，2012）。たとえば，中学校への進学というライフイベントに遭遇している小学校 6 年生たちに対して，進学先の中学校の教師が授業をしたり，先輩たちが部活動を紹介したりして，関係作りを行っておくなどということが考えられる。

（2）生態学的視座による予防

　ブロンフェンブレンナー（Bronfenbrenner, 1979）は，子どもの発達に影響を与えるシステムをマイクロシステム，メゾシステム，エクソシステム，マクロシステムの 4 つに分類し，それぞれのシステムが相互作用することによって生じる文脈の中で発達をとらえている。先に人と環境の適合を目指すアプローチを生態学的アプローチと解説したが，このブロンフェンブレンナーの考えも生態学的観点の 1 つである。いじめの発生予防を例としてこの 4 つのシステムにおける予防的観点を考えてみよう。まずは子どもが直接かかわるマイクロレベルがある。たとえばいじめの加害行為とはどのようなものかを教えてそれを防止したり，いじめ防止の啓発をするレベルである。子どもにはこれが最も身近で直接的な影響を及ぼす。次に，家庭や保護者も巻き込んでいじめ防止を積極的に考えてもらうメゾシステムレベルがある。これは学校と家庭といったように，子どもが生活する 2 つ以上のシステムが，いじめを許さないとして同じ方向を向いて子どもに働きかけるレベルである。ここまでは子どもが直接かかわるレベルであるが，子どもが直接関わらないレベルもある。たとえば，親の職場がハラスメント防止に力を入れることによって親の人権意識を高め，それが子どもに影響していじめの防止につながることもあるだろう。この場合，親の職場というのは子どもが関わるシステムではないが，子どもにとって親は重要な他者であるため，その影

響は子どもまで及ぶことになる。この時の親の職場というのは，子ども
にとってのエクソシステムと呼ばれる。最後はマクロシステムである。
これは，国レベルでいじめ対策に予算措置を講じたり法律を制定したり
といったレベルである。このような4つのレベルでの介入が，いじめの
発生を予防し，また悪化を防ぐことになると考えることができる。生態
学的視座は，さまざまなレベルで予防を考える枠組みを提供してくれる。

(3) リスク要因と保護要因の視座による予防

　ネガティブな結果を生じさせうるリスク要因（risk factor）とそのよ
うな可能性を減じる保護要因（protective factor）を特定し，それらの要
因に対して介入することで問題の発生を予防することも考えられる。1
つのリスク要因だけで重大な結果を引き起こすということはまれであ
り，さまざまなリスク要因とその保護要因が相互作用しながら，ある結
果が生じていると考えることが普通である。青少年の場合，表10-3の
ようなリスク要因と保護要因が考えられている（Durlak, 2009）。リスク
要因と保護要因を理解しておくと，どのようなところに介入すれば効果
的な予防になるのかを明確にすることができる。

(4) コンピテンス促進による予防

　コンピテンス（competence）とは，能動的に環境に働きかけて次第に
対象に応じて適応的なかかわりができるようになる能力のことであり，

表10-3　学校におけるリスク要因と保護要因の一例

リスク要因
幼いころからの問題行動，幼いころからの学業不振，仲間からの拒否，逸脱した仲間との関係，無秩序な地域，経済的に剥奪された状態など

保護要因
学校との絆，個人的・社会的コンピテンシー（行動や情動のセルフコントロール，葛藤解決スキル，問題解決スキルなど），学校が安全で秩序があること，教職員からのケア，学業が優れていること，子どもにあった教育カリキュラム，子どもの学校生活に親を巻き込むこと，学校と家庭との強い連携など

人が生まれながらに持っている傾向性と考えられている（奈須，2017）。環境内のヒトやモノ，コトに積極的にかかわろうとする意欲と，対象とかかわり効果的な関係を取り結べるという自信のことである。コンピテンスを促進することは，生産的で社会に貢献できるメンバーを育成することになると考えられているが（奈須，2017），これを高めることは問題行動や精神疾患の発生を予防することにもつながる。効果的で予防的なコンピテンス促進プログラムを作るためには，以下の９つの原理があるとされている（Durlak, 2009）。

①理論に裏打ちされ経験に基づいていること
②タイミングよく発達的にも適切であること
③行動変容を目指し個人的・社会的コンピテンスを促進すること
④行動とコンピテンスを変化させる効果的な方法を用いること
⑤環境の多面的な影響の重要性を認識していること
⑥大人や向社会的な仲間とのつながりを育てること
⑦プログラムをターゲットとなる人や場のニーズ，傾向，価値に順応させて細かい点を作り直すことを許容すること
⑧評価を注意深く行うこと
⑨効果的なプログラムの実行のために注意深く計画を立てること

　プログラムが効果的であるためには，理論的に説明できて実践的経験にも裏付けのあるものを選ぶ必要がある。対象者の発達段階に適しており，変容させたい行動が明確でないと効果は期待できないかもしれない。人数や場所によっては，プログラム通りに実施できないこともあるが，そのような場合はプログラムの細かい点を作り直すことも厭わない。しっかりと計画を立て，評価を注意深く行うことも求められるといえるだろう。

引用文献

Bronfenbrenner, U. (1979). *The Ecology of Human Development: Experiments by Nature and Design*. Harvard University Press.（ブロンフェンブレンナー，U. 磯貝芳郎・福富護（訳）(1996). 人間発達の生態学—発達心理学の挑戦　川島書店）

Caplan, G., & Caplan, R. B. (1993). *Mental Health Consultation and Collaboration*. Jossey-Bass Publishers.

Durlak, J. A. (2009). Prevention programs. In T. B. Gutkin. & C. R. Reynolds. *The Handbook of School Psychology* (4th ed). pp.905 - 920. John Wiley & Sons, Inc.

Gutkin,T. B. (2009). Ecological school psychology: A personal opinion and a plea for change. In T. B. Gutkin. & C. R. Reynolds. *The Handbook of School Psychology* (4th ed). pp.463 - 496. John Wiley & Sons, Inc

家近早苗・石隈利紀 (2003). 中学校における援助サービスのコーディネーション委員会に関する研究—A中学校の実践を通して　教育心理学研究, *51* (2), 230 - 238.

石隈利紀 (1999). 学校心理学—教師・スクールカウンセラー・保護者のチームによる心理教育的援助サービス　誠信書房

石隈利紀 (2016a). 学校心理学の内容　日本学校心理学会（編）学校心理学ハンドブック第2版「チーム」学校の充実をめざして (pp.4 - 5) 教育出版

石隈利紀 (2016b). 援助サービスにおけるコーディネーションとは　日本学校心理学会（編）学校心理学ハンドブック第2版「チーム」学校の充実をめざして (pp.162 - 163)　教育出版

奈須正裕 (2017). 「資質・能力」と学びのメカニズム　東洋館出版社

小野瀬雅人 (2016). 学校心理学の方法　日本学校心理学会（編）学校心理学ハンドブック第2版「チーム」学校の充実をめざして (pp.6 - 7)　教育出版

大河原美以 (2016). 保護者・家族へのコンサルテーション　日本学校心理学会（編）学校心理学ハンドブック第2版「チーム」学校の充実をめざして (pp.152 - 153) 教育出版

瀬戸美奈子・石隈利紀 (2002). 高校におけるチーム援助に関するコーディネーション行動とその基盤となる能力および権限の研究—スクールカウンセラー配置校を対象として　教育心理学研究 *50* (2), 204 - 214.

瀬戸美奈子 (2016). コーディネーション行動　日本学校心理学会（編）学校心理学ハンドブック第2版「チーム」学校の充実をめざして (p.170 - 171)　教育出版

植村勝彦 (2012). 現代コミュニティ心理学—理論と展開　東京大学出版会

山口豊一 (2016). マネジメント委員会　日本学校心理学会（編）学校心理学ハンドブック第2版「チーム学校」の充実をめざして (pp.164 - 165)　教育出版

山本和郎（1986）．コミュニティ心理学—地域臨床の理論と実践　東京大学出版会
山本和郎（2000）．危機介入とコンサルテーション　ミネルヴァ書房

研究課題

1．チーム援助を支える組織的体制についてまとめてみよう。
2．いじめの予防を例にとって，どのような対策を講じることができる
　かについて考えてみよう。

11 | 教育相談の理論

丸山　広人

　学校教育においては，いじめ問題や不登校の増加など，児童生徒をめぐるさまざまな課題が指摘されている。これらの課題は，表面に現れている現象は同じでも，その背景には，複数の要因が絡み合っていることが多く，それぞれ個別性の高い問題をかかえているものである。そのためマニュアル化した対応は難しく，それぞれのケースに応じて臨機応変に対応することが求められる。本章では，このような問題を理解し対応するための教育相談の理論について考える。

1. 育てる教育相談

（1）生徒指導と教育相談

　教育相談には2つの側面がある。1つは個別指導を通した支援であり，いわゆる問題が発生した状況や発生しつつある状況の中で，その問題の解決を目指して，一対一や少人数を対象としておこなう相談活動である。もう1つは集団指導を通した個への支援であり，集団に働きかけることによって，問題が発生する前にそれを予防したり，子どもの能力や個性を見出し，その成長を促進したりすることによって，結果的に問題の発生を抑制するというものである。

　教育相談は，生徒指導の一環として位置づけられているが，この生徒指導と教育相談は対立するものと考えられがちである。生徒指導提要（改訂版）（文部科学省，2022）によると，その両者の違いは，「生徒指導は集団や社会の一員として求められる資質や能力を身に付けるように働きかけるという発想が強く，教育相談は個人の資質や能力の伸長を援助するという発想が強い」（p.80）とされている。他者と協力する，ルール

を守る，責任をもって与えられた役割をこなすなどというのは，社会の一員として求められる大切な資質や能力であり，これは生徒指導が育成するものであろう。一方，個人の興味や関心に即して得意な部分を伸ばしたり，苦手なことの克服を目指して働きかけるのが教育相談と考えられよう。このようなことから教育相談は，治す教育相談ではなく，むしろ育てる教育相談と位置付けるのが望ましい。そして生徒指導と教育相談は対立するものではなく補完し合うものであり，学校ではこの両者のバランスをとることが大切ということになる。この生徒指導提要（改訂版）（2022）において教育相談は，発達支持的教育相談，課題予防的教育相談，困難課題対応的教育相談の3つに分類されている。この分類の仕方は，第9章で取り上げた生徒指導の分類の仕方と同じものである。図9－2の中の生徒指導の文言を教育相談と読み換えると理解しやすいだろう。以下，第9章の復習も兼ねて簡単に解説する。

（2）発達支持的教育相談

　発達支持的とは何を意味するのだろうか。生徒指導提要（改訂版）（2022）では，発達支持的というのは，児童生徒に向き合う際の基本的な立ち位置を示すものとされている。その立ち位置とは，あくまでも児童生徒が自発的・主体的に自らを発達させていくことが尊重され，その発達の過程を学校や教職員が支えていくという視点をもったものであるとする。教職員は，そのような立ち位置から児童生徒が自らの個性を発見したり可能性を伸ばせるような働きかけをすること，および社会的資質・能力が発達するような働きかけをすることが，発達支持的の意味するところである。

　発達支持的教育相談は，さまざまな資質や能力の積極的な獲得を支援するものであり，それは，特別活動や教科の指導という通常の教育活動において実践できるとされている。たとえば教科の中で話し合い活動をするような場合，その活動を教科の目標という観点だけでとらえるのではなく，その話し合い活動を通して，他者理解や共感というものの理解，対人スキルの獲得という点からもとらえることができると考えるこ

とである。教育活動を単眼でとらえるのではなく複眼でとらえて，教育実践を発達段階に適した仕方で仕掛けていくところに，発達支持的教育相談のねらいがある。

（3） 課題予防的教育相談

　課題予防的教育相談は，2つに分けて考えられている。1つは，全ての児童生徒を対象として，ある特定の問題や課題を未然に防止することを目指したものであり，もう1つは，ある問題や課題の兆候が見られる特定の児童生徒を対象としたものである。前者を課題未然防止教育，後者を課題早期発見対応と呼ぶ（文部科学省，2022）。

　たとえば，いじめが起きていない時からいじめ防止教育プログラムを実施するというのは，前者の課題未然防止教育であり，友人関係のトラブルがいじめ問題に発展しかねない児童生徒に対して，個別に注意を向けて対応していくのは後者の課題早期発見対応となる。

　いずれも定期的な相談や丁寧なかかわり，注意深い観察などによって早期発見が目指される積極的な活動となる。対応の方法としては，定期的に会議を開いて対応方針を定めたり，個別の支援計画を立ててケース会議を開催したり，関係機関との支援ネットワークを構築したりするなどを挙げることができる。

（4） 困難課題対応的教育相談

　これは困難な状況において適応上苦戦している，特定の児童生徒が対象となる。心理面だけでなく，医療，発達，福祉，教育など多様な観点からアセスメントを行い，長期にわたって手厚い支援を行うことによって課題の解決を目指す。離席や多動が収まらなかったり，欠席が増加したり，精神疾患が発症した時に，その対応をするための教育相談であり，スクールカウンセラーやスクールソーシャルワーカーなどの専門家とともに対応することが期待されている。

（5）　安全基地の重要性

　教育相談は全ての児童生徒を対象としたものから個人を対象としたものまで幅広い対象をもつ。目指すところは，児童生徒が自分の個性を発見して，自分のよさや可能性を伸ばせるようになることであった。教師はこれを支援することが求められるわけだが，言葉を変えていうならば，児童生徒が自らの個性や可能性，そして自分のよさを探索する意欲を喚起することが求められているといえよう。児童生徒の立場に立つならば，周囲の人たちと活動を共にしながら，自分の得意分野を探索したり，他者と自分のちがいを探索したりして，自分の良さや可能性を伸ばすことが求められている。

　それでは，自らを振り返り自己を探索するためには，どのような条件が必要なのであろうか。ホームズはその条件として安心安全の感覚を挙げる（Holmes, 2010）。学校や学級が安心して過ごせる安全な場所であること，学級に居場所があること，上級生や同級生たちに脅かされることなく過ごせること，失敗や間違いをしても恥ずかしい思いをせずにいられること，などの条件が整ってはじめて，世の中を探索し他者を探索し自分自身の探索はなされるというのである。

　学校で児童生徒は常に新しいことを学ぶ。そこでは当然，勉強ができない，運動ができない，苦手な教科があるということを経験することになるだろう。このような経験は，児童生徒の身近に安心安全の基地があるかないかによって，その影響は異なったものとなる。失敗や恥ずかしい思いをしたとしても，安心できる安全な場所があり，すぐにそこに接触できるならば，心が回復する糸口を探ることができるであろう。そして，失敗を振り返るという探索機能が高まり，次にどうするかという探索も可能となる。しかし，安心安全基地がないならば，失敗や恥ずかしい経験から目を背け，その経験をなかったものとして否認してしまうこともしばしば起きてしまう。こうなると，自分の個性や自分の良さを探索する機会が乏しくなってしまう。教育相談が機能するためには，学校や学級の中に安心安全基地となる場所がそれぞれの子どもに必要となる。

2. 子どもの発達課題と教育相談

（1） 発達課題という考え方

　発達課題とは，ある発達段階において，個人が学ばなければならない課題があるとする考え方で，これに取り組み，ある程度達成することによって，よりよい発達が遂げられるというものである（Havighurst, 1953）。児童期になっても幼児期の発達課題に取り組んでいるように見える子どもがいるといったように，個人によってずれはあるものの，おおよその発達段階とそこでの発達課題を知っておくことは，その子どもの行動の意味を読み解いたり，問題行動の背後にあるニーズに気づいたりする際の有益なヒントになることは少なくない。さまざまな心理学者が，それぞれの発達課題を提起しているが，ここでは，その共通するところから，児童期と思春期・青年期の発達課題を考えてみる。

（2） 児童期の発達課題

　児童期は小学校段階のことを指す。この時期は，家庭から離れた社会的な場所である学校において，決められた決まりや役割をこなし，読み・書き・計算の能力を高めて，仲間との関係づくりのスキルを磨くということが課題となる。エリクソンは，この時期の発達課題を勤勉さの獲得であるとしている（Erikson, 1980）。児童期の子どもは，昨年はできなかったことが今年はできたという経験をしたり，知らなかった領域の知識を増やしたり，いろいろな人との交流を通して社会的スキルを磨く。そのような経験を通して，コツコツと知識を収集しスキルを獲得するといった勤勉さを身につけていく。それと同時に，保護者や先生からその姿を褒められ肯定的に評価されることによって，自分はやればそれなりのことができるのだ，という有能感を獲得していくともいえる。

　このような発達課題をうまくクリアできないということは，勉強を避けて，仲間との関係も乏しいという姿になる。親との関係や親の評価が自己評価となっていた幼児期と比べて，児童期は自分を周りの人との関係の中で評価し始めるため，他者と比べた評価が自己評価の源泉にもな

っていく。他者と比べて自分は劣っているのではないか，周りの子ども
についていけていないのではないか，という劣等感が高まっていくこと
にもなる。しかし，このような劣等感があるからこそ，それを克服しよ
うとする勤勉さを身につけるのがこの時期であり，劣等感は必ずしも排
除すべきものではない。勤勉さを多く保ちつつ劣等感もほどよく備える
ことが，この時期の発達課題といえるだろう。

（3）　思春期・青年期の発達課題

　おおむね，中学校から高校までを思春期といったり，青年期の前期か
ら中期といったりもする。思春期という用語は，身体的な変化とそれに
伴う心の変化をいうときによく使われ，青年期という用語は，心理社会
的な観点から，社会の中にあって自らのアイデンティティを確立してい
くプロセスをいうときに使われることが多い。この両方を切り離すこと
は難しいため，ここでは思春期・青年期と表記する。

　この時期は第二次性徴による心身の変化が大きくなり，自らの性を意
識せざるを得なくなる。また，そのスピードは人によって異なり，他の
人との違いも際立ってくる分，それぞれの差異にも敏感になり始める。
周りの友人と比べた自分の容姿や振舞いが気になり，どうすれば目立た
なくて済むのかというところから，自分の言動を注意深く見つめて決定
していこうとする傾向が高まる人も多い。

　個性が際立ってくる一方，集団の中で変に目立たずに過ごそうとする
ため，学校では特に自分を受け入れてくれる居場所があるかないかとい
うことが大きな関心ごとになる。そこでゲーム，アニメ，スポーツ，フ
ァッションや流行など同じ趣味をもち，価値観も近い者どうしがグルー
プを形成して，自分はみんなと違っているけれどもほぼ同じ，と感じら
れる居場所を獲得しようとする。このような居場所があるということ
は，急激に伸長する自分の個性をひとまず脇に置いて，それを仲間とと
もにゆっくりと受け入れていく時間と空間を確保することになるだろ
う。自分はみんなと違うけれども，その違いはそれほどおかしなもので
はない，と感じられる友人関係の中で，自らの身体的な変化を受け入れ

自分の個性を見つめはじめるのがこの時期の発達課題の際立った特徴といえる。

3. カウンセリングの理論

(1) カウンセリングマインド

　児童生徒が抱えている不安や悩みを，教師が何とかしてあげようと思って，助言したり指導したりして，結果的に指導者側の期待や意図の方向に導いてしまうことがある。このような態度を指導者中心の態度というならば，カウンセリングはその逆の態度によってなされる。つまり，児童生徒の感情や気持ちに積極的に関心を向けて，その感情や考えを児童生徒の側に立って想像し，その想像が間違っていないかを確認しながら話を聴こうとする構えや態度のことといえる。

　この考えは，ロジャーズが提唱した来談者中心療法の考え方を基礎としたものである。ロジャーズは，パーソナリティが変容するのに必要で十分な条件を以下，6つ挙げている（Rogers, 1957）。言葉を補って解説しよう。

①二人の人間（クライエントとセラピスト）が心理的な接触を持っていること

②第一の人（クライエント）は迷いがあるなどの不一致の状態にあり，傷つきやすい，あるいは不安の状態にあること

③第二の人（セラピスト）は，この関係の中で，自分の気持ちや考えを否認することなく意識でき一致しており（congruent），統合され（integrated）ていること

④セラピストは，クライエントに対して無条件の肯定的関心（unconditioned positive regard）を経験していること

⑤セラピストは，クライエントの内部的照合枠（internal frame of reference）に感情移入的な理解（empathetic understanding）を経験しており，そしてこの経験をクライエントに伝達するように努めていること

⑥セラピストの感情移入的理解と無条件の肯定的配慮をクライエントに

　　伝達するということが，最低限達成されていること

　③はセラピストの純粋性や自己一致として，④は無条件の肯定的配慮として，⑤は共感的理解として知られており，これを中核三条件と呼んだりすることもある。そして，この中核三条件を満たそうとする構えや態度で相手に臨むことを，カウンセリングマインドと呼んだりする。

　中核三条件ばかりが注目されがちであるが，それらが効果を持つためには，第一条件として，二人が心理的な接触を持っていること，そして第二条件として，クライエントは不一致状態であることをある程度感じていること，という２つが添えられている。カウンセリングマインドでかかわろうとするならば，まずは，児童生徒との心理的な接触を持とうとすることや，児童生徒が不一致を感じていることを自覚できるように支援することから始めなければならない場合もあることを理解しておきたい。そして最後の第六条件では，共感的理解や肯定的配慮が最低限でもよいので相手に伝わっていなければならないとされている。教師と児童生徒との関係が悪いと，いくらカウンセリングマインドで対応しようと思っても，その気持ちが伝わらない時もあることに注意を向けておきたい。そのような場合は，声をかけたり，一緒に遊んだりといったことをして，第一条件の心理的な接触を持つところから始める必要があるだろう。

（2）　自己実現傾向

　先にも述べたように教育相談は，児童生徒が自主的，主体的に自らを発達させていくことが尊重されている。つまり子どもの自己実現傾向を尊重するということになるだろう。カウンセリングマインドの第二条件で示したように，心理的な不適応をきたしている時というのは，自分の不一致を感じているものであるが，その不一致について，ロジャーズは，自己概念と体験の不一致であるとする。

　われわれは，生きるよりどころとしての他者から受け入れられ愛されようとするあまり，他者の評価や価値を自分自身のものとして積極的に

取り込もうとする。他者が自分を見る眼差しに気づき，そこから学ぼうとするのだが，特に幼児期や児童期はその傾向が強い。そのようにして他者から受け入れられ，また，社会に適応できるような自己概念が形成される。しかしそれは，自分自身の中で働いている本当の自分を忘却することでもあり，ロジャーズはそれを，本当の自分から疎外されてしまうことにもつながると考えた。そして，このようなことが要因となって不適応になる。したがって，カウンセリングでは，自己概念と体験の不一致を考え，それが一致する方向に動き出すように援助することを目指す。自己概念と体験とが一致してくると，そこに自分なりの目標や自信が芽生えていき，人は自己実現の方向に向かって，その人らしく進んでいくことになると考えられている。

（3）　さまざまな教育相談の形態

　教育相談は一対一の面接を相談室の中だけで行うものではない。学校は，児童生徒にとって成長の場であるとともに，問題に直面したりトラブルを発生させる場でもある。学校での相談活動には，児童生徒がいつもと様子が違っていたり，友人関係が変わっていたり，成績が急に落ち込んだりといったように，さまざまな変化を早期に発見できる利点がある。

　表11－1は教育相談の形態や方法を示したものである。さまざまな場面をとらえて相談活動を展開できることが示されている。また短時間ではあるがタイムリーにできるものから，定期的に期間を長くとって，すべての子どもを対象にして行うものまである。このような相談の形態を，教育相談体制の中に組み込みながら進めていくことが求められている。

（4）　教育相談の体制づくり

　児童生徒の適応上の課題は，複雑化・多様化しており，それに担任一人で対応するには限界がある。そのため学校にいる教師等一人ひとりの強みや得意なところを集結して，役割を決めてチームで対応することが望ましい。

表 11 – 1　代表的な相談形態と方法（生徒指導提要（2010）をもとに筆者が加筆し作成）

相談形態	特　徴
個別相談	一対一の相談。じっくりと話を聴ける。
グループ相談	児童生徒グループを対象として相談を受ける。児童生徒は，問題を他者の目から多面的に理解でき，多様な解決策を見出すことが期待できる。テーマを決めて一緒に考える方法もある。
チーム相談	相談を受ける側がチームとなって役割を分担して行う。それぞれの得意分野を活かせる。
呼び出し相談	緊急的に事態を理解するために行う。児童生徒は，呼び出し＝罰と考えがちなので，配慮が必要。
チャンス相談	あらゆる場面をとらえて実施可能。ある程度の信頼関係があれば，2，3のやり取りだけでも，児童生徒には見守られているという安心感が生まれることが多い。
定期相談	定期的に児童生徒の現状を把握でき，関係性を維持するのに役に立つ。児童生徒も定期的に相談できるという安心感をもつことができる。
自発相談	児童生徒は来談意欲が高く，課題解決に向けた動機づけも高いので，カウンセリングの態度や技術を用いるのが効果的。十分に時間が取れないときは，次につなげる約束をしてゆとりの確保が必要になることもある。
相談方法	特　徴
面接相談	対面での相談。言葉のみならず，雰囲気や非言語コミュニケーションも把握でき，描画や心理検査など幅広い交流のチャンネルを使用できる。
電話相談	手軽で便利。互いに声だけの交流だが，耳元で声が聞ける分，身近にいる感覚を得られやすいこともある。
手紙相談	やり取りに時間と手間がかかるが，熟考する時間があり，手間暇をかけて想いを伝えることもでき，手紙が手元に残るメリットもある。
メール相談	手紙相談ほど手間暇はかからず，SNS 相談ほど簡便でもない。比較的長い文章を定期的にやり取りするのに適している。
SNS 相談	即応的で敷居が低く簡便。便利な分，際限がなくなるおそれもあるので，ルールを決めておく必要がある。
オンライン相談	表情を見ながら話せて便利だが，通信機器の操作ができることと良好な通信環境が必要。

チームとして，児童生徒に直接かかわるものをコアチームと呼ぶ（文部科学省，2022）。教育相談のコーディネーターや担任，スクールカウンセラーやスクールソーシャルワーカーといった人たちで構成され，問題に対して機動的に対応するチームである。すでに第10章で述べたように，学校心理学の領域では，援助チームとも呼ばれる（日本学校心理学会，2016）。このチームが十分に機能するためには，生徒指導委員会や学年会などのコーディネーション委員会レベルでチームの結成を承認し，一定の裁量を付与することが必要になる。

学校には複数の援助チームが形成されることも珍しくないため，その情報を統括する部門が必要になる。そのような部門は，外部機関との連携の窓口になることもある。校内チームの詳細については，第10章を参考にしてほしい。学校では，対応すべき課題が次々と発生しており，同時に解消もしている。そのため，常に情報を更新して現状をとらえ直し，組織を柔軟に再編しながら事を進めていく必要がある。

4. 教育アセスメント

(1) 教育相談におけるアセスメント

アセスメントとは，臨床心理学的援助を必要とする人々の抱える困難な事態について，その人格や状況および規定因に関する情報を系統的に収集，分析し，その結果を総合して，事例への介入方針を決定するための作業仮説を生成する過程のことである（下山，2009）。この定義にあるように，その目的を大別すると2つになる。1つは，ある問題の心理的個別性や問題の規定要因を明らかにすることであり，もう1つは心理的援助につなげるためにそれを行うということである。医学的には診断（diagnosis）と近く，学校教育では教育評価（educational evaluation）に近い概念であろう。

しかし，診断が病気であるかないかを区別し，病気であればどんな病気であるかといった病気の特定を意味するのに対して，アセスメントは病気を前提としない。また，教育評価が，教育目標に照らして，課題を達成できているかいないかを評価し，それに基づいて教育活動を改善す

るためのものであるのに対して，アセスメントの対象は教育目標ではなく教育改善のためのものでもない。

　アセスメントは，知能や記憶といった心理的機能やパーソナリティ特性を前提とし，その働きを把握しつつ，問題を理解するために行われる。その弱さや短所のみならず，強みや長所も積極的に把握していくものである。教育相談という文脈でいえば，児童生徒理解という用語とほぼ同じ意味ととらえてよいだろう（石隈，1999）。

　アセスメントは一度行ったらそれで終わりというものではなく，あくまでも作業仮説であり常に更新されうるものである。とくに教育相談が対象とする児童期や思春期・青年期の人たちは，心身の急速な変化や周囲との人間関係の変化によって，途端に心理的機能が低下したり，逆に急速に回復したりする発達段階にいるので，情報は定期的に更新しておくことが求められる。

（2）アセスメントする理由の明確化

　アセスメント情報を収集する方法には，心理検査を用いた検査法，参与観察を中心とした観察法，個人を対象とした面接法などさまざまに考えられている。したがって何を知りたくてアセスメントするのかということが明確でなく，ただやみくもにアセスメントしたならば，情報はたくさん集まるけれども，それを統合するという段階になると収拾がつかなくなる恐れがある。反対に，1つのアセスメント情報から引き出せる情報には限りがあり，それをやみくもに広げて解釈することにも注意しなければならない。

　アセスメントが必要になるときというのは，その前段階に，この学級には何かが足りないであるとか，この児童生徒は苦戦していて困っているのではないかといった兆候を感じ取っているものである。その感じ取っているものをある程度明確にしておき，そのうえでアセスメントすることが，のちの情報を統合する段階になって役に立つ。

（3） アセスメントの方法

①検査法

　検査法の中には知能検査をはじめ，パーソナリティ検査や発達検査などがある。どのような検査も妥当性と信頼性が担保され，実施手順や解釈の仕方がしっかりと決まっているものが多い。時間がかかるものからアンケートに答える簡便なものまであるが，検査を受ける側に負担を強いるものである。その検査がどのような心理的機能を測定しようとしているのか，その心理的機能がどのように定義づけられているのかということを理解したうえで実施し，結果を解釈することが求められる。

②観察法

　観察法には，観察者を現象から引き離し，客観的に現れている行動を観察する行動観察から，児童生徒と関わり，児童生徒と生活を共にしながらその行動の意味をとらえていこうとする参与観察，観察者の主観を排除せず，むしろ積極的にデータとして活用しながら対象者を理解しようとする精神分析的観察まで幅が広い。どれも児童生徒の日常に近い姿を観察できるメリットがあるものの，常に観察したい現象がみられるというわけではない。また，いつ，どのような場面で観察するのかによっても得られるデータは異なる。静かな教室で個別指導をしながら行う観察と雑然とした教室で行う観察とでは，おのずと子どもの姿は変わってくる。したがって，自分の観察を他の人の観察と比べたり，共通性を把握しながらアセスメントすることが情報を活かし，また協働を進めることにもなる。

③面接法

　面接は自らを振り返り洞察を促すことを目指す治療面接と，アセスメント情報の収集を目指すアセスメント面接とに分けられる。その方法には，表11－1に挙げたものが考えられる。電話やオンラインは，家から出ることなく面接できる利点がある一方，非言語でのコミュニケーションが少なく，得られる情報が限定的であるのは難点となるだろう。アセスメント面接の場合，情報収集を行おうとするあまりクローズドな質問ばかりになってしまうと，児童生徒を追い詰めかねないので注意を要す

る。面接法は表情や態度の微妙な変化を見ながら，本人に直接話ができるのが最大のメリットとなる。しかし，信頼関係がないと防衛的な構えを作られてしまい，情報を得られないことも考えられるため，良好な関係性の構築が求められる。

（4）　資源と強みのアセスメント

　教育相談の利点について生徒指導提要（2010）では，早期発見・早期対応が可能なこと，援助資源が豊富であること，連携がとりやすいこと，の三点を挙げている。教師は，家庭環境の変化や成績の変化，生活態度や友人関係の変化から，児童生徒の変化に気づきやすい。もしその変化があまりよくない方向に向かっているならば，担任だけでなく，部活動の顧問や養護教諭，スクールカウンセラーといった援助資源との連携をとることによって，さらなる情報収集ができ，対応を協議できる。

　この利点を活かして素早く支援に結びつけるためには，常日頃から児童生徒のもつ資源と強みをアセスメントしておくことが有効となる。資源というのは，子どもの周りにいるヒト，モノ，コトである。強みというのは，ある子どもの能力，興味・関心，得意なことやすでにできていること，その子のもつ心理的特性などである。この資源と強みの両者をアセスメントしておくことが，先に挙げたカウンセリングマインドで接することを可能にする。

（5）　問題の個人化の回避

　支援が開始されるときというのは，できていないところ，課題となるところ，修正すべきところなど，不足しているところに目が向きやすい。そのような側面ばかり見ていると，問題を個人の内面だけに帰属させてしまう，問題の個人化が起こりやすい。周囲の児童生徒は同じ環境条件下にあっても，問題行動を起こしていないのだから，個に問題があるという発想に傾きやすい。問題を個人化すると，その個人のみを変えようとするあまり，資源を見失い，関係性は硬直化し，支援方法は単線となってしまいがちになる。さまざまな資源を開発し，多面的な情報を

198

得ておくことが，関係性を柔軟に保ち，支援方法をいくつも試せるように
しておくことにつながる。そのため，さまざまな立場や役割の人と連
携を深めておくことが，問題の個人化を打開するヒントとなることが多
い。

引用文献

Erikson, E. H. (1980). *Identity and the Life Cycle*. Norton.（エリクソン，E. H. 西平
　直・中島由恵（訳）（2011）．アイデンティティとライフサイクル　誠信書房）

Holmes, J. (2010). *Exploring in Security: Towards an Attachment-Informed
Psychoanalytic Psychotherapy*. Routledge.（ホームズ，J. 細澤　仁・筒井亮太
（訳）（2021）．アタッチメントと心理療法—こころに安心基地を作るための理論と
実践—　みすず書房）

Havighurst, R. J. (1953). *Human Development and education*. Longman, Green.（ハ
ヴィガースト，R. J. 荘司雅子（監訳）（1995）．人間の発達課題と教育　玉川大
学出版部）

石隈利紀（1999）．学校心理学—教師・スクールカウンセラー・保護者のチームによ
る心理教育的援助サービス—　誠信書房

文部科学省（2010）．生徒指導提要　教育図書

文部科学省（2022）．生徒指導提要（改訂版）
https://www.mext.go.jp/content/20230220-mxt_jidou01-000024699-201-1.pdf（2023
年5月15日閲覧）

日本学校心理学会編（2016）．学校心理学ハンドブック第2版—「チーム学校」の充
実をめざして—　教育出版

Rogers, C. R. (1951). *Client-Centered Therapy*. Houghton Mifflin.（ロジャーズ，C.
R. 保坂　亨・諸富祥彦・末武康弘（共訳）（2005）．クライアント中心療法　岩崎
学術出版社）

Rogers, C. R. (1957). The necessary and sufficient conditions of therapeutic personality
change. *Journal of Consulting Psychology, 21*（2），95-103.（カーシェンバウム，
H. ・ヘンダーソン，V. L. （編）伊東　博・村山正治（監訳）（2001）．ロジャー
ズ選集（上），265-285.　誠信書房）

下山晴彦（2009）．よくわかる臨床心理学［改訂新版］　ミネルヴァ書房

🔵 研究課題

1．生徒指導と比べて教育相談にはどのような特徴があるのかについて
　整理しておこう。
2．あなたが学校の中で教育相談部門の一員となった場合，どのような
　取り組みができるのかについて，不登校対策を例に挙げて考えてみよ
　う。

12 | 教育相談の実際

丸山　広人

　教育相談は，個別指導を通した支援と集団を通した個への支援に分けられる。いずれにしても，苦戦している子ども達の表面的な行動を見るのではなく，その背景を知ることが適切な支援へとつながっていく。本章では，子どもや保護者への関わり方の実際や，情報の収集やアセスメントの実際，そして，不登校支援を取り上げて，教育相談がどのような観点から進められるのかについて解説する。

1. 子どものニーズをとらえる

（1）　児童生徒理解のレベル

　かねてより教育相談と生徒指導は車の両輪といわれてきた。この両者をうまく調和させて機能させることが，子どもを健全に育てることになる。しかし，この両者の矛盾も指摘され続けてきた。集団で生活する以上，一定のルールは必要であり，皆がこれを守るからこそ秩序が保たれて，他者への信頼も高まる。従って，ルールが破られたならばそれを正すように指導し，役割を遂行しないのであれば，するように指導しなければならない。周りの子ども達が見ている以上，特定の子どものわがままを通すわけにはいかず，毅然とした態度で指導することが教師には求められる。

　一方，ルールを強制して厳しく指導するだけでは，表に現れる行動だけを見て，その時々の子どもの気持ちを無視した形になりかねず，結果的に指導はますます難しくなりがちである。そうならないためにも，教師にはカウンセリングマインドをもって指導にあたることが求められ，

頭ごなしに指導するのではなく，子どもの行動の背後にある気持ちやそうせざるを得なかった想いに目を向けていくことがすすめられている。

　子どもの気持ちを受容するというのはなかなか難しい。たとえば，ルールを守らない子どもの気持ちを聞いてみると，「ルールを守るのが面倒だった」，「やる気が出なかった」，「遊んでいたかった」という内容のこともある。なかなか受け入れがたい理由であり，このようなことを受容すると，学級の秩序は守られず，学級崩壊につながりかねないと思われる。確かにその通りなのであるが，そもそも教育相談で求めている児童生徒理解はこのレベルの理解にとどまらない。

　ルールを守るのが面倒だったりやる気が起きなかったりというのは確かにその子の言う通りであろう。しかし，さらに話を掘り下げていくと，「ルールを守らない人がいるのを自分は知っていて，自分だけが守るのは面倒だった。みんなが守るようになってもらいたい」であるとか，「朝，親に叱られたのが気にかかってやる気が出なかった」といった話が子どもからでてくるかもしれない。ここまで話が分かれば，皆がルールを守るためにはどうすればよいか，親にどのように謝ればいいかを一緒に考えるという対応につなげやすいだろう。教育相談ではこの領域まで話を掘り下げていくことが求められている。

（2） want（欲求）と need（要求）

　上記の例から子どもの表現することには二層あると考えられる。ルールを守りたくない，遊んでいたいという表面的な層のレベルと，さらに深く掘り下げて，ルールはみんなで守りたい，親に叱られたのを何とかしたいというレベルである。前者の表層的な層を want（欲求）レベル，後者のより深い層を need（要求）レベルと名づけることができる。

　子どもに気持ちを尋ねると，最初に表現できるのは want レベルであることが多く，また，子ども自身も自分の本当の気持ちを want レベルで理解していることが少なくない。need レベルは，子ども自身もはっきりは把握できていないことが多く，一人ではなかなか気づきにくいものである。子どものニーズをとらえるということは，子どもも気づいてい

ないより深い層で求めている願いを，まずは大人側が読み解いて，それを子どもに提示したり確認したりしながら，子どもとともに構築するものである。子どもが自分の本当の気持ちとして自らの need をつかむことができたならば，支援者はより的確な支援ができるであろうし，子どもは自分なりに制御することを考えるきっかけになるだろう。

（3） value（価値）レベルへ

大人と子どもの双方が need レベルをつかむことができたならば，大人はより的確な支援を提供できる可能性が高まり，子どもは自己理解を深め自己制御の動機づけを高める可能性が高まるだろう。この need をさらに深めて，その人が大切にしている value（価値）にまでたどり着くプロセスにおいて，人の動機づけを高めることができるという考え方をする心理療法もある（Miller & Rollnick, 2013）。

上記の例であれば，みんなでルールを守るという公平性や平等性という価値観を，あるいは本当は親に迷惑をかけたくない，本当は親孝行がしたいという価値観を見いだすことができるかもしれない。発達段階にもよるだろうが，内省する力が高まる思春期・青年期以降になると，その子どもが大切にしている価値観に向けて話を進めていくことも，動機づけを高めて行動を変容させる原動力になると考えられている。

want レベルから need レベル，さらには value レベルへと話を進めていく態度や技法として，教育カウンセリングへの期待が高まっている。

2. 教育カウンセリングの技術

（1） カウンセリングの基本

カウンセリングにはさまざまなアプローチがあるが，どのようなアプローチをとろうとも，まずは相手との間に信頼関係が成り立たなければ効果は期待できない。信頼関係（ラポールともいう）を築くためには，相手が何に苦戦しているのかということを探る前に，相手（いわゆるクライエント。ここでは教育という文脈なので児童生徒とする）の中に，安心感や安全感が必要となる。

　安心感は，何を話しても否定されず，うまく話せなくてもしっかりと聴いてもらえるということが確かめられるにつれて心の中に膨らんでいくものである。安全感は，たとえば，自分が相談している姿を誰にも見られることがない場所であったり，自分の話がどこにも漏れないという約束だったりする。その人に会いその場所に行くと，なんとなく居心地がよくてほっとするような気持ちが自然とわいてくる感覚といえるだろう。この安心安全の感覚を児童生徒が少しでも感じられるようにするためには，あいさつの仕方であったり，子どもの目線までひざを折って聞こうとする姿勢であったりと，授業や生活場面の一コマに多少の工夫が必要かもしれない。児童生徒の言葉や気持ちに耳を傾けながら安心感や安全感が定着することを目指していくと，信頼関係も築かれていくことになる。

　カウンセリングでは，できるだけ児童生徒の側に立って，その立ち位置から児童生徒の物の見方や感じ方を推測し，物事を理解しようと努める共感的理解を大切にする。共感というのはともに感じることであって，一方が勝手に同情したり一方的に気持ちを寄せたりするものではない。自分と相手の双方が「そうそう，そんな感じ，そんな気持ち」と納得してはじめて共感が成立する。したがって，児童生徒の気持ちに共感しようと思うならば，相手の話を聞いた自分が，どのようなことを感じているかということを相手に伝えて，自分の感じていることと相手の感じていることが近いものであるのかどうかを確認していく作業が必要になる（Rogers & Russell, 2002）。その重なりが大きくなるように双方がコミュニケートしていくことのうえに共感が成り立つ。

　これらの関わりの中で，児童生徒の内省が深まり，その need が教師と児童生徒双方に共有されたならば，しだいに現状を良くしていくような肯定的な変化を目指した関わりが生まれていくだろう。このような方向性を教育相談の中で生み出すためには，話の聴き方を工夫することによって効果を高められるかもしれない。そのような関わり行動には以下のようなものが考えられている。

（2）関わり行動

　カウンセリングではさまざまな関わり方が考えられている（福原，2007）。ここでは，教育相談場面においても必要となる代表的な関わりについて取り上げる。これらは基本的な関わり行動であり，相手が安心して話せるように気を配りながら，相手の話に耳を傾けているときに自然としている対応でもある。

①座り方

　お互いの身体が正面から向き合うような座り方になると，対立的で指導的な雰囲気になりがちである。そうならないためには，90度の角度や斜めに座るなどして正面になることを避けるような座り方がよい。こうすると目線の逃げ場ができて，少しの間を置きやすくなり，双方が自分のペースを崩さずに話しやすくなる。従って，相談に来た人の目線の先にも気を配りたい。白い壁しか見えないような座り方になると寒々とした気持ちに輪をかけるかもしれず，視線の先に古い教材が乱雑に置かれているようなものしか見えないと，気持ちが晴れるようなことはない。落ち着いた雰囲気の絵を飾ったり，観葉植物を置いたりすることで工夫できるだろう。相手との間に置かれているテーブルの上に小物を置くことによっても目線の逃げ場を作ることになり，こちらの心遣いが伝わることもある。しかし，絵や飾りなどを頻繁に変えて，部屋の雰囲気を大きく変えてしまうと，かえってそれが落ち着けない気持ちにすることもある。

②目線

　目線は全く合わせないわけにはいかず，かといってじっと目を見ることもお互い苦しくなってしまう。来談者が安心して話せる配慮があればよいので，時々目を合わせる程度でよいだろう。相手が質問をしてきたならばしっかりと受け止めているという意志を示すためにも，目線を合わせる方が自然であろう。双方がリラックスできることが重要になるので，先に挙げた座り方や物の配置を工夫することで安心して話せる場を確保したい。

③あいづち

あいづちには大げさなものや微妙なもの，テンポが速かったり遅かったり，無言のあいづちであったりとさまざまなバリエーションがある。「あー，ハイハイハイ」と勢いのあるあいづちが相手の言葉をさえぎってしまうこともあり，相手の言葉にかぶせるあいづちが，かえって話しにくくさせてしまうこともある。あいづちは会話の途中で自然としているものであるが，そこに気を配ってみることも有益だろう。

④声の調子

話す内容というより音の響きの部分である。声高で早口であったり，キンキンと相手に刺さるような声だったり，小さくて聞き取りづらかったりすると落ち着いた雰囲気にはならない。相手が安心できるようなゆっくりとやわらかな声を意識し，気持ちを音に乗せてポンと投げかけるように話してみるなどして，相手の心に侵入的にならないような自分なりの声を探したい。セラピストの中には大和言葉を意識して話すようにすると声の調子もやわらかになるという人もいる。

⑤身体の構え

椅子の背に片腕を乗せてもたれかかり，斜に構えていると横柄な態度になるだろう。あまりにもよい姿勢を保ち続けても，かえって固く緊張した雰囲気になるかもしれない。腕を組んでいる姿は，相手からすると話をガードされているように感じることもある。自分がリラックスしつつ誠実に話を聴く構えでいるなど，自然な姿勢を保つのがよいだろう。

関わり行動に敏感になるということは，非言語コミュニケーションに敏感になることといってもよい。教育相談においては，相手の話をどのように聴いて，どのように対応すればよいのかという内容のみに注意が向きがちであるが，その前段階にある上記のような工夫は，授業や生活場面でもすぐにできることなので，まずはそこから入ってみてもよいだろう。

（3）コミュニケーションの技術

相談にきた児童生徒の立場になって考えてみると，抱えている困りご

とを自分の側から理解してもらい，そして次にどのようにしたらいいのかということを一緒に考えてほしいものである。そのためには，積極的に関わっていくことが求められるが，教師主導になってしまうと児童生徒の気持ちから離れていきかねない。反対に，児童生徒中心を大切にするあまり，結果としてただ聞いているだけになってしまうこともありえる。教育相談で求められる技術は簡単なことではない。

　カウンセリングは来談者が自分一人だけでは考えられなかったことを考えられるようになり，感じられてなかったことを感じられるようになることが1つの目指すところである。その目標を目指しながらコミュニケーションをしていると，自分なりにどのようにしたらよいのかということを来談者自身が選択していけるようになる。そのためのコミュニケーションの技術としては，次のようなものが考えられる（Miller & Rollnick, 2013; Rollnick, Kaplan, & Rutschman, 2016）。

①質問

　質問は「はい」「いいえ」で答えられるクローズドなものと，そのように答えられないオープンなものの2つに大別できる。面接の初期段階で児童生徒が緊張しているようであれば，まずはクローズドな質問をいくつかしてみて，少し緊張がほぐれた後に，相談したいことはどういうことであるかというオープンな質問に移っていくと，児童生徒は比較的落ち着いた雰囲気で話ができるだろう。

　オープンクエスチョンには，「どうして」「なぜ」というものもあるが，これらを多用していると，相手を責めているようになりかねないので注意を要する。「学校に行きたくない」という児童生徒に「どうして」「なぜ」から始まるオープンクエスチョンをするよりも，「いつ頃から行きたくなくなったのか」，「行きたくなくなった自分なりの理由は思い当たるのか」といった，クローズドクエスチョンに近い方が話しやすいこともあるだろう。一般的に相談場面においては，オープンクエスチョンの方が来談者の発言の自由度を高めるため，来談者中心を重視する際には望ましいと考えられている。しかし，丁寧なクローズドクエスチョンの方

が，話のきっかけをつかみやすいため，かえって助かるという来談者の声も聞く。来談者の様子を観察し，関係性を考慮しながら，両方をうまく組み合わせられるように努めたいものである。

②**伝え返し**

　伝え返しは，感情の伝え返しと考えの伝え返しの2種類に分けることができる。友だちと仲たがいして「つらい」という児童生徒に対して，「つらいんだね」とその気持ちを伝え返すこともあれば，「元に戻る手立てを考えたいんだね」と考えを伝え返すこともある。前者では受け止めてもらえたという安心感が，後者では解決に向けての意欲が喚起されやすい。

　相手の気持ちや考えからズレてしまうことを恐れるあまり，伝え返しを手控えたくなることもある。しかし，相手の中に教師に対する安心感や信頼感があれば，むしろズレるからこそ「そうではなくてこうである」とズレを修正してくれる場合が多い。このズレの解消プロセスにおいて，共感が生まれたり児童生徒理解が深まったりするので，丁寧にズレを解消するような態度を心がけておけば，話や気持ちがズレることを過度に恐れる必要はないだろう。むしろ，そこから共感を構築するプロセスが始まると考えた方が有益である。

③**要約**

　ある程度話が進むと，それをまとめる必要も出てくる。要約は相手が話した内容を取捨選択して，話をまとめたうえで伝え返すものであるため，伝え返しの応用とも考えられる。

　話を整理して，現状の立ち位置を共有するための要約もあるだろうし，気持ちの面を中心に取り上げて，いくつかの気持ちが揺れ動いている様を要約することもできる。これから行おうとする対応のメリットとデメリットを整理して伝え返すこともできるだろう。

　要約してもらうと，まだ話しきれてない部分が明確になったり，自分の本当の気持ちに近づいたり，次にどうすればいいのかという方向性が見えたりすることがある。ただ聞いているだけの聞きっぱなしにならないためにも，ある程度のところで要約することも必要になるだろう。

3. アセスメントの実際

(1) 情報源と情報の収集

　教育相談における情報の収集は，さまざまな側面からなされるのが望ましい。次にあげるのは一般的な情報源である。

①周囲の人

　チーム援助（第10章参照）のように公式に集まって，対象となる児童生徒の情報を収集するものや，学級での様子や児童生徒とのやり取りなどの様子を雑談的に話しながら情報を集める非公式的なものまで考えられる。

②保護者

　保護者は有益な情報をもっている。子どもの生育歴や家庭での様子，親子関係や保護者の子育ての方針など，直接的に子どもに影響を与えているものばかりである。保護者との上手な連携が，教育相談をより有益にする鍵になることが多い。

③掲示物（作品）

　絵や作文などの作品は，学習意欲や到達度，仲間関係，興味・関心，自分自身のとらえ方などが表現されている。評価的な観点ではなく，子どもの心の現在が表現されているという観点からとらえようとするとよい。そのような観点から作品を眺めて，直観的に感じるものを共有すると，そこから得られる推測がよい情報になることもある。

④行動観察

　子どもの行動や対人関係の側面，ストレス耐性や集中力などの知りたい情報に関して，それらがさまざまな場面に応じてどのように変化するのかという，場面と組み合わせた観察は日常的にでき，支援を考えるうえで必須の情報となる。

⑤心理検査

　心理検査というのは，時間的に余裕があり，静穏で落ち着いた環境の中での子どもの知能やパーソナリティ傾向，発達水準をとらえようとす

るものである。結果を解釈する際には，個人間評価と個人内評価を行うことができるものも多い。できないところや不足しているところばかりに目を向けるのではなく，できているところや強い能力についても同じ程度の重みで理解しておくことが，有益な支援につながりやすい。

（2）　情報の分析
①個人化の回避

　情報が集まると，それを分析することが必要となる。集まった情報のどれが実際の支援にとって役に立つのかという観点から重みづけして，児童生徒の行動の背後に迫っていく。この際，第 11 章でも指摘したように個人の問題としてその性格のみに言及するような分析の仕方になると，ほとんど意味のない分析結果になることが多い。怠けているから学習が進まない，性格が悪いから友だち関係がうまくいかないというように，問題の原因を個人の内側のみにあると考えることを問題の個人化というのであった。この問題の個人化をすると，個人のみを変えようとして，それを生み出す環境や関係性に目が向かず，結果的に資源の活用もできなくなるという意味で有益ではない。手立てがふさがっている時，問題を個人化していないかと振り返ってみるのも 1 つの手である。

②環境との相互作用の観点

　環境が子どもの行動を作り出しているという観点をもっておくと，環境調整の際に役に立つ。環境を調整してそれが子どもにフィットした場合，問題行動が収まっていくことがある。教師や保護者にとっては，子どもを変えようとするよりも，環境を変える方が手をつけやすく主体的に動けるということもある。表 12 - 1 は環境を便宜上 5 つに分類したものである。当然，変えられない環境もあるが，多様な環境との相互作用によって個人の行動が成り立っているという視点をもっておくことは，分析を精緻化し対応するポイントの理解にもつながりやすい。

③行動の背後への観点

　自分の抱える困難や苦戦していることについては，言語化して語ることが難しく，問題行動として表出してしまうことがある。問題行動その

表 12 - 1　環境の分類とその例

環　境	内容（例）
生理的環境	痛み，かゆみ，寝不足，疲れ，だるさ，ダイエットの影響
人的環境	保護者，教師，祖父母，きょうだい，友人，先輩・後輩
社会的環境	約束，ルールや校則，制限，役割，地位，校風
物理的環境	音，におい，明るさ，広さ，暑さ，寒さ，湿気
地域的環境	都市部，田舎，新興住宅地，地域の伝統や文化，多文化地域

ものは認めないにしても，もしこの問題をとおして児童生徒が援助を求めているとしたら，どのようなことが考えられるかと発想することは，分析を深みのあるものにすることがあり，気づかなかった視点を得られることもある。このような問いは，いろいろな立場の人と一緒に考えるならば，さまざまな観点を引き出して対応を豊かにすることもあるため，特にチーム支援のときには活用できるだろう。

（3）情報の統合と支援方針

　情報を収集しそれを分析したのちには，それらを統合して支援方針を打ち出していかなければならない。この情報を統合するツールとして，個別の支援計画を挙げることができる（文部科学省，2022a）。決まったフォーマットがあるわけではないが，都道府県や市町村の中には，独自のフォーマットを作成しているところもある。基本的には，以下のような項目から情報をまとめて支援の方針を定めている。

①名前と生年月日
②これまでの経過
③現状について（本人の現状，家族構成と家庭環境，これまでの学校での取り組み，家庭での取り組み，医療機関，福祉機関，地域の教育支援センターなどとのつながりと関わり）
④本人の願い，保護者の願い
⑤支援計画（目標と手立て，保護者，担任，養護教諭，スクールカウン

　セラーなど，関わりのある人それぞれの役割）
⑥**評価方法**
⑦**計画の評価と見直しの時期**

　③の本人の現状については，不得意や苦手，不足といった側面ばかり
ではなく，得意なことやすでにできていることにも注目するとよい。⑤
の支援計画においては，特に表記の仕方に工夫が必要となる。たとえ
ば，学習支援が必要だと判断した場合に，「学習に取り組ませる」という
目標では抽象的であいまいなため，何をすればよいのかが明示されてい
ない。「漢字ドリルを一日１ページ行う」，「計算問題を 15 分間行う」と
いったように，具体的で数値で測れる行動目標にすることが，同時に⑥
評価方法を明確にすることにもなる（第７章も参照）。上記の場合，評価
方法は漢字ドリルのページ数や学習時間数で行うことになるだろう。行
動目標と評価方法が明確であれば，これまで行ってきた支援が本人の実
態に即したものであるかどうかを評価して，計画の改善に役立たせるこ
とができる。いつ改善を図るかの時期も明記しておくと，やりっぱなし
を防ぐこともできて，継続した支援につながりやすい。

4.　不登校支援

（1）　不登校の実態

　文部科学省（2022b）の「令和３年度 児童生徒の問題行動・不登校等
生徒指導上の諸課題に関する調査結果の概要」によると，不登校児童生
徒の割合は，小中学校とも平成 24（2012）年度から令和３（2021）年度
にかけて，９年連続で増加しており，令和３年度時点で過去最多となっ
ている（図 12 - 1）。中学校では，1,000 人当たり 50 人の不登校生徒が
おり，はじめて５％台にのった。
　同調査では，不登校児童生徒のおよそ 65％ は，地域の教育支援センタ
ーや民間施設等の相談機関で相談や指導を受けたことが示されている。
残りの約 35％ はどこの相談機関にもつながっていないということにな
るが，不登校の間には誰にも会いたくない時期もあるため，必ずしもこ

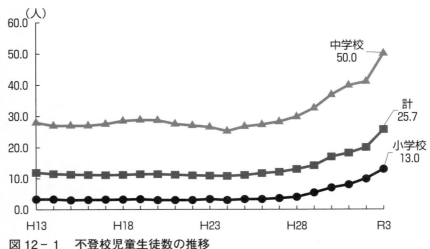

図 12 - 1　不登校児童生徒数の推移
（1,000 人当たりの不登校児童生徒数）（文部科学省，2022b）

の 35％ が何も対策されず放置されているわけではないと考えられる。

　自宅における ICT 等を活用した学習活動を指導要録上出席扱いとした児童生徒数は，平成 28 年度 158 人だったのに対して，5 年後の令和 3 年度は 11,541 人と急増している。不登校対策は，これまでのように家庭訪問や保護者支援を丁寧に行いつつ，ICT 等を活用した対策の充実が求められていくことになるだろう。

　不登校の要因として学校に係る要因は，友人関係をめぐる問題が一番多く，次いで学業不振が挙げられている。家庭に係る要因としては親子の関わり方が，本人に係る要因としては無気力・不安が最も多い。これらの領域が対応の重点的なポイントになり，また予防すべき対象であるといえる。学校では友人関係を良好に保てるように配慮し丁寧に学業支援を行うこと，家庭では保護者との関わりを見直しながら，本人の不安を鎮め，興味・関心のもてることから希望を膨らまし，動機づけを高めていくことが支援となる。1 つ 1 つを担任や保護者だけでやることはできないため，チームとなって役割を分担しながら対応することが，引き続き求められるといえるだろう。

（2）　不登校の位置づけ

2016年に「義務教育の段階における普通教育に相当する教育の機会の確保等に関する法律」が公示され，翌年には，その基本指針が示された。そこでは，不登校というだけで問題行動として受け取らないこと，あるいは受け取られないように配慮することを求めている。これまで不登校は，問題行動と位置づけられることが多く，したがって支援する側は，とにかく登校させることが解決であると考えがちであった。しかし，不登校の背景には多様な要因が絡み合っており，単に登校するだけでは解決したとはいえないことから，やみくもに登校できるようになることだけを目指さないように注意を促している。不登校という現象を解消するのではなく，児童生徒が自らの進路を主体的にとらえて，社会的に自立することを目指せるように支援することが重要であるとしている。

（3）　社会的自立を目指す

先に示した「義務教育の段階における普通教育に相当する教育の機会の確保等に関する法律」では，学習する権利を保障することも再確認された。これまでの不登校対策は，不登校児の情緒的な困難を取り除くことに重きが置かれてきたといえる。そのような支援は，休養の意味や自分を見つめ直す意味もあって，間違ってはいないと思われるが，結果的に学習機会の提供という観点が乏しくなりがちであった。これからの支援には，学業の遅れや進路選択上の不利益にも目を配り，不登校が社会的自立へのリスクとなる可能性を念頭に置きながら，情緒面にも丁寧に対応していくことが求められる。

不登校の位置づけや対策は，さまざまな文部科学省の通達等で示されてきたが，令和元（2019）年の文部科学省通知「不登校児童生徒への支援の在り方について（通知）」では，これらの議論を整理してまとめている。それによると，地域の教育支援センターやフリースクール等を活用することや，一定の条件を満たしていればICTを活用することによっても出席扱いにすることができるようになっている。地域の多様な資源を開発し，ICT機器も活用しながら，さまざまな連携をとおして支援す

る新しい支援を視野に入れておかなければならない。

（4） 保護者支援

　不登校の要因や背景は多様であり，担任だけあるいは学校だけが要因となっているものでもないため，多様な機関やさまざまな専門家とも連携しながらチームとして対応することが望ましい。特にわが子が登校を渋り登校できない日数がかさんでくると，保護者は子ども以上に不安になるものである。その不安は，子どもの安全基地になるという親としての機能を低下させてしまう。親が子どもの安心と安全を確保することによって，子どもはそこをベースとして，自分なりのあり方や今後の進み方を探索できるようになると考えられている。その探索が自分に合っていなかったり，間違っていたり，失敗を伴うものであったとしても，戻る場所としての安全基地があればこそ，子どもは落ち着きを取り戻し，次の探索に向けて備えることができる。

　上述のような親としての機能が低下すると，親はいつものような安定した気持ちがなくなり，焦りや無力感を高め，考える力が弱まってしまう。そうすると，視野は狭くなり感情を抑えきれず，とにかく学校に行ってくれさえすればよいと強制的に登校を促して関係をこじらせることもある。ゲームやスマホばかりをしているわが子に対して何もできず，無力感と孤立感を深めていくことにもなりかねない。

　このようにならないためにも，保護者支援は求められる。保護者は，登校できない理由を知りたがり，先の見えないわが子の将来を案じ，自分の子育てに問題があったと反省するといった具合に，その気持ちはさまざまに揺れ動いているものである。そのため，保護者の揺れる気持ちに寄り添いながら，一緒に考えていくというスタンスを取ることが求められる。これまで受け持った不登校の子どもの様子や，その後の進路のこと，教育支援センターなどの地域資源やスクールカウンセラーといった校内資源，ICT を活用した学習支援の可能性，現状として親にできることや推測される子どもの気持ちを一緒に考えるといったところから，保護者を支援できるだろう。

　このような支援は家庭訪問を通しても行われているが，子どもの中には学級担任の家庭訪問を嫌がる者もいる。そのような子どもの気持ちが分かりつつも，せっかく先生が来てくれているのだからと担任を気遣って家庭訪問を断れないという保護者もいる。家庭訪問の目的や頻度，滞在時間などは，あらかじめ子どもや保護者と合意したうえで行い，その合意もその都度点検するといったことが良好な関係を築き，また，その関係性が大きな支援になるものである。

引用文献

福原眞知子（2007）．マイクロカウンセリング技法―事例場面から学ぶ―　風間書房

Miller, W. R., & Rollnick, S. (2013). *Motivational Interviewing: Helping people change* (3rd ed.). The Guilford Press.（ミラー, W. R. & ロルニック, S. 原井宏明（監訳）(2019)．動機づけ面接　第 3 版上・下　星和書店）

文部科学省（2019）．不登校児童生徒への支援の在り方について（通知）
https://www.mext.go.jp/a_menu/shotou/seitoshidou/1422155.htm（2023 年 5 月 15 日閲覧）

文部科学省（2022a）．生徒指導提要（改訂版）
https://www.mext.go.jp/content/20230220-mxt_jidou01-000024699-201-1.pdf（2023 年 5 月 15 日閲覧）

文部科学省（2022b）．令和 3 年度　児童生徒の問題行動・不登校等生徒指導上の諸課題に関する調査結果の概要
https://www.mext.go.jp/content/20221021-mxt_jidou02-100002753_2.pdf（2023 年 5 月 15 日閲覧）

Rogers, C. R. & Russell, D. E. (2002). *Carl Rogers: The quiet revolutionary*. Penmarin Books, Inc.（ロジャーズ, C. R. & ラッセル, D. E. 畠瀬直子（訳）(2006)．カール・ロジャーズ　静かなる革命　誠信書房）

Rollnick, S., Kaplan, S. G., & Rutschman, R. (2016). *Motivational interviewing in schools: Conversations to improve behavior and learning*. The Guilford Press.

研究課題 ─────────────────────────────────────

1. 教育相談を実際に行おうとするとき，あらかじめどのようなことに
   気を配っておけばよいのかについて考えてみよう。
2. 自分がこうしたいと思う事柄を思い浮かべて，それを want，need，
   value の観点から分析してみよう。

13 | 発達障がいの理解

山本　渉

　近年，発達障がい[1]への社会的な認知が進み，通常学級においても，他の子ども達とは少し違った「特性[2]」があり，苦労している子どもの存在が知られるようになった。発達障がいへの理解は，現代の教育課題や支援を検討するうえで，欠かすことのできない事項の１つであると考える。しかし，発達障がいという言葉は知っていても，実際のところはよくわからない，という人も少なくないかもしれない。

　この章では，発達障がいとは何かについて説明した後，発達障がいに含まれる代表的な障がいについて取り上げる。その後，発達障がいのある子どもへの基本的な対応のポイントや対応例について紹介する。

1. 発達障がいとは

（1） 発達障がいの定義

　発達障がいとは，社会性やコミュニケーション，想像力において困難が見られる自閉症スペクトラム障がいや，注意集中の困難や落ち着きのなさ，衝動性などが見られる注意欠如・多動性障がい，全般的な知的な遅れはないものの，書字・読字・計算など学習面での得手不得手が著しい学習障がいといった，複数の障がいの総称である。しかし，この上位

---

1) 「発達障がい」には，他にも「発達障害」「発達障碍」などの表記がある。本書では，原則として「障がい」の表記を用い，法令名・疾患名などを引用する際には，引用元の表記を用いることとする。
2) 「精選版　日本国語大辞典　第二版」（小学館国語辞典編集部, 2006）によれば，「特性」とは，「そのものに特有の性質。そのものが他と異なって特に備え持つ性質」とある。発達障がい支援の文脈では，発達障がいに由来する強い個性のことを，「特性」と呼ぶことが多い。

概念である「発達障がい」を一言で説明することは，実は難しい。

田中（2014）は，発達障がいとは，「ひときわ大きい個性」（p.10），「誰にでもある得手不得手や感じ方の違いといった特性が個性的すぎるもの」（p.10）と説明する。山登（2010）は，「乳幼児期から脳の発達のし方がその他大勢の人々と一部でずれているために，発達の過程で自然に身につくはずのことが身につかず，色々と上手にできないことが出てきてしまう，そういう障害のこと」（p.21）としている。いずれも発達障がいの本質を端的に表現していると思われる。

日本の法律では，2004年に制定された「発達障害者支援法」において，「自閉症，アスペルガー症候群その他の広汎性発達障害，学習障害，注意欠陥多動性障害その他これに類する脳機能の障害であってその症状が通常低年齢において発現するものとして政令で定めるもの」と定義されている（文部科学省，2016）。

一方，医療領域では，現在，精神発達に関わる脳の機能障がいを「神経発達障害（神経発達症）」と呼んでいる。稲垣・加賀（2020a）は，「脳の機能的な問題が関係して生じる疾患であり，日常生活，社会生活，学業，職業上における機能障害が発達期にみられる状態」としている。国際的な診断基準の代表格であるDSM（Diagnostic and Statistical Manual of Mental Disorders；精神疾患の診断・統計マニュアル）の第5版であるDSM-5では，「神経発達症群／神経発達障害群」というカテゴリの中に，

①知的能力障害群
②コミュニケーション症群／コミュニケーション障害群
③自閉スペクトラム症／自閉症スペクトラム障害
④注意欠如・多動症／注意欠如・多動性障害
⑤限局性学習症／限局性学習障害
⑥運動症群・運動障害群
⑦チック症群／チック障害群
⑧他の神経発達症群／他の神経発達障害群

の8つの障がいが挙げられている（American Psychiatric Association,

2013；高橋・大野監訳，2014）。

　以上から，発達障がいとは，①発達のごく早期から脳機能がアンバランスさを持って発達することで，②認知，運動，学習，対人コミュニケーションなどの能力に偏りが生じる，③複数の障がいの総称である，とまとめることができるだろう。

（2）発達障がいを考える際に必要な視点

　では，このような発達障がいを考えるうえで，必要な視点とは何だろうか。ここでは，田中（2005），山登（2010），田中（2014），西本（2015）を参考に，4点を指摘する。

①背景に生来的な脳機能の偏りが存在する

　発達の偏りの背景として，脳のある部分に何らかの微細な機能障がいがあることが想定されている。つまり，発達障がいの子どもの特性として表れる言動は，本人の努力不足や親のしつけの悪さ，家庭の問題などによって生じるのではなく，むしろ，「子どもの脳が『正しく』命令している結果」（田中，2014，p.12）であると言える。決して，周囲を困らせるためにわざとやっているのではなく，むしろ本人も困っている場合が多いという点は，まず押さえておきたい点だろう。

　また，見えない障がいであるがゆえに，発達早期に何となく他の子どもとは異なる育てにくさを感じながら，時に自分の関わり方が悪いからではないかと自責的になったり，周囲から心ない言葉を浴びせられたりする保護者がまだまだ少なくないことを思うと，親の育て方や親子関係が悪いなどの原因では生じない，という点は，何度強調してもし過ぎることはないだろう。

②「普通」と「発達障がい」との間に，明確な境界線はない

　「発達障がい」のある人とない人（いわゆる「普通」の人）を，明確に分けることはできない。そもそも「得手不得手」であったり，他の人との感じ方の違いというのは多かれ少なかれ誰でもあるものである。その程度が特に大きく，かつ，そのために日常生活において大きく不便や支障を被っている場合に，だからこそ注意深い理解と支援が必要な場合

に，我々はそれを「発達障がい」と呼んでいるに過ぎない。

　では，発達障がいがあるとは，具体的に，どういうことなのだろうか。田中（2005）は，自分という個体の中に，社会の中で人と共存していくにあたって，何かしら適応上の不都合が生じるような，発達の相対的な偏りがあり，そのために生きるうえでの困難さを持つということと説明したうえで，次のように指摘している。

> 　私たちは通常，自分のもち味のなかの困った部分を，あまり目立たせないよう工夫したり，何とかコントロールして不適応に陥らないようにしていくことで，日常生活を送っています。しかし，発達障害をもつ人は，自分だけの力でコントロールしたり，変えてゆくことが困難です。これが「かたより」という日常語ではなく，「障害」ということばが用いられるゆえんだといえるでしょう。発達障害をもつ人々は，自分の「（ある部分の）極端な発達のかたより」という属性に，自分自身がふりまわされ，何かをする際に不自由になったり，周囲の人たちと関わる際に困難さが生じます。それは努力が足りないからでも，根性がないからでもないのです。（田中，2005，p.3）

③医学的な治療や訓練などによって「治る」ものではない

　上述のように，発達の偏りの背景として，脳のある部分に何らかの微細な機能障がいがあることが想定されている。ゆえに，医学的な治療や訓練などによって，障がいそのものがなくなる，つまり「治る」というものではない。

　ただし，周りの的確な理解と生活環境の調整・工夫によって，生きづらさや困り感が軽減する，すなわち特性が目立たなくなることはある。心理学的な支援においては，この点を目指していく。また，医学的な治療や訓練などによって，障がいそのものがなくなることはなくとも，医学的な診断や医師の助言を得ることは，子どもを正しく理解し，日常での適切な支援に活かすための重要な情報源の１つとなりうる。その点で，医療機関受診も意味を持つ。

④上手にはできないが，その子なりにはできるようになる

　発達障がいだからといって，発達しないわけではない。時間をかけ，その子なりにできるようになっていく。この点は案外忘れがちであるが，支援を考えていくうえでは重要な視点である。

2. 発達障がいに含まれる代表的な障がい

　ここでは，「自閉症スペクトラム障がい」「注意欠如・多動性障がい」「学習障がい」の３つについて説明する。

　なお，それぞれの障がいは診断の軸や観点が異なる。自閉症スペクトラム障がいは主に社会性の障がい，学習障がいは部分的・限定的な認知の障がい（これが知的障がいであれば，全般的な認知の障がいということになる），注意欠如・多動性障がいは行動の障がいと，それぞれ大まかにとらえることができる（佐藤，2005）。よって，１人の子どもに複数の障がいの特徴があてはまるということが，しばしば見られる。

（1）　自閉症スペクトラム障がい（自閉スペクトラム症）

　自閉症は，社会的コミュニケーションの障がい，興味の限局と常同的・反復的行動（Restricted and repetitive behavior: RRB）を主徴とする乳幼児期に発現する発達の障がいである（桑原，2016）。従来の国際的な診断基準（DSM-IV-TR）に存在した「アスペルガー障害／症候群」や，「特定不能の広汎性発達障害（pervasive developmental disorder not otherwise specified: PDD-NOS）」などを含め，DSM-5 では「自閉症スペクトラム障害（自閉スペクトラム症；autism spectrum disorder; 以下，ASD と略記）」と総称されている。

　スペクトラムというのは，連続体という意味の言葉である。自閉症スペクトラムは，元々はイギリスの精神科医ローナ・ウィング（Wing, 1996）が提唱した概念で，自閉的な特性は，虹の色の濃淡のように，その特性が濃い人から薄い人にまで連続して存在するとする考え方である（図13−1）。この考え方に立てば，われわれは皆，そのような自閉的な特性のグラデーションのどこかに存在することになり，ASD の人と健

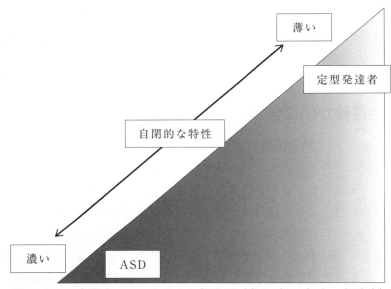

図13-1　自閉症スペクトラムの概念図（森ら（2014）を一部改変）

常の人というように，くっきりと境界線を引くことはできない（鈴木，
2019）。

　ASDの基本特徴は，元来，対人的相互交流の障がい，対人的コミュニ
ケーションの障がい，限局された反復的な行動や興味・活動という3つ
組の障がい（Wing, 1996）として説明されてきたが，最新のDSM-5で
は，対人的相互交流の障がいと対人的コミュニケーションの障がいが統
合されている。それに加え，感覚の過敏性・鈍感性が限局された反復的
な行動や興味・活動に含まれる形で挙げられている。

①対人コミュニケーションおよび対人的相互交流の障がい

　他者の感情や欲求や意図を理解することや，場の雰囲気や集団の中で
の暗黙の了解を読み取ること，自分の言動が他者にどのように受け取ら
れているかを理解することが苦手であり，結果として相手やその場に合
わせた行動を取ることが困難である。その他にも，言葉を字義通りに受

け取ってしまったり，比喩などの曖昧な表現に込められた意味を理解できなかったりする。結果として，他者と一緒に活動したり，年齢相応の仲間関係を築き，維持していくことがスムーズにできない。

　図 13 - 2 は，ASD のある子どもが，母親の言葉に込められた意図を理解できず，字義通りに受け取ってしまうというエピソードを描いた漫画の一場面である。ASD の特徴をよく表していると考えられるため，参考にされたい。

図 13 - 2　ASD のある子どもが言葉を字義通りに受け取ってしまうエピソード
出典／沖田×華『ニトロちゃん』（光文社知恵の森文庫）

②限局された反復的な行動や興味，活動

常同的／反復的な運動（例：身体を前後に揺する，手をひらひらさせる）や物の使用（物を並べる）などが見られる。これらの特性の背後には，細部に過度な注意を払ってしまう中枢性統合の弱さの問題と，視点を別の方向へ適切にシフトさせることがスムーズにできない実行機能の問題があると考えられている（西本，2015）。

また，いわゆる「こだわり」と呼ばれる同一性への固執（例：家具の配置が変わると嫌がる）や，興味の範囲が狭く，特定のことに固執する（例：キャラクター，数字，歴史などにマニアックでカタログ的な知識を持つ）といったことが見られる。これらの特性の背後には，目に見えないものを想像することが困難であるという想像力の障がいがあると考えられている（内山，2002）。次に起こることを想像することが難しく，自分なりに見通しを持つことが出来ないため，同じパターンを繰り返し行うことで安心しやすいと言われている。

③感覚の過敏性と鈍感性

たとえば，大きな音を立てると泣いてしまうが，逆に呼んでも振り向かないなど，感覚の過敏さと鈍感さの共存が1歳代からよく見られるとされている（宮岡・内山，2013）。

（2） 注意欠如・多動性障がい（注意欠如・多動症）

注意欠如・多動性障がい（注意欠如・多動症；attention-deficit/hyperactivity disorder; 以下，ADHDと略記）はその名の通り，注意力の弱さや落ち着きのなさなどといった行動の特性がある障がいである。不注意，多動性，衝動性の3つの特性があり，子どもによってどの特性が目立つかが異なる（榊原，2019）。

①不注意

不注意とは，注意散漫で，物事に集中しにくく，忘れやすい状態を指す。周りからの刺激に容易に気が散りやすい，早合点によるうっかりミスが多い，自分から注意を適切に向けられないため，事故やけがにつな

がるといった状況が起こりやすい。集中力の維持が困難な面もあるため，単調な作業や根気の要る課題などに長時間取り組み続けることや，部屋の片付けや整理整頓が苦手であるといったケースもある。

②多動性

じっとしていられず，無意識に身体を動かしたり，静かにしていなければいけない場面でしゃべってしまったりする状態を指す。

学校場面では，たとえば，授業中椅子をガタガタ鳴らしたり，おしゃべりがやめられなかったりして，先生に注意されるといったケースがある。

③衝動性

思いついたことをすぐに行動に移してしまう，やってはいけないとわかっていても，判断する前に即座に行動に出てしまい，行動にブレーキをかけることが困難な状態を指す。

たとえば，気に障ることを言われたりすると，瞬間的に暴言や乱暴な行動で反応してしまうことがある。

（3）学習障がい（限局性学習障がい／限局性学習症）

学習障がい（learning disorders; 以下，LD と略記）とは，全般的に知的発達に遅れはないが，「聞く」「話す」「読む」「書く」「計算する」「推論する」といった学習に必要な基礎的な能力のうち，1つないし複数の

表13−1　発達性ディスレクシアの読字や書字の特徴（稲垣・加賀（2020b）をもとに作成）

- 文字を一つ一つ拾って読むという逐次読みをする
- 単語あるいは文節の途中で区切って読む
- 読んでいるところを確認するように指で押さえながら読む（これらは音読の遅延，文の意味理解不良につながる）
- 文字間や単語間が広い場合は読めるが，狭いと読み誤りが増えて行を取り違える
- 音読不能な文字を読み飛ばす
- 文末などを適当に変えて読んでしまう適当読み
- 音読みしかできない，あるいは訓読みしかできない
- 拗音「ょ」促音「っ」など，特殊音節の書き間違えや抜かし
- 助詞「は」を「わ」と書くなどの同じ音の書字誤り
- 形態的に類似した文字「め・ぬ」等の書字誤りを示す

特定の能力についてなかなか習得できなかったり，うまく発揮することができなかったりすることによって，学習上，さまざまな困難に直面している状態を指す。原因として中枢神経系に何らかの機能障がいがあると推定され，視覚障がい，聴覚障がい，知的障がい，情緒障がいなどの障がいや，環境的な要因が直接の原因となるものではない（学習障害及びこれに類似する学習上の困難を有する児童生徒の指導方法に関する調査研究協力者会議，1999）。

　たとえば，LD の一種である「発達性ディスレクシア」は，知的な遅れや視聴覚障がいがなく充分な教育歴と本人の努力がみられるにもかかわらず，知的能力から期待される読字能力を獲得することに困難があり，通常，読み能力だけでなく書字能力も劣っているとされる（稲垣・加賀，2020b）。その特徴は，表 13 − 1 の通りである。これらの記述を読むと，「発達性ディスレクシア」は「文字が読めない」のではなく，「読むのが極端に遅いし，よく間違える」というのが正確であると言えるだろう。

3. 周りの大人はどう関わったら良いか

(1) 発達障がいを持つ子どもへの支援の基本

　学校現場で，周りの大人たちは，発達障がいを持つ子どもとどのように関わっていけば良いのだろうか。ここでは，上野・月森（2010）を参考に，以下の 4 点を提示する。

①まずは，子ども自身が困っている状況を理解してあげる

　どのような場面で問題が起きるのか，どの部分で躓いているのか，本人から話を聴く，観察するなどして，把握することが重要である。

②診断名にとらわれず，個々の子どもの特性を見極める

　同じ障がいであっても特性の現れ方には個人差が大きい。また，先述のように重複することもある。その子がどういう特徴があるのか，どんな苦手さがあるのかを見極めることが大切と言える。

　既に医療機関や療育機関を利用している家庭であれば，許可を得てそれらの機関から情報をもらうのも有効である。

③できることから少しずつ取り組む

　発達障がいを持つ子どもたちは，周りの子どもと同じように上手くできなかったり，やっても時間が掛かるなどして，注意や叱責を受けたり，周りからできない子と見られていたりして，本人も自信をなくしている場合が多い。そのような気持ちでいると，何かにチャレンジしようという意欲も湧きづらいと思われる。そこで，本人が少しの努力でできそうな課題（目標）を設定し，それができたら大いに褒める，という姿勢が重要となる。

④許容範囲を設ける

　一斉授業の中では，一定時間席に座っていること，周りと同じように動くことなどが求められるが，発達障がいを持つ子どもの場合，難しいことも少なくない。しかしそれは努力が足りないからではなく，脳機能の問題であって，言って聞かせる・我慢させるという対応では，上手くいかない。

　たとえば，ADHD の特性があってじっと座っていられない場合を考えてみよう。この場合，配布係を頼む，前に出て黒板に答えを書いてもらうなどして，途中で席を立っても良い機会を意図的に与えるといったことが考えられる。この方法なら，他の子どもたちが不満を感じることも少ないと思われる。

（2）　二次障がいを生まないために

　発達障がいであることが理解されないままに，他者からの叱責や否定的な評価を受け続けると，自尊感情が低下し，他者への不信感が増大する。その結果，他者からの働きかけを被害的に受けとることで，ますます他者から叱責を受けるという悪循環が生じることがある（西本，2015）。こうした状態を，発達障がいそのものの障がい特性とは別に，周囲の理解の不足などによって二次的に起こるという意味で，「二次障がい」と呼ぶことがある。

　二次障がいを生まないために周りの大人たちがまずできることは，何だろうか。それは，学校場面のさまざまな場面で苦戦している子ども達，

周囲から見ると不適切であったり疑問に思われたりするような行動を繰り返す子ども達について，なぜ苦戦しているのか，なぜそのような行動に至ったのかを一歩立ち止まって考えることではないだろうか。

　もしかしたら，それは，「その子の脳が『正しく』命令した結果」，あるいは，さまざまな頑張りの結果だったのかもしれない。「困った子どもは，困っている子どもである」という言葉を聞いたことがあるが，こうしたことを的確に表現していると思う。「発達障がい」は，そうした視点の転換を促す，有用な概念の1つと言えるだろう。

参考文献

田中千穂子・栗原はるみ・市川奈緒子（編著）（2005）．発達障害の心理臨床―子どもと家族を支える療育支援と心理臨床的援助　有斐閣

田中康雄（監修）（2014）．イラスト図解　発達障害の子どもの心と行動がわかる本　西東社

引用文献

American Psychiatric Association (2013). Diagnostic and Statistical Manual of Mental Disorders, Fifth Edition. American Psychiatric Publishing.（アメリカ精神医学会（2014）．高橋三郎・大野　裕（監訳）　DSM-5　精神疾患の診断・統計マニュアル　医学書院）

学習障害及びこれに類似する学習上の困難を有する児童生徒の指導方法に関する調査研究協力者会議（1999）．学習障害児に対する指導について（報告）　文部科学省　〈https://www.mext.go.jp/a_menu/shotou/tokubetu/material/002.htm〉（2023年2月閲覧）

稲垣真澄・加賀佳美（2020a）．発達障害　厚生労働省　e－ヘルスネット　〈https://www.e-healthnet.mhlw.go.jp/information/dictionary/heart/yk-049.html〉（2022年12月閲覧）

稲垣真澄・加賀佳美（2020b）．学習障害　厚生労働省　e－ヘルスネット　〈https://www.e-healthnet.mhlw.go.jp/information/heart/k-03-004.html〉（2022年12月閲覧）

桑原　斉（2016）．ASDの診療と研究　児童青年精神医学とその近接領域　57(3)，

425 – 431.

宮岡等・内山登紀夫（2013）．大人の発達障害ってそういうことだったのか　医学書院

文部科学省（2016）．発達障害者支援法（平成十六年十二月十日法律第百六十七号）　文部科学省〈https://www.mext.go.jp/a_menu/shotou/tokubetu/main/1376867.htm〉（2023 年 2 月閲覧）

森　則夫・杉山登志郎・岩田泰秀（編著）（2014）．臨床家のための DSM-5 虎の巻　日本評論社

西本絹子（2015）．教師のための教育相談─日常から子どもに向き合うインクルーシブな発達支援　萌文書林

沖田×華（2013）．ニトロちゃん─みんなと違う，発達障害の私　光文社　知恵の森文庫

小学館国語辞典編集部（2006）．精選版　日本国語大辞典　第 2 版　第 2 巻　小学館

榊原洋一（2019）．最新図解　ADHD の子どもたちをサポートする本

佐藤由宇（2005）．発達障害に含まれる障害　田中千穂子・栗原はるみ・市川奈緒子（編著）　発達障害の心理臨床─子どもと家族を支える療育支援と心理臨床的援助（pp.55 – 93.）有斐閣

鈴木香苗（2019）．思春期以降の自閉スペクトラム症を理解する　大島郁葉（編）事例でわかる思春期・おとなの自閉スペクトラム症─当事者・家族の自己理解ガイド　金剛出版

田中千穂子（2005）．発達障害へのまなざし　田中千穂子・栗原はるみ・市川奈緒子（編著）　発達障害の心理臨床─子どもと家族を支える療育支援と心理臨床的援助（pp.1 – 25.）有斐閣

田中康雄　監修（2014）．イラスト図解　発達障害の子どもの心と行動がわかる本　西東社

内山登紀夫（2002）．自閉症スペクトラムの基本症状　内山登紀夫・水野薫・吉田友子（編）　高機能自閉症・アスペルガー症候群入門─正しい理解と対応のために（pp.13 – 24）中央法規出版

上野一彦・月森久江（2010）．ケース別　発達障害のある子へのサポート実例集　小学校編　ナツメ社

Wing. L.（1996）. The Autistic Spectrum: A Guide for Parents and Professionals. Constable and Company.（ローナ・ウィング（1998）．久保紘章・佐々木正美・清水康夫（監訳）　自閉症スペクトル─親と専門家のためのガイドブック　東京書籍）

山登敬之（2010）．新版　子どもの精神科　筑摩書房

🎸 **研究課題** ─────────────────────────────

1. 「自閉症スペクトラム障がい（ASD)」「注意欠如・多動性障がい
  (ADHD)」「学習障がい（LD)」のそれぞれの障がい特性をまとめてみ
  よう。
2. 発達障がいの子どもが，教室を飛び出してしまう事例を思い浮かべ
  てみよう。どんな要因が考えられるだろうか。できるだけ多く挙げて
  みよう。

14 | 特別な教育的ニーズがある子どもへの支援

山本　渉

　2007年より，それまでの「特殊教育」を引き継ぐ形で，「特別支援教育」が学校教育法に位置づけられ，発達障がいなど，特別なニーズがある子どもへの支援を，全ての公立学校において行っていくことが，国の方針として明確にされた。この章では，まず，特別支援教育の背景にある考え方と制度の概要を押さえる。また，障がいのある子どもの教育を巡る国内の法や制度の動向を紹介する。その後，特別支援教育の対象となる子どもの中から，知的障がいのある子どもに焦点を当て，彼らへの教育的支援のあり方の一端を紹介する。

1.　特別なニーズという考え方

(1)「特別なニーズ」とは？

　そもそも「特別なニーズ」とは何だろうか。柘植（2014）は，以下のように説明する。

> 　障害のある児童生徒一人ひとりが，障害があるために遭遇している，日常生活や学校生活などにおける制約や困難を改善・克服するための，教育，福祉，医療，労働など，様々な分野から見た必要性のこと。（柘植，2014，p.3）

　なお，「特別な教育的ニーズ」というときには，特に教育分野から見た必要性のことを指す（柘植，2014）。

　ニーズとは，一言で言えば「必要とされていること」であり，なぜ必要とされているかというと，それは何かが不足しているからである（黒沢・森・元永，2013）。困難に遭遇している子ども達が，日々の学校生活

を生き生きと送る中で，持てる力を伸ばし，その子なりの成長発達を遂げていくためには，今何が必要か，それを見極め，不足しているものをさまざまな方法で補うことが支援の基本となるだろう。

（2） 国際生活機能分類

どこにニーズがあるのかを考えるうえで，世界保健機関（World Health Organization: WHO）が 2001 年に発表した「国際生活機能分類」（International Classification of Functioning, Disability and Health: ICF）は参考になるだろう。

ICF は WHO において 1980 年に国際疾病分類（International Statistical Classification of Disease and related Health Problems: ICD）の補助として発表された機能障がいと社会的不利に関する分類である国際障害分類（International Classification of Impairments, Disabilities and Handicaps: ICIDH）の改訂版として，第 54 回 WHO 総会において採択されたものである（障害者福祉研究会，2002）。

障害者福祉研究会（2002）および上田（2021）によれば，「生活機能」（functioning）とは，

① 「心身機能・身体構造」（生物レベル）
：心身機能とはたとえば，手足の動き，精神の働き，視覚・聴覚などの機能のこと。身体構造とは，手足の一部や内臓の一部（心臓の弁など）などの体の部分のこと。

② 「活動」（個人レベル）
：生活行為，すなわち，生活上の目的を持ち，一連の動作からなる，具体的な行為のこと。日常生活動作（歩行，食事，入浴，排泄，更衣など）の他，家事行為，仕事場で事務作業をする，自家用車や公共交通機関の利用，余暇活動など。

③ 「参加」（社会レベル）
：社会参加にとどまらず，家庭内役割を持つ，職場での役割を持つ，学校で学ぶ（教育に参加する），趣味に参加する，地域の活動や政治

　の活動に参加するなど，さまざまなものを含む。
の３つのレベルからなり，それら全てを含んだ包括概念である。

　そして，これら３つのレベルに問題が生じた状態が「障がい」（生活機能低下 disability）であり，これも同じく，

① **「機能障がい（構造障がいを含む）」**
　　：心身機能または身体構造上の問題。

② **「活動制限」**
　　：個人が活動を行う際に生じる難しさのこと。

③ **「参加制約」**
　　：個人が何らかの生活・人生場面に関わるときに経験する難しさのこと。

の３つのレベルを含む包括概念であるとされる（以上，障害者福祉研究会，2002；上田，2021）。

　このように，障がいを３つのレベルからとらえる考え方は，非常に有用であると思われる。たとえば，ADHD 特性のある子どもを例に考えてみよう。ADHD 特性のある脳（機能障がい）のある子どもは，生来的な短期記憶の弱さのために，翌日の持ち物（たとえば体操着など）についての教師からの指示を覚えておくことに困難を抱えるかもしれない（活動制約）。その結果，翌日の体育の授業に参加できないということが起こるかもしれない（参加制約）。

　なお，国立特別支援教育総合研究所（2005）は，上田（1981）の示す「体験としての障害」の概念を援用しつつ，本人の気持ちを含めた ICF 関連図を提示している（図 14 − 1 ）。このように整理してみると，医療機関や療育機関でできること，子ども個人ができること，保護者や教師など周りの大人ができること，と自然に分けて考えることができるようになるのではないだろうか。

2. 特別支援教育の概要

　現在の学校現場において，特別な教育的ニーズがある子ども達への支

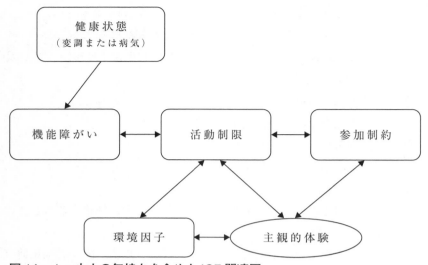

図 14 - 1　本人の気持ちを含めた ICF 関連図
（国立特別支援教育総合研究所（2005）を一部改変）

援は，「特別支援教育」という枠組みでとらえられている。

（1）　特別支援教育とは

　特別支援教育とは，「従来の特殊教育の対象の障害だけでなく，LD，ADHD，高機能自閉症を含めて，障害のある児童生徒の自立や社会参加に向けて，その一人一人の教育的ニーズを把握して，その持てる力を高め，生活や学習上の困難を改善又は克服するため，適切な教育や指導を通して必要な支援を行うもの」（文部科学省，2003）とされている。

　2007 年 4 月から，それまでの「特殊教育」を引き継ぐ形で，学校教育法の中に位置づけられている。「特別支援教育」が学校教育法に位置づけられたことにより，発達障がいなど，特別なニーズがある幼児児童生徒の支援を，全ての公立学校において行っていくことが，国の方針として明確にされたと言える。

（2）　特殊教育から特別支援教育までの流れ

　日本では，公教育における，知的障がい，肢体不自由，視覚障がい，

聴覚障がい等への対応が早くから進み，制度的にも充実していた（柘植，2014）。具体的には，特殊教育の枠組みの中で，障がい種別ごとに学校（知的障害養護学校，肢体不自由養護学校，盲学校，聾学校）を設置していた他，複数の障がいがある者には，各学校に重複学級を置いて，特別な学級編成をし，少人数指導に当たっていたという。

　他方，知的障がいのない発達障がい（前章で学んだ自閉症スペクトラム障がい（ASD），学習障がい（LD），注意欠如・多動性障がい（ADHD）等）への対応は，先進諸外国と比べ，大きく出遅れることになる。たとえば，アメリカでは，1975年には，既に公法PL94-142で「学習障害」の定義が明示されている。こうした子ども達への対応を本格的に始めるということが，「特別支援教育」への転換の大きなきっかけの1つになったとされている（柘植，2014）。

（3）特別支援教育の基本的な考え方

　従来の特殊教育は，「障害の種類と程度」に応じて，特別な場（盲・聾・養護学校や小中学校の特殊学級）を用意し，特別の担当者のみが指導を行ってきた。これに対し，特別支援教育では，児童生徒の視点に立って，一人一人の教育的ニーズを的確に把握して，適切な指導と必要な支援を行っていく。その際には，特別の場における特別支援教育の担当者のみならず，学校として，全体的・総合的に対応する（柘植，2014）。つまり，従来の特別な場に加え，通常学級を含めた全ての場で，対象となる子ども達一人一人のニーズに応じた教育や支援を行うことが特徴となる。

　また，従来の特殊教育が対象としてきた知的障がい，肢体不自由，視覚障がい，聴覚障がい，病弱，言語障がい，情緒障がいに加え，それまで十分に対応がされてこなかった自閉症スペクトラム障がい（ASD），学習障がい（LD），注意欠如・多動性障がい（ADHD）等，知的障がいのない発達障がいが対象に含まれたことも大きな特徴である（柘植，2014）。

（4） 特別支援教育の学びの場と対象

　従来の特殊教育は，視覚・聴覚・知的の各障がい，肢体不自由，病弱の子ども達が，その対象であった。一方，特別支援教育では，図14－2に示す障害がある子ども達が対象となる。前章で学んだ発達障がいの子ども達は，「特別支援教育」の制度が導入されたことで，新たに支援の対象として認められるようになったということになる。

　また，就学先には，特別支援学校，特別支援学級，通級による指導，通常学級がある。これらの決定にあたっては，障がいの程度などによって機械的に判断するのではなく，一人一人の子どもの教育的ニーズやさまざまな支援体制の整備状況などを踏まえて，総合的に判断することになっている（柘植，2014）。

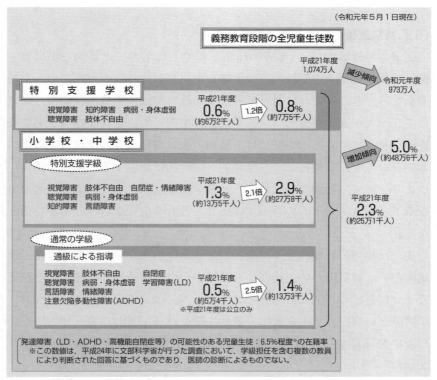

図14－2　特別支援教育の学びの場と対象の概念図（文部科学省，2019）

（5）　特別支援教育のシステム

　特別支援教育では，特別支援学級の担任など特定の職員だけが対応に当たるのではなく，管理職も含めたチームで対応することが求められる。

　具体的には，気になる児童生徒の実態把握を行い，指導や支援のあり方の方向性を決める組織として「校内委員会」があり，校内の特別支援教育のキーパーソンで，関係機関との連絡調整の窓口や，保護者との連携の窓口を担う「特別支援教育コーディネーター」がいる。さらに，校外の専門家が学校を訪問してさまざまな支援や助言を行う「巡回相談」の仕組みと，対象となる子どもがLDかどうか，ADHDかどうか，ASDかどうかの判断を行い，専門的意見を学校に提示・助言する，教育学・医学・心理学などの専門家から構成される「専門家チーム」が教育委員会に設置される。

　さらに，指導計画の長期目標・短期目標を設定し，一人一人の子どもに個別に作成する「個別の指導計画」と，学校に入学する前から卒業後生涯にわたって教育，福祉，医療，労働等の各分野の視点から総合的に策定していく「個別の教育支援計画」が作成される。

（6）　障がいのある子どもの教育を巡る国内の法や制度の動向

　2006年，国連の「障害者の権利に関する条約」が採択され，日本は2007年に署名し，2014年に批准した。

　国内では，同条約の理念を踏まえ，2012年に中央教育審議会が「共生社会の形成に向けたインクルーシブ教育システムの構築のための特別支援教育の推進（報告）」を取りまとめた。インクルーシブ教育システムとは，障がいのある者と障がいのない者が共に学ぶ仕組みであり，障がいのある者が教育制度一般から排除されないこと，自己の生活する地域において初等中等教育の機会が与えられること，個人に必要な「合理的配慮」が提供される等が必要とされている（文部科学省，2012）。

　教育現場における「合理的配慮」とは，障がいのある子どもが，他の子どもと平等に「教育を受ける権利」を享有・行使することを確保するために，学校の設置者及び学校が必要かつ適当な変更・調整を行うこと

であり，学校の設置者及び学校に対して，体制面，財政面において，均衡を失した又は過度の負担を課さないものと定義されている（文部科学省，2012）。

2013年には，「障害を理由とする差別の解消の推進に関する法律」（通称「障害者差別解消法」）が制定され，2016年から施行されている。これにより，「合理的配慮」の提供は法的義務となった。柘植（2014）が指摘するように，国公立学校において合理的配慮をしないことは，差別に当たることになることに留意しなければならない。

3. 知的障がいのある子どもへの教育的支援

以下では，特別支援教育の対象となる子どもの中から，知的障がいのある子どもに焦点を当て，彼らへの教育的支援のあり方の一端を紹介することとする。

（1） 知的障がいとは

知的障がいとは，(a)知能検査によって確かめられる知的機能の制約と，(b)適応機能の明らかな制約が，(c)発達期（おおむね18歳まで）に生じるものと定義されている（稲垣・加賀，2020）。(a)の「知能検査によって確かめられる知的機能の制約」とは，知的機能は知能検査によって測られ，平均が100，標準偏差15の検査では知能指数（Intelligence Quotient, IQ）が70未満を判断基準の目安としている。(b)の「適応機能」とは，日常生活でその人に期待される要求に対していかに効率よく適切に対処し，自立しているのかを表す機能のことで，たとえば，食事の準備・対人関係・お金の管理などを含むもので，年長となって社会生活を営むために重要な要素となるものとされている。

佐藤（2005）は，この定義の重要なポイントは，以下の2点であると指摘している。

①知的機能，適応技能，双方の障がいがあってはじめて，知的障がいと判断されること。
②適応技能は，障がいのある人の能力だけで判断されるのではなく，

社会との関係で判断されること。

①はつまり，知的障がいは，知能指数だけで安易に判断されるものではないことを意味する。②の「社会との関係で判断される」とは，先に説明した ICF の障がい観を汲んだものと言える。具体的なイメージは，図14-3が参考になるだろう。

（2）知的障がいの学習上の特性と特徴に合わせた教育方法

知的障がいのある子どもの学習上の特性や，その特徴に合わせた教育方法については，『特別支援学校学習指導要領解説　各教科等編』に記載がある。

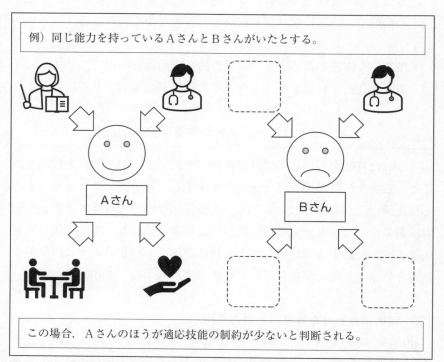

図14-3　適応技能が「社会との関係で判断される」ことの意味
（佐藤（2005）の説明をもとに作成）

まず，知的障がいの学習上の特性については，以下のように記載されている（文部科学省，2018）。

> ・学習によって得た知識や技能が断片的になりやすく，実際の生活の場面の中で生かすことが難しいことが挙げられる。
> →そのため，実際の生活場面に即しながら，繰り返して学習することにより，必要な知識や技能等を身に付けられるようにする継続的，段階的な指導が重要となる。
>
> ・成功経験が少ないことなどにより，主体的に活動に取り組む意欲が十分に育っていないことが多い。
> →そのため，学習の過程では，児童生徒が頑張っているところやできたところを細かく認めたり，称賛したりすることで，児童生徒の自信や主体的に取り組む意欲を育むことが重要となる。
>
> ・抽象的な内容の指導よりも，実際的な生活場面の中で，具体的に思考や判断，表現できるようにする指導が効果的である。
>
> （文部科学省（2018，p.26）より抜粋）

こうした特徴を踏まえ，学習指導要領解説では，職業教育を重視すること，日課や学習環境などを分かりやすくし，規則的でまとまりのある学校生活が送れるようにすること，生活に結びついた具体的な活動を学習活動の中心に据え，実際的な状況下で指導すること，できる限り児童生徒の成功経験を豊富にすること，目的が達成しやすいように段階的な指導を行うことなどが推奨されている（文部科学省，2018）。

（3） 特徴に合わせた教育的支援の実際

知的障がいのある子どもの教育においては，上記のような方針を踏まえ，「日常生活の指導」や「作業学習」のような，実生活に直結する指導内容が重視されている。

①日常生活の指導

　日常生活の指導とは，学校における日常生活を，子どもがより自立的・主体的に，より発展的に展開できるように支えることを指す（例：衣服を着替えるときの着替え支援／昼食時の食事支援／用を足すときの用便支援／清掃時の清掃支援など）。基本的生活習慣を身につけるためだけの指導・支援ではなく，学校生活で繰り返される諸活動に，自立的・主体的に取り組めるように，支援的対応をすることも含まれる（中坪，2010b）。

②作業学習

　作業学習とは，働く活動を中心とする一連の活動に取り組む過程のことを指す。一般に「農工」「木工」等の作業種を決め，製品・生産物づくりや販売などの活動に，年間を通して取り組むことが多い（中坪，2010a）。また，近年では，雇用状況の変化等に対応し，製品づくりを中心とした作業種目に加えて，清掃，喫茶などのサービス業を中心とした作業種目への取り組みが広がっている（広島県教育委員会，2011）。

　例として，広島県教育委員会（2011）に掲載されている，清掃についての作業学習の年間計画の例を示す（表14‐1）。

　これを見ると分かるように，卒業後の生活を意識した学習活動でもあり，作業学習で働く経験を積み重ねることにより，できるだけスムーズに社会生活に移行できるようにしていることが分かる。

（4）　知的障がいのある子どもの体験世界

　知的障がいのある人の体験世界について，滝川（2004）は以下の2点を指摘している。

　1点目は，知的障がいのある人たちは，非常に強い不安を抱えて生きているということである。滝川（2004）は，その理由を，周りの人たちは理解でき，対処できている世界を，自分だけは理解しきれず対処しきれないまま，でもそこを一緒に生きなければならないからであると説明する。留学や一人での海外旅行を経験した人なら，周りが皆母語でない言葉をしゃべっている中に一人置かれ，周りの人たちの言っていること

表14－1　清掃作業学習の年間計画の例（広島県教育委員会，2011）

月	単元名	ねらい・配慮事項
4	作業前指導（作業日誌作成，作業方法及び正しい清掃技術の指導）	服装，作業内容及び作業道具の使用方法・特性を知り実践する。
5	学校内（校舎内・外）清掃	安全面及び衛生面の意識をもち，作業班として集団で作業に取り組めるようになる。
6	校外清掃活動	学校周辺地域施設の清掃活動をし，地域貢献及び清掃作業に要求される知識，技能，第三者評価を学ぶ。
7	清掃技能検定	作業内容の到達度を作業工程分析表に基づいて点検して，自らのスキルアップを目指せるように検定を実施する。
9	作業後の指導（前期の作業を振り返り，自己の評価に基づく課題の把握）	前期を通じて，自己評価と課題を分析して，後期以降の作業に活用する。
10	班編制による学校内（校内・外）清掃	各作業の手順，準備，片付け等を覚え，効率よく確実に作業を行えるようになる。
11	校外清掃活動	学校周辺地域施設の清掃活動をし，地域貢献及び清掃作業に要求される知識，技能，第三者評価を学ぶ。
12	清掃技能検定／文化祭での軽食販売及び清掃（接客・衛生管理）	自らのスキルアップを目指せるように検定を実施する。／サービス業の接客・衛生管理の方法を学ぶ。
1	班編制による学校内（校舎内・外）清掃	各作業の手順，準備，片付け等を覚え，効率よく確実に作業を行えるようになる。
2	班編制による学校内（校舎内・外）清掃／清掃及び作業班リーダーの養成	各作業の手順，準備，片付け等を覚え，効率よく確実に作業を行い，リーダーシップを発揮できるようになる。
3	作業後の指導（年間の作業を振り返り，自己の評価に基づく課題の把握）	年間を通じた作業の自己評価と課題を分析し，企業就労に向けて状況に応じた判断，対応ができることを目指す。

が全く分からないという状況を想像してみると，少しイメージがしやすいかもしれない。

　2点目は，知的障がいのある人たちは，感覚的なとらえ方が豊かであ

るという点である。実際に，こちらの思いを雰囲気から敏感に察知したり，独特の色彩感覚や音感を有していたりする場合がある。ただ，そのような豊かではあるが個人的な感覚世界は，他者と共有してつながっていくことが難しいため，彼らは私たちよりも孤独な世界を生きているとも言える。

　以上の特徴から，佐藤（2005）は，ストレスフルで強い不安にさらされながら，一人独力で懸命に生きている知的障がい者のイメージが浮かび上がると述べている。知的障がいのある子どもを理解するうえで，非常に示唆に富んだ指摘だろう。

（5）　おわりに

　知的障がいがあっても，知的な能力は一生を通じてゆっくりと確実に発達・変化していく（田中，2005）。この点は，しばしば忘れられがちであるが，彼らの教育的支援を考えるうえでは，重要かつ不可欠な視点である。知的障がいのある子どもへの教育的支援とはすなわち，ゆっくりと，しかし確実に成長していくその子なりの発達を支え，促すことに他ならない。それはすなわち，知的障がいのない子ども達に行う教育や支援と同様のものを，個々の子どもに合わせて，注意深く丁寧に提供することに過ぎないと言えよう。

　なお，特別支援学校における知的障がいのある子どもへの教育の実際のイメージを掴むには，たとえば，『学校Ⅱ』（山田洋次監督，1996年公開，日本）といった映像作品に力を借りるのも良いだろう。

参考文献

柘植雅義・渡部匡隆・二宮信一・納冨恵子（編）　はじめての特別支援教育—教職を目指す大学生のために（pp.3 – 19.）　有斐閣

国立特別支援教育総合研究所（2021）．知的障害特別支援学級担任のための授業づくりサポートキット（小学校編）すけっと（Suketto）すけっと ばすけっと　マルチメディアウェブページ　〈https://www.nise.go.jp/nc/study/others/disability_list/intellectual/sk-basket〉

映画『学校Ⅱ』（山田洋次監督，1996 年公開，日本）

引用文献

広島県教育委員会（2011）．特別支援教育　作業学習ハンドブック　ホットライン教育ひろしま
　〈https://www.pref.hiroshima.lg.jp/site/kyouiku/07challenge-sagyougakusyuu-top.html〉（2023 年 2 月閲覧）

稲垣真澄・加賀佳美（2020）．知的障害　厚生労働省　e−ヘルスネット
　〈https://www.e-healthnet.mhlw.go.jp/information/heart/k-04-004.html〉（2023 年 2 月閲覧）

国立特別支援教育総合研究所（2005）．ICF（国際生活機能分類）活用の試み　ジアース教育新社

黒沢幸子・森　俊夫・元永拓郎（2013）．明解！スクールカウンセリング─読んですっきり理解編　金子書房

文部科学省（2003）．今後の特別支援教育の在り方について（最終報告）文部科学省
　〈https://www.mext.go.jp/b_menu/shingi/chousa/shotou/054/shiryo/attach/1361204.htm〉（2023 年 2 月閲覧）

文部科学省（2012）．共生社会の形成に向けたインクルーシブ教育システム構築のための特別支援教育の推進（報告）　文部科学省　〈https://www.mext.go.jp/b_menu/shingi/chukyo/chukyo3/044/houkoku/1321667.htm〉（2023 年 2 月閲覧）

文部科学省（2018）．特別支援学校学習指導要領解説　各教科等編（小学部・中学部）　特別支援学校学習指導要領等（平成 29 年 4 月公示・平成 31 年 2 月公示）
　〈https://www.mext.go.jp/content/20220715-mxt_tokubetu01-100002983_1.pdf〉（2023 年 2 月閲覧）

文部科学省（2019）．令和元年度文部科学白書

中坪晃一（2010a）．作業学習とその実践方法　太田俊己・宮崎英憲（編）知的障害教育総論　（pp.122−135）　放送大学教育振興会

中坪晃一（2010b）．日常生活の指導・遊びの指導とその実践方法　太田俊己・宮崎英憲（編）知的障害教育総論　（pp.136−148）　放送大学教育振興会

佐藤由宇（2005）．発達障害に含まれる障害　田中千穂子・栗原はるみ・市川奈緒子（編著）発達障害の心理臨床─子どもと家族を支える療育支援と心理臨床的援助（pp.55−93）．有斐閣

障害者福祉研究会（編）（2002）．ICF　国際生活機能分類─国際障害分類改定版　中央法規出版

滝川一廣（2004）．「こころ」の本質とは何か─統合失調症・自閉症・不登校のふし
　ぎ　ちくま新書

田中千穂子（2005）．発達障害へのまなざし　田中千穂子・栗原はるみ・市川奈緒子
　（編著）　発達障害の心理臨床─子どもと家族を支える療育支援と心理臨床的援助
　（pp.1 - 25.）有斐閣

柘植雅義（2014）．理念と基本的な考え　柘植雅義・渡部匡隆・二宮信一・納冨恵子（編）
　　はじめての特別支援教育─教職を目指す大学生のために　（pp.3 - 19.）　有斐閣

上田　敏（2021）．ICF（国際生活機能分類）の理解と活用─人が「生きること」「生
　きることの困難（障害）」をどうとらえるか（第２版）　入門編　きょうされん

🎙 研究課題

1．本文中に例示したような ADHD 特性のある子どもに対してできる
　合理的配慮には，どのようなものがあるだろうか。できるだけ具体的
　に考えてみよう。

2．知的障がいのある子どもへの教育的支援において大切なことを，自
　分なりにまとめてみよう。

15 | 社会的自立と キャリア教育・道徳教育

進藤　聡彦

　子ども達が将来，社会的・職業的に自立できるようになるための資質の育成に学校教育が果たす役割は大きい。この章では，将来の社会的・職業的な自立に深く関わるキャリア教育と道徳教育を中心に，それはどのようなものなのかについて検討する。併せて関連の理論や学校における授業実践の例などを紹介していく。

1. キャリア教育の目指すもの

(1) キャリア教育とはなにか

　手元の英和辞典でキャリア（career）を引くと，「職業・技能上の経験，経歴」「職業」などとある。したがって，キャリア教育とは職業教育のことであろうか。

　文部科学省の審議会報告等で「キャリア教育」という文言が初めて登場したのは，1999（平成11）年の中央教育審議会答申「初等中等教育と高等教育との接続の改善について」だという（文部科学省，2022）。その当時の社会的問題として，新規学卒者のフリーター志向の拡大，ニートと呼ばれる就学や就労をしていない若者の増加，若者の早期離職傾向などがあった。そうした若年層の就労上の問題に対する危機意識が「キャリア教育」を生んだといえる。

　では，「キャリア教育」とはどのような教育なのだろうか。中央教育審議会の2011（平成23）年の答申「今後の学校におけるキャリア教育・職業教育の在り方について」（以下，キャリア答申）では，キャリア教育を

「一人一人の社会的・職業的自立に向け，必要な基盤となる能力や態度を
育てることを通して，キャリア発達を促す教育」としている。そして，
「キャリア」については，「人が，生涯の中で様々な役割を果たす過程で，
自らの役割の価値や自分と役割との関係を見いだしていく連なりや積み
重ね」としている。

　谷口（2020a）によれば，キャリアには職業経歴や仕事そのものを指す
ワーク・キャリアと，職業生活を含み，家庭や地域などさまざまな生活
場面で個人が果たす役割を踏まえた働き方や生き方を指すライフ・キャ
リアの2つの意味があるという。2つの意味のうち，先の英和辞典の定
義が前者であるのに対して，キャリア答申の定義から学校教育における
キャリア教育のキャリアとはライフ・キャリアを指す。よってキャリア
教育は子ども達にライフ・キャリアということに目を向けさせ，社会的

表15－1　基礎的・汎用的能力の具体的な内容（文部科学省，2011）

能力	内容	具体的な能力要素の例
人間関係形成・社会形成能力	多様な他者の考えや立場を理解し，相手の意見を聴いて自分の考えを正確に伝えることができるとともに，自分の置かれている状況を受け止め，役割を果たしつつ他者と協力・協働して社会に参画し，今後の社会を積極的に形成することができる力	他者の個性を理解する力，他者に働きかける力，コミュニケーション・スキル，チームワーク，リーダーシップなど
自己理解・自己管理能力	自分が「できること」「意義を感じること」「したいこと」について，社会との相互関係を保ちつつ，今後の自分自身の可能性を含めた肯定的な理解に基づき主体的に行動すると同時に，自らの思考や感情を律し，かつ，今後の成長のために進んで学ぼうとする力	自己の役割の理解，前向きに考える力，自己の動機づけ，忍耐力，ストレスマネジメント，主体的行動など
課題対応能力	仕事をする上での様々な課題を発見・分析し，適切な計画を立ててその課題を処理し，解決することができる力	情報の理解・選択・処理等，本質の理解，原因の追究，課題発見，計画立案，実行力，評価・改善など
キャリアプランニング能力	「働くこと」の意義を理解し，自らが果たすべき様々な立場や役割との関連を踏まえて「働くこと」を位置付け，多様な生き方に関する様々な情報を適切に取捨選択・活用しながら，自ら主体的に判断してキャリアを形成していく力	学ぶこと・働くことの意義や役割の理解，多様性の理解，将来設計，選択，行動と改善など

図 15 - 1　社会的・職業的自立，社会・職業への円滑な移行に必要な力
（文部科学省，2011）

自立に必要な能力や態度を育てることを目指す教育ということになる。

　キャリア答申では，今後のキャリア教育の基本的方向性として，「幼児期の教育から高等教育まで体系的にキャリア教育を進めること。その中心として，基礎的・汎用的能力を確実に育成するとともに，社会・職業との関連を重視し，実践的・体験的な活動を充実すること」，「学校は，生涯にわたり社会人・職業人としてのキャリア形成を支援していく機能の充実を図ること」の 2 つを掲げている。

　どのような力を育成することがキャリア教育になるのかについては，上記の今後のキャリア教育の基本的方向性に挙げられている基礎的・汎用的な能力ということになるが，その内容は表 15 - 1 に示す 4 つの能力である。

　また，キャリア答申では基礎的・汎用的能力，およびそれ以外の「社会的・職業的自立，社会・職業への円滑な移行に必要な力」の要素間の関係を図 15 - 1 の図のようにまとめている。国語や算数・数学などの教科の学習は，主に図中の「基礎的・基本的な知識・技能」の育成を担うという位置づけになると考えられる。

（2）キャリア教育の実践

　2017（平成 29）年告示の小中学校の学習指導要領総則では，キャリア教育は特別活動の学級活動を中核としながらも，総合的な学習の時間，特別の教科道徳，各教科の学習など学校の教育活動全体を通じて行うことが求められるとしている。図 15 - 2 は中学校でキャリア教育が各教科，総合的な学習の時間などにどう位置づくのかについての例である。

　たとえば，社会科では基礎的・汎用的能力のうちの「キャリアプランニング能力」に直接的に資すると考えられる職業の意義や役割などについて学び，英語では「人間関係形成・社会形成能力」に必要なコミュニケーションを図ろうとする態度の形成が期待できるというように各教科で学習する内容はキャリア教育と結びつく。また，総合的な学習の時間の職業調べや職場体験活動は，「キャリアプランニング能力」の形成に有用であろう。

　ここで具体的なキャリア教育の姿をみるために，ある中学校教師の中学 2 年生を対象とした実践例を 1 つ取り上げる（光，2014）。この実践では，まず「自分が将来やってみたい職業，関心がある仕事をどんどんあげてみよう。職業でなくても，今熱中していることでもいい」という教

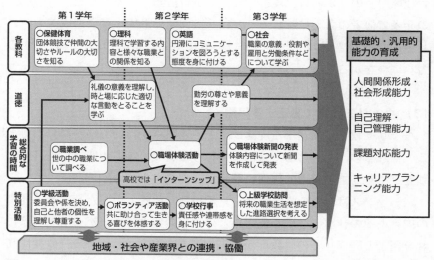

図 15 - 2　中学校でのキャリア教育実践のイメージ（文部科学省，2018）

示の下で、「将来の夢作文」を書かせる。次に、作文に書かれた職業をジャンル分けして、そのジャンルの職業を挙げた生徒同士でグループをつくり、生徒ごとに夢にもっとも近い職業とその職業を選んだ理由や、以後に行われる調べ学習への取り組みについての「決意文」を書かせ、グループ内で発表し合う。

そして、①その仕事の内容、②その仕事に必要な資格や免許、③中学校卒業後にその仕事に就くために必要なコースなどについて調べ学習を行い、その結果をワークシートに書く「なるには調べ学習」をする。個人のワークシートの内容をグループで新聞にして、グループ内で個人ごとに発表する「なるには新聞発表会」を行う。

その後、グループで自分たちの夢の実現のために夢の職業へのコースのなかでもっとも訪問したい場所を選び、訪問先に取材依頼をして、実際に取材をする「なるには訪問」を行う。

以上が当該授業の流れの概要であるが、この授業の学習活動のなかには、表15-1に示した基礎的・汎用的能力の涵養に有効な要素がいくつも入っていると考えられる。たとえば、自身が望む将来の姿を明確化する機能をもつと考えられる「将来の夢作文」の作成は、「自己理解・自己管理能力」のなかの自己理解に資する学習活動となる。また、「決意文」の発表で他者の考えに触れることは「人間関係形成・社会形成能力」の具体的な能力要素の例として挙げられている「他者の個性を理解する力」につながると考えられる。

（3）キャリア教育に関連する理論

キャリア教育に関連する理論は、その着眼点からいくつかに分類できる。それらのうち、ここでは個人の特性と職業の特徴の関連に着目する理論とキャリアの発達的側面に着目する理論をみていくことにする。

パーソンズは個人の性格、能力、価値観、興味といった特性と、仕事の内容やその仕事に必要な能力などの仕事の側の特徴（パーソンズはこれを因子と呼ぶ）との一致度が仕事の適否を規定し、両者の一致度が高い職業がその人にとっての適職だと考える（Persons, 1909）。

　同様にホランドは個人の特性に着目し，性格を6つのタイプに分ける（Holland, 1997）。6つのタイプとは，機械操作のように物を扱うことを好む現実的（R），現象を分析し，理解することを好む研究的（I），芸術的な活動や作品の創造などを好む芸術的（A）の各タイプである。また，他者に影響を与えるような情報の伝達などを含む対人的な活動を好む社会的（S），組織の目標の達成に向けて，他者との交渉をすることなどを好む企業的（E），規則を尊重し，簿記のような定まった活動を好む慣習的（C）の各タイプである。そして，それぞれのタイプの人はそれと同じ特徴をもつ職業環境を求め，その環境で満足感が得られ，自己が生かされると考える。

　図15-3は「ホランドの六角形」と呼ばれるもので，6つのタイプの類似の程度を示している。RタイプとAタイプを結んだ直線は，Rタイプと I タイプを結んだ直線よりも長いので相対的に類似度は低く，RタイプとSタイプのように2つを結ぶ直線がもっとも長くなる対角線で結ばれたタイプ同士はもっとも類似度が低いとされる。

　個人の特性と仕事の特徴の一致度に焦点を当てるパーソンズやホランドらの理論はマッチング理論と総称され，ホランドの考え方は学校教育でも利用されることがある職業興味検査や職業適性検査に反映されている。

　一方，スーパーはライフ・キャリアの観点からその発達過程について，成長（誕生～），探索（15歳～），確立（25歳～），維持（45歳～），下降（65歳～）の5つの発達段階（ライフステージ）とそれぞれの時期の発達課題を示した（Super, 1957）。たとえば，成長段階から探索段階のうち，就学期にあたる児童期から青年期にかけて

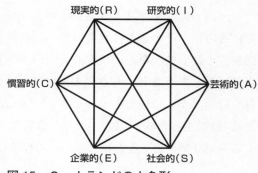

図15-3　ホランドの六角形
（Holland, 1997 を一部改変）

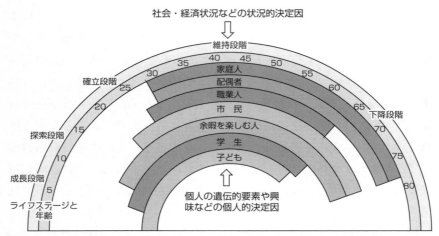

図 15 − 4 ライフ・キャリア・レインボー（Super, 1980 を一部改変）

の発達課題は職業や適性に興味をもち，自分自身の理解や職業について
の理解を深める時期だとされる。続く，確立段階では望む仕事をみつ
け，職業的な安定を求めて努力することが発達課題であるとしている。

　また，スーパーはさまざまな生活場面（ライフスペース）での活動に
ついて子ども・学生・余暇を楽しむ人・市民・職業人・配偶者・家庭人
という7つの役割（ライフロール）を設定している。そして年齢（ライ
フスパン）や発達段階（ライフステージ）によって役割の組み合わせが
どのように変化するのかを図15−4に示すライフ・キャリア・レインボ
ーに表した（Super, 1980 など）。

　スーパーの考え方は，ライフスパン・ライフスペース・アプローチと
呼ばれるが，その意義は職業以外の社会的役割を含み，興味などの個人
的要因や社会状況などの状況的要因の影響も視野に入れてキャリアを総
合的にとらえたこと，ある個人が生涯を通じてどのようなキャリアの過
程を経るのかについて1つのモデルを示したことなどにある。なお，第
1節(1)で述べた我が国のキャリア教育におけるライフ・キャリアとし
てのキャリアのとらえ方はスーパーの理論に基づいていると考えられる。

2.　道徳性の育成

（1）　特別の教科 道徳

　2017（平成 29）年告示の小学校の学習指導要領によれば，「特別の教科 道徳」の目標は「自己の生き方を考え（中学校の学習指導要領では「人としての生き方」となっている），主体的な判断の下に行動し，自立した人間として他者とともによりよく生きるための道徳性を養う」こととなっている。道徳性とは，社会で生活していく上で守るべき規範の集合である道徳が，一人一人の在り方で受け入れられ，内面化されたものである（谷口，2020b）。

　教科としての道徳の目標のなかの「自立した人間として他者とともによりよく生きる」ことは，キャリア教育の目標とも軌を一にするものである。

　ところで，道徳がそれまで教科以外の「道徳の時間」として学習指導要領に位置づけられていたのが，学習指導要領の一部改訂によって「特別の教科」として教科化されたのは小学校では 2018 年度，中学校では 2019 年度のことであった。2017 年（平成 29）年告示の小中学校の学習指導要領解説の特別の教科道徳編によれば，この背景にはいじめなどの現実の問題への対応がある一方，学校でも道徳教育そのものを忌避しがちな風潮があり，他教科に比べて軽んじられていること，読み物の登場人物の心情理解のみに偏った形式的な指導が行われる例があることなど，多くの課題があったとされる。このことから，教科化は道徳教育のより一層の充実を図るためであったと考えられる。また，同解説では道徳的価値の習得に偏りがちであった道徳から，答えが１つではない道徳的な課題を一人一人の児童生徒が自分自身の問題としてとらえ，向き合う「考える道徳」，「議論する道徳」へ転換すべきという方針も打ち出されている。

（2）　道徳判断の発達理論

　ピアジェは子どもと一対一で質問を繰り返していく臨床診断法によっ

て，ゲームの規則についての問いへの回答，過失や窃盗についての例話
を用いた課題への回答などから，道徳判断の発達をとらえようとした
（Piaget, 1930）。下記の文章は，ピアジェが課題に用いた過失をテーマと
した例話の1つである。この課題では，ジャンとアンリではどちらが悪
いのかが問われる。

　ジャンという小さな男の子がいました。ジャンは食事に呼ばれた
ので食堂に入ろうとしました。食堂のドアの向こうには椅子があっ
て，その上にはお盆に載った15個のコップがありました。ジャンは
そのことを知らずにドアを開けてしまったのでコップは15個とも
壊れてしまいました。

　アンリという小さな女の子がいました。アンリはお母さんの留守
の間にこっそり戸棚のジャムを食べようとしました。椅子の上に乗
って手を伸ばしましたが，届きません。無理にとろうとして，近く
にあったコップ1個に触ってしまい，落として割ってしまいました。

　ピアジェは，子ども達の一連の回答から他律的道徳性から自律的道徳
性に移行するとする発達段階を提示した。他律的道徳性の段階では，正
義を大人，規則，法律などの権威から与えられるもので，変更できない
絶対的なものだと考える。そして，それと一致するか否かで善悪を判断
する。また，行為の良し悪しは動機や意図ではなく，結果によって決ま
ると判断するため，上記の過失の例話ではたくさんのコップを割ってし
まったジャンの方が悪いと答える。

　これに対して，自律的道徳性の段階では，規則は他者との合意によっ
て決められ，変更可能なものとしてとらえられるようになるため，権威
による善悪は絶対的なものではないことを理解できるようになる。そし
て，他者の行為の善悪の判断に行為者の意図や動機を考慮できるように
なる。このため，つまみ食いをしようとしたアンリの方が悪いと答え
る。両者の境目は10歳くらいだとされる。

　ピアジェは幼児期の思考の特徴の1つに他者の視点を取得できない
「自己中心性」を挙げているが，他律的道徳性から自律的道徳性への移行

には，自己中心性を脱して（これを「脱中心化」という），他者の視点を取得できることが関連しているとする。

　ピアジェの理論を発展させたのがコールバーグである。彼はモラルジレンマを含む例話を用いた課題によって，道徳性の発達過程を調べた（Kohlberg, 1969）。下記は，例話の1つである「ハインツの物語」である。

> 　ある女性がガンで死にかかっていた。ある薬を飲めば彼女は助かるかもしれなかった。その薬というのはラジウムの一種で，同じ町に住む薬屋が最近開発したものだった。その薬屋は創るのにかかった10倍の値段の2000ドルの値段をつけていた。病気の女性の夫ハインツはあらゆる知人からお金を借りてまわったが，薬の値段の半分しか集められなかった。彼は薬屋に妻が死にかかっていることを話し，薬を安く売るか，後払いで売ってくれるように頼んだ。しかし，薬屋は承知しなかった。ハインツは絶望的になって妻を助けるために薬屋の倉庫に押し入り，薬を盗んだ。

　この例話では盗むべきか否かとその理由が問われた。そして，盗むことの是非ではなく，判断の理由によって発達の程度が査定された。その結果，道徳判断の発達過程は表15-2に示す3水準6段階からなるものであった。

　道徳教育を考えるうえでは，どのような働きかけをすれば児童生徒をより上位の段階に移行させることができるかが関心事となるが，移行をもたらす要因として，脱中心化による他者視点の取得能力の発達に加え，自分が現在ある段階よりも高次の段階にある他者の意見に触れることなどが挙げられている。後者からは「ハインツの物語」のようなモラルジレンマを含む物語を教材に用いて，児童生徒同士が討論を行うなどの方法が有効だと考えられる。

表 15-2　コールバーグの道徳的判断の水準と回答例
（小嶋，1991 を一部改変）

水準	段階	内容	回答例
I 前慣習の水準	I 服従と罰への志向	罰せられることは悪く，罰せられないことは正しい	盗みは罰せられることだから，盗んだことは悪い
	II 手段的欲求充足論	何かを手に入れる目的や互恵性（相手に何かしてお返しを受ける）のために規則や法に従う	彼が法律に従っても，得るものは何もないし，また薬屋に何かの恩恵を受けたこともないから，盗んでもよい
II 慣習の水準	III 「よい子」の道徳	家族など，身近な他者を喜ばすようなことはよいことであり，行為の底にある意図に目を向け始める	盗みは，薬屋はもちろんのこと，家族や友人を喜ばすものではない。しかし，命を助けるために盗んだのだから正しいと思う
	IV 法と秩序志向	正しいか否かは，家族や友人によってではなく，社会によって決められる。法は社会的秩序を維持するために定められたものであるから，特別の場合を除いて従わなければならない	法を破った点では彼は悪い。しかし，妻が死ぬかもしれないという特別の状況にあったのだから，完全に悪いとは言い切れない
III 脱慣習の水準	V 社会契約志向	法は擁護されるべきものであるが，合意によって変更可能である。法の定めであっても，それより重要なもの（人間の生命や自由の権利など）が優先される	生命を救うために彼が薬を盗んだのは正しい行為である
	VI 普遍的倫理の原理	生命の崇高さと個人の尊厳に基づいた自分自身の原理を発展させている。大部分の法律はこの原理と一致しているが，そうでない場合には，原理に従うべきである	生命の崇高という普遍的な倫理の原理は，どのような法律よりも重要であるから，彼が薬を盗んだのは正しい

注：回答例は「盗んだのは正しい」あるいは「間違っている」とする一方の場合の理由づけ。逆の理由づけもそれぞれの水準について同様に成立し得る。

（3）道徳の授業実践

　上記のようにモラルジレンマを用いて討論をするような学習活動は，より上位の道徳判断への発達を促すと考えられるが，実際の道徳の授業

においても，モラルジレンマを含む物語が教材として用いられることが多い。

　その例として，小学校 3 年生の授業をみてみよう（上田，1997）。使われた「なくしたかぎ」というタイトルの物語の粗筋は以下の通りである。

> 　あきら君は友だちと自転車で遊んでいて帰宅が遅くなり，両親から 6 時までに帰宅するようにときつく叱られた。そして，次に遅くなったら罰として 1 ヶ月間自転車に乗るのを禁止すると言われた。
>
> 　ある日，仲良しのかずお君と公園で遊んでいたら，かずお君が家の鍵をなくしたことに気づいた。その日は両親が遅く帰るので，鍵がないと家に入れないという。2 人で公園を探していると，公園の時計は 5 時半をさしていた。あきら君は今帰れば約束の 6 時までには帰れるが，このまま一緒に探し続けるか，帰宅するかで迷ってしまった。
>
> （矢野幸彦　作）

　この物語を使った道徳の授業は 2 日間にわたって行われ，各回の授業の流れの概要は以下の通りであった。

　1 日目の授業

　①モラルジレンマ資料の読解，②あきらとかずおの関係や，あきらが迷っている理由など資料に書かれている内容の確認，③全員に意見カードを配布し，A「一人で家に帰るべき」，B「一緒に探すべき」，C「わからない」のなかから 1 つを選び，その理由の自由記述，④書かれた意見の全体的傾向の児童へのフィードバック。

　2 日目の授業

　①資料の再読と前時の自分の意見の確認，②各児童の意見の発表，③他の児童の意見についての賛否とその理由，疑問点のカードへの記入，④全体での意見の発表と発表された意見への質疑，⑤焦点化された論点についての全体での討論，⑥最終的な自分の意見のカードへの記入。

　1 日目の A〜C の回答数はそれぞれ 9，27，2 名であった。A を支持する意見で多かったのは，「1 ヶ月間自転車に乗れないから」というもの

であり，Bでは「友だち関係が壊れるから」というものであった。

　２日目の全体での討論では激しい意見や質問のやりとりがあった。以下は，「自分だけ帰ったら，かずおに怒られる（絶交されるかも）からBに賛成」という意見についてのやりとりの部分である（Sは児童，Tは教師）。

S1　反対で，絶交されても自転車の方が好きやからかまへん。

S2　賛成で，かずおはあきらにとって大切な友だちだから，絶交されたら嫌だから。

S3　反対で，すごく仲がいいんだったら，そんなにすぐに絶交されへん。

S4　でも，そんなんやったらうわさになって違う人からも絶交されるかもしれへん。

S5　ほんなことはないやろ。

S6　ぼくは，この意見だけは賛成じゃない。絶交されるかもって，ほんなんやったら，お金がなくなっても絶交されるかもしれへんし，鍵がなくなったからって絶交されるなんていいがかりだと思う。あきらにもちょっとは責任があるけど，なくした者に責任がある。

S7　かずお君に６時までに帰らないと，１か月自転車に乗れないという理由をいえば，許してくれると思う。

T　かずお君に約束のことをいったら帰っていいということやな。（p.44を一部改変）

　こうした過程を経て，A〜Cの意見はそれぞれ13，25，０名となった。最初，Cであった２名は最終的にはBに，また最初Aの９名のうち１名がBに，Bであった27名のうちの５名がAに変更した。特徴的だったのは，最初Bとしていて最終的にAに変えた女子全員が家庭への配慮を考慮した「一度家に帰る」としたこと，またBで困っている友だちを励まし，助ける行為は自転車に乗れないことなどとは比較にならないほど尊く，両親に話せば納得してくれるはずだとする児童が全体的に増えたことであった。

　この授業にみられるように，道徳の授業でモラルジレンマ資料を導入

する意義の１つはモラルジレンマに基づいて互いの意見をぶつけ合うような協同学習を行うことで，自分にはなかった他者の意見に触れられることである。このことでジレンマの解消に向けて他者の考え方と自己の考え方を統合し，再構成することがより高次の道徳性の段階への移行につながる。

　また，他者との討論の過程で自分の考えを開示し，他者を説得しようとする過程では，課題に自我関与した高い動機づけの下で学習が行われる。この点もモラルジレンマ資料を用いた道徳の授業の意義である。こうしたことから，ここに例示したようなモラルジレンマを含む物語を教材に用いる授業は，学習指導要領の「考える道徳」「議論する道徳」という方針とも合致する。

3.　向社会的行動と社会認識

（1）　向社会的行動とは

　ここまで述べてきた道徳判断は道徳性の認知的な側面であるが，心理学において行動の面については向社会的行動（prosocial behavior）に関する多くの研究が行われている。向社会的行動とは，相手の利益になることを意図した行為者の自発的行動などと定義される。類似の概念に，愛他的行動（altruistic behavior）がある。これは向社会的行動のうち，自分自身への利益を期待することなく，他の人に利益をもたらしたいという純粋な欲求によって動機づけられている場合であり，愛他的行動は向社会的行動のサブタイプという関係にある（Eisenberg & Miller, 1987）。

　実際に子ども達が行っている向社会的行動について，中高校生を対象に「これまでにやったことのある思いやりのある行動」を尋ねた調査がある（横塚, 1989）。回答について因子分析を行ったところ，５つの因子が得られた。まず，第Ⅰ因子は「コーヒーやお茶をいれて，家族をいたわった」「母親の手伝いをした」などの家族を対象にした行動である。第Ⅱ因子は，「友だちがけがをしたり，病気の時手当てをした」などの友だちへの物理的援助行動である。第Ⅲ因子は，「歳末助け合いに協力した」「バザーや廃品回収に協力した」といった広く社会に寄与する行動であ

る。第Ⅳ因子は「休んだ友人にノートを貸した」「友人に勉強を教えてやった」などの友人への学習面での援助であり，第Ⅴ因子は「友だちの悩みを聞いてやったり，相談相手になった」「他人の失敗を笑ったりしないで，励ましてやった」のような友人への心理的援助である。

このような向社会的行動を促進する要件として，①他者の感情に共感できること，②他者視点の取得能力の発達，③他者の世話をした経験，④養育者が向社会的行動を肯定したり，向社会的行動のモデルになったりすること，⑤友だちの向社会的行動がモデルになることが挙げられている（塘，2017）。

（2）キャリア教育・道徳教育と社会認識

キャリア答申には，重視すべき教育内容として「経済・社会の仕組みや労働者としての権利・義務等についての理解」が掲げられている。そして，経済・社会・雇用等の基本的な仕組みや税金，社会保険などの知識がキャリアを積み重ねていくなかで最低限必要であるとしている。

道徳教育においても社会に関する知識は必要である。たとえば，第2節(2)の「ハインツの物語」では，薬屋が薬を創るのにかかった費用の10倍の値段をつけたことに対して，違法だから盗んでも構わないとする大学生がいる。しかし，市場経済の下では，いくらの値段をつけるかは，売り手の裁量の範囲である（ただし，現実には過度に高い値段をつけると需要がなく，利益を得られない）。このように，社会に関する知識は道徳判断にも無関係ではない。

上記の例にみられるように大学生でも社会認識が不十分だとする報告がある。たとえば，労働組合に加入しないことを条件に入社した社員が，労働組合に入って会社側から解雇された場合，本来は違法な契約（加入を禁止すること）は，それ自体が無効であるにもかかわらず，約束を破ったのだから会社の主張を正当だとする者が多い（伊藤，1993）。また，銀行の貸付係が個人に融資する際の判断基準を自由記述させた調査では，最も重要視されているはずの担保に触れる回答は少ない一方で，借り手の人格や借り手への同情といった観点からの回答がみられた（高

橋・波多野，1996）。借り手への同情という回答からは，銀行をお金に困った人を助ける人道的組織だととらえていることがうかがえる。

さらに第 4 章でも取り上げた映画館の学割制度が設けられている理由を問うた質問での「経済的に余裕のない学生への配慮から」といった回答も大学生の不十分な社会認識を示すものだといえよう。

これらの例は，いずれもキャリア教育において重視されるべき社会認識が大学生でも不十分であることを示唆している。また，いずれの例でも，法律学や経済学の観点からとらえるべき社会事象を，道徳的原理からとらえている点で共通している。こうした実態を踏まえると，社会認識と道徳判断の分化・統合をいかに図るかという問題が今後の学校教育で検討されなければならないことになる。

参考文献

藤田晃之（編著）（2018）．キャリア教育　ミネルヴァ書房

J. ライマー，D. P. パリオット，& R. H. ハーシュ（2004）．道徳性を発達させる授業のコツ—ピアジェとコールバーグの到達点（荒木紀幸　監訳）　北大路書房

引用文献

Eisenberg, N., & Miller, P. A. (1987). The relation of empathy to prosocial and related behaviors. *Psychological Bulletin, 101* (1), 91-119.

光　真志（2014）．みんなの夢を，みんなで考える　教育，*821*，27-32.

Holland, J. L. (1997). *Making vocational choices: A theory of vocational personalities and work environments* (3rd ed.). Psychological Assessment Resources, Inc.（ホランド，渡辺三枝子・松本順平　他（訳）（2013）．ホランドの職業選択理論—パーソナリティと働く環境　雇用問題研究会）

伊藤博義（1993）．若者たちと法を学ぶ—人権感覚ブラッシュアップ　有斐閣

Kohlberg, L. (1969). Stage and sequence: The cognitive-developmental approach to socialization. In D.A. Goslin (Ed.), *Handbook of socialization theory and research.* (pp.347-480). Rand McNally.（コールバーグ，L.　永野重史（監訳）（1987）．道

徳性の形成―認知発達的アプローチ　新曜社）

小嶋秀夫（1991）．児童心理学への招待―児童期の発達と生活　サイエンス社

文部科学省（2011）．今後の学校におけるキャリア教育・職業教育の在り方について（答申）
（https://warp.ndl.go.jp/info:ndljp/pid/11402417/www.mext.go.jp/component/b_menu/shingi/toushin/__icsFiles/afieldfile/2011/02/01/1301878_1_1.pdf）（2022 年 8 月閲覧）

文部科学省（2018）．キャリア教育の推進
（https://www.mext.go.jp/apollon/mod/pdf/mext_propulsion_20180223.pdf）（2022 年 8 月閲覧）

文部科学省（2022）．小学校キャリア教育の手引き―小学校学習指導要領（平成 29 年告示）準拠
（https://www.mext.go.jp/a_menu/shotou/career/detail/mext_01951.html）（2022 年 8 月閲覧）

Persons, F.（1909）．*Choosing a vocation.* Houghton Mifflin Company.

Piaget, J.（1930）．*Le jugement moral chez l'enfant.* Institut J-J. Rousseau.（ピアジェ，大伴 茂（訳））（1954）．児童臨床心理学Ⅲ　児童道徳判断の発達　同文書院）

Super, D. E.（1957）．*The psychology of careers: An introduction to vocational development.* Harper and Row.

Super, D. E.（1980）．A life-span, life-space approach to career development. *Journal of Vocational Behavior, 16*（3），282 – 298.

高橋恵子・波多野誼余夫（1996）．社会認識における人道主義的な誤解―銀行の仕組みの理解の場合　日本教育心理学会第 38 回総会発表論文集，7.

谷口明子（2020a）．キャリア教育　進藤聡彦・谷口明子（著）　教育・学校心理学（pp.222 – 234）　放送大学教育振興会

谷口明子（2020b）．道徳性の育成　進藤聡彦・谷口明子（著）教育・学校心理学（pp.182 – 195）　放送大学教育振興会

塘　利枝子（2017）．児童期の発達―自己概念と社会性　向田久美子（編）　発達心理学概論（pp.129 – 144）　放送大学教育振興会

上田仁紀（1997）．小学校 3 年生における実践―なくしたかぎ　荒木紀幸（編著）　続道徳教育はこうすればおもしろい（pp.32 – 47）．北大路書房

横塚怜子（1989）．向社会的行動尺度（中高校生版）作成の試み　教育心理学研究，37（2），158 – 162.

🎸 研究課題

1．主婦（夫）も含め，現在職に就いている人，または過去に職に就いていた人はその職業について，また職に就いたことのない人は将来就こうと思っている職業について，ホランドのマッチング理論にあるような自身の特性とその職業の環境との一致度が，当該の職業選択にどのような影響を及ぼしているのかについて考察してみよう。

2．あなたの周囲の3名（大人でも子どもでもよい）に「ハインツの物語」を読んでもらい，その回答が表15-2の道徳判断のどの段階に位置づくのか考えてみよう。

索 引

●配列は五十音順，＊は人名を示す。

分担執筆者紹介

岡田　涼（おかだ　りょう）

・執筆章→ 5・6

1981 年	三重県に生まれる
2008 年	名古屋大学大学院教育発達科学研究科博士課程後期課程修了
現在	香川大学教育学部准教授
専攻	教育心理学
主著	『友だちとのかかわりを促すモチベーション：自律的動機づけからみた友人関係』（北大路書房） 『子どもと大人の主体的・自律的な学びを支える実践：教師・指導者のための自己調整学習』（共編著　福村出版） 『学校に還す心理学：研究知見からともに考える教師の仕事』（共編著　ナカニシヤ出版）

山本　渉（やまもと　わたる）

・執筆章→ 13・14

1984 年	岩手県生まれ
2015 年	東京大学大学院教育学研究科総合教育科学専攻臨床心理学コース博士課程単位取得退学　博士（教育学），臨床心理士，公認心理師
現在	大正大学専任講師
専攻	臨床心理学
主著	『スクールカウンセラーと担任教師の協働』（単著　日本評論社） 『臨床心理学ブックガイド』（分担　金剛出版）

編著者紹介

進藤　聡彦（しんどう　としひこ）

・執筆章→ 1～4・7・15

1957 年	山梨県生まれ
1987 年	東北大学大学院教育学研究科博士課程後期単位取得退学
	博士（教育学）
現在	山梨大学名誉教授，放送大学教授
専攻	教育心理学
主著	『思考力を育む知識操作の心理学』（共著　新曜社）
	『社会科領域における学習者の不十分な認識とその修正』
	（共著　東北大学出版会）
	『私たちを知る心理学の視点』（共編著　勁草書房）
	『いじめられた知識からのメッセージ』（共著　北大路書房）
	『素朴理論の修正ストラテジー』（単著　風間書房）

丸山　広人（まるやま　ひろと）

・執筆章→ 8～12

1972 年	石川県に生まれる
2003 年	東京大学大学院教育学研究科博士課程単位取得退学　博士
	（教育学），臨床心理士，公認心理師
現在	放送大学教授
専攻	臨床心理学，教育心理学
主著	『臨床心理学特論』（分担執筆　放送大学教育振興会）
	『臨床心理地域援助特論』（分担執筆　放送大学教育振興会）
	『教育現場のケアと支援』（単著　大月書店）
	『学校で役立つ臨床心理学』（編著　角川学芸出版）
	『いじめ・いじめられる青少年の心』（分担執筆　北大路書房）
	『学校臨床学への招待』（分担執筆　嵯峨野書院）

放送大学大学院教材　8921067-1-2411（ラジオ）

教育心理学特論

発　行　　2024 年 3 月 20 日　第 1 刷

編著者　　進藤聡彦・丸山広人

発行所　　一般財団法人　放送大学教育振興会

〒 105-0001　東京都港区虎ノ門 1-14-1　郵政福祉琴平ビル

電話　03（3502）2750

Printed in Japan　ISBN978-4-595-14201-7　C1311